BIBLIOTHÈQUE

SCIENTIFIQUE INTERNATIONALE

PUBLIÉE SOUS LA DIRECTION

DE M. ÉM. ALGLAVE

LIV

BIBLIOTHÈQUE
SCIENTIFIQUE INTERNATIONALE

PUBLIÉE SOUS LA DIRECTION DE

M. ÉM. ALGLAVE

Volumes in-8, reliés en toile anglaise. — Prix : **6** fr.
Avec reliure d'amateur, tranche supérieure dorée, dos et coins en veau ; **10** fr.

La *Bibliothèque scientifique internationale* n'est pas une entreprise de librairie ordinaire. C'est une œuvre dirigée par les auteurs mêmes, en vue des intérêts de la science, pour la populariser sous toutes ses formes, et faire connaître immédiatement dans le monde entier les idées originales, les directions nouvelles, les découvertes importantes qui se font chaque jour dans tous les pays. Chaque savant expose les idées qu'il a introduites dans la science et condense pour ainsi dire ses doctrines les plus originales. On peut ainsi, sans quitter la France, assister et participer au mouvement des esprits en Angleterre, en Allemagne, en Amérique, en Italie, tout aussi bien que les savants mêmes de chacun de ces pays.

La *Bibliothèque scientifique internationale* ne comprend pas seulement des ouvrages consacrés aux sciences physiques et naturelles, elle aborde aussi les sciences morales, comme la philosophie, l'histoire, la politique et l'économie sociale, la haute législation, etc.; mais les livres traitant des sujets de ce genre se rattachent encore aux sciences naturelles, en leur empruntant les méthodes d'observation et d'expérience qui les ont rendues si fécondes depuis deux siècles.

VOLUMES PARUS :

J. Tyndall. LES GLACIERS ET LES TRANSFORMATIONS DE L'EAU, suivis d'une étude de *M. Helmhotz* sur le même sujet, avec 8 planches tirées à part et nombreuses figures dans le texte. 4e édition. . . . . 6 fr.

Bagehot. LOIS SCIENTIFIQUES DU DÉVELOPPEMENT DES NATIONS. 5e édition . . . . 6 fr.

J. Marey. LA MACHINE ANIMALE, locomotion terrestre et aérienne, avec 132 figures dans le texte. 4e édition . . . . 6 fr.

A. Bain. L'ESPRIT ET LE CORPS considérés au point de vue de leurs relations, avec figures. 4e édition. . . . . 6 fr.

Pettigrew. LA LOCOMOTION CHEZ LES ANIMAUX, avec 130 figures. . 6 fr.

Herbert Spencer. INTRODUCTION A LA SCIENCE SOCIALE. 8e édition. 6 fr.

Oscar Schmidt. DESCENDANCE ET DARWINISME, avec figures. 5e édition . . . . 6 fr.

LES MICROBES

LES FERMENTS ET LES MOISISSURES

PAR

LE Dr E.-L. TROUESSART

AVEC 107 FIGURES DANS LE TEXTE

PARIS

ANCIENNE LIBRAIRIE GERMER BAILLIÈRE ET Cie

FÉLIX ALCAN, ÉDITEUR

108, BOULEVARD SAINT-GERMAIN, 108

1886

H. Maudsley. LE CRIME ET LA FOLIE, 5e édition. . . . . 6 fr.

P.-J. Van Beneden. LES COMMENSAUX ET LES PARASITES dans le règne animal, avec 83 figures dans le texte. 3e édition . . . . 6 fr.

Balfour Stewart. LA CONSERVATION DE L'ÉNERGIE, suivie d'une étude sur *la nature de la force*, par P. de Saint-Robert. 4e édition. 6 fr.

Draper. LES CONFLITS DE LA SCIENCE ET DE LA RELIGION. 7e édition. 6 fr.

Léon Dumont. THÉORIE SCIENTIFIQUE DE LA SENSIBILITÉ. 3e édition. 6 fr.

Schutzenberger. LES FERMENTATIONS, avec 28 figures. 4e édition. 6 fr.

Whitney. LA VIE DU LANGAGE. 3e édition . . . . 6 fr.

Cooke et Berkeley. LES CHAMPIGNONS, avec 110 figures. 3e édition. 6 fr.

Bernstein. LES SENS, avec 91 figures dans le texte. 4e édition. . 6 fr.

Berthelot. LA SYNTHÈSE CHIMIQUE. 5e édition. . . . . 6 fr.

Vogel. LA PHOTOGRAPHIE ET LA CHIMIE DE LA LUMIÈRE, avec 90 figures dans le texte et un frontispice tiré en photoglyptie. 4e édition . . . 6 fr.

Luys. LE CERVEAU ET SES FONCTIONS, avec figures. 5e édition. . . 6 fr.

W. Stanley-Jevons. LA MONNAIE ET LE MÉCANISME DE L'ÉCHANGE. 4e édition . . . . 6 fr.

Fuchs. LES VOLCANS ET LES TREMBLEMENTS DE TERRE, avec 36 figures dans le texte et une carte en couleurs. 4e édition. . . . . 6 fr.

Général Brialmont. LA DÉFENSE DES ÉTATS ET LES CAMPS RETRANCHÉS, avec nombreuses figures et deux planches hors texte. 3e édition. 6 fr.

A. de Quatrefages. L'ESPÈCE HUMAINE. 7e édition. . . . . 6 fr.

Blaserna et Helmholtz. LE SON ET LA MUSIQUE, avec 50 figures dans le texte. 3e édition . . . . 6 fr.

Rosenthal. LES MUSCLES ET LES NERFS, avec 75 figures dans le texte. 3e édition . . . . 6 fr.

Brucke et Hemholtz. PRINCIPES SCIENTIFIQUES DES BEAUX-ARTS, suivis de L'OPTIQUE ET LA PEINTURE, avec 39 figures. 3e édition . . . . 6 fr.

Wurtz. LA THÉORIE ATOMIQUE, avec une planche hors texte. 4e édition . . . . 6 fr.

Secchi. LES ÉTOILES. 2 vol., avec 60 figures dans le texte et 17 planches en noir et en couleurs, tirées hors texte. 2e édition. . . . . . . 12 fr.

N. Joly. L'HOMME AVANT LES MÉTAUX, avec 150 figures. 4e édition. 6 fr.

A. Bain. LA SCIENCE DE L'ÉDUCATION. 5e édition. . . . . 6 fr.

Thurston. HISTOIRE DE LA MACHINE A VAPEUR, revue, annotée et augmentée d'une introduction par J. Hirsch. 2 vol., avec 140 figures dans le texte, 16 planches tirées à part et nombreux culs-de-lampe . . 12 fr.

R. Hartmann. LES PEUPLES DE L'AFRIQUE, avec 91 figures et une carte des races africaines. 2e édition . . . . 6 fr.

Herbert Spencer. LES BASES DE LA MORALE ÉVOLUTIONNISTE. 3e édition . . . . 6 fr.

Th.-H. Huxley. L'ÉCREVISSE, introduction à l'étude de la zoologie, avec 82 figures . . . . 6 fr.

De Roberty. LA SOCIOLOGIE. 2e édition . . . . 6 fr.

O.-N. Rood. THÉORIE SCIENTIFIQUE DES COULEURS et leurs applications à l'art et à l'industrie, avec 130 figures dans le texte et une planche en couleurs . . . . 6 fr.

G. de Saporta et Marion. L'ÉVOLUTION DU RÈGNE VÉGÉTAL. *Les Cryptogames*. 1 vol. avec 85 figures dans le texte. . . . . 6 fr.

G. de Saporta et Marion. L'ÉVOLUTION DU RÈGNE VÉGÉTAL. *Les Phanérogames*. 2 vol. avec nombreuses figures . . . . 12 fr.

Charlton Bastian. LE CERVEAU, ORGANE DE LA PENSÉE. 2 vol., avec 184 figures dans le texte . . . . 12 fr.

James Sully. LES ILLUSIONS DES SENS ET DE L'ESPRIT . . . . . . 6 fr.

Alph. de Candolle. L'ORIGINE DES PLANTES CULTIVÉES. 2e édition. 6 fr.
Young. LE SOLEIL, avec 86 gravures. . . . . 6 fr.
Sir John Lubbock. LES FOURMIS, LES ABEILLES ET LES GUÊPES. 2 vol., avec 65 gravures dans le texte et 13 planches hors texte dont 5 en couleurs . . . . 12 fr.
Ed. Perrier. LA PHILOSOPHIE ZOOLOGIQUE AVANT DARWIN. 2e édition. 6 fr.
Stallo. LA MATIÈRE ET LA PHYSIQUE MODERNE . . . . 6 fr.
Mantegazza. LA PHYSIONOMIE ET L'EXPRESSION DES SENTIMENTS. 1 vol., avec planches hors texte et nombreuses figures . . . . 6 fr.
De Meyer. LES ORGANES DE LA PAROLE, avec 50 figures. . . . . 6 fr.
J.-L. de Lanessan. INTRODUCTION A LA BOTANIQUE. *Le Sapin*, avec 103 figures dans le texte. 6 fr.
Trouessart. LES MICROBES, LES FERMENTS ET LES MOISISSURES, avec 107 figures dans le texte. 2e édition . . . . 6 fr.
R. Hartmann. LES SINGES ANTHROPOÏDES, avec 63 figures dans le texte. . . . . 6 fr.

VOLUMES SUR LE POINT DE PARAITRE :

O. Schmidt. LES MAMMIFÈRES PRIMITIFS, avec fig.
Binet et Féré. LE MAGNÉTISME ANIMAL, avec fig.
Berthelot. LA PHILOSOPHIE CHIMIQUE.
De Mortillet. L'ORIGINE DE L'HOMME, avec fig.
Beaunis. LES SENSATIONS INTERNES, avec fig.
Cartailhac. LA FRANCE PRÉHISTORIQUE, avec fig.
Romanes. L'INTELLIGENCE DES ANIMAUX, 2 vol.
E Oustalet. L'ORIGINE DES ANIMAUX DOMESTIQUES, avec fig.
G. Pouchet. LA VIE DU SANG, avec fig.
Ed. Perrier. L'EMBRYOGÉNIE GÉNÉRALE, avec fig.

A LA MÊME LIBRAIRIE :

Les Bactéries *et leur rôle dans l'Anatomie et l'Histologie pathologique des Maladies infectieuses*, par **A.-V.** CORNIL, professeur d'anatomie pathologie à la Faculté de médecine de Paris, et V. BABES, professeur à l'Université de Buda-Pesth. — Ouvrage contenant les méthodes spéciales de la bactériologie, avec de nombreuses figures en couleur dans le texte, et des planches hors texte. 1 fort vol. grand in-8o, 2e édition, refondue et augmentée.

Paris. — Typ. Georges Chamerot, rue des Saints-Pères, — 18667.

PRÉFACE

Le nombre des ouvrages qui traitent des Microbes est déjà considérable, mais tous sont écrits pour un public spécial de médecins ou de naturalistes, et supposent, chez le lecteur, des notions déjà étendues de pathologie ou de botanique cryptogamique.

Un livre destiné au public proprement dit était encore à faire. Nous avons essayé de remplir cette lacune en publiant une œuvre simple, élémentaire, ainsi qu'il convient à un ouvrage de vulgarisation, et cependant complète.

La science des microbes est née d'hier, mais en quelques années elle a fait d'immenses progrès. De plus, c'est une science essentiellement française, car c'est grâce aux admirables travaux de Pasteur, grâce à la fermeté de son génie secondée par la foi et l'activité de ses disciples, que cette science a pu vaincre des préjugés séculaires et pénétrer, par toutes les portes, au cœur même de l'antique médecine, pour la transformer et la régénérer.

Tout le monde, aujourd'hui, parle des Microbes, mais bien peu de personnes, parmi celles qui ont ce mot à la bouche, se font une idée nette des êtres dont ils prononcent le nom, se rendent un compte exact du rôle que les microbes jouent dans la nature. Ce rôle, cependant, intéresse chacun de nous.

L'homme du monde désireux de prendre part à une discussion scientifique; l'avocat forcé de traiter, en face d'experts, une question d'hygiène; l'ingénieur, l'architecte, l'industriel, l'agriculteur, l'administrateur qui tous se trouvent à chaque instant en face de questions du même genre, trouveront dans notre livre des notions claires et précises sur les microbes, notions qu'ils trouveraient difficilement, dispersées qu'elles sont dans des livres destinés aux médecins ou aux botanistes de profession.

Les questions d'hygiène pratique, celles qui intéressent l'économie domestique, l'agriculture ou l'industrie, et qui se rattachent à l'étude des microbes, devaient tout spécialement attirer notre attention. Ces questions sont tout à fait à leur place dans un livre comme celui-ci. S'il y a un véritable danger à vulgariser les notions de médecine proprement dite, il n'y a que des avantages à mettre à la portée de tous les préceptes de l'hygiène qui ne peuvent devenir réellement populaires qu'en pénétrant par l'habitude, par la *routine*, pour dire le mot, dans les usages d'une nation.

Sous ce rapport, que de chemin encore à faire, avant que notre société moderne soit, dans la pratique, au niveau des progrès de la science ! que de préjugés à déraciner, que de notions fausses à remplacer par des notions plus justes et plus saines !

C'est pourquoi nous avons cherché à mettre ce livre à la portée de toutes les intelligences : pour le lire avec fruit, il suffit de posséder les notions élémentaires des sciences naturelles qui font partie désormais du programme de l'instruction primaire. Aussi avons-nous l'espoir que ce modeste volume trouvera sa place dans les bibliothèques d'instruction secondaire et dans les bibliothèques populaires.

Bien que notre livre ne soit pas écrit spécialement pour les médecins, nous croyons que beaucoup de praticiens ne dédaigneront pas d'y jeter les yeux : tout au moins ce livre pourra-t-il leur servir d'introduction pour aborder ensuite la lecture des ouvrages beaucoup plus savants de MM. Cornil et Babes, Duclaux, Klein, Koch, Sternberg et d'autres. Nous avons donné une large place à la partie botanique, trop souvent négligée dans les ouvrages de pathologie microbienne. A ce point de vue, le lien étroit qui rattache les bactéries aux ferments et aux moisissures nous traçait en quelque sorte le plan que nous avons adopté : passer du connu à l'inconnu, de ce qui est visible à l'œil nu à ce qui n'est accessible qu'à l'aide du microscope.

Angers, 10 septembre 1885.

LES MICROBES

LES FERMENTS ET LES MOISISSURES

INTRODUCTION

MICROBES ET PROTISTES

Les *Microbes* sont les plus petits êtres vivants que le microscope nous permette de voir distinctement, et d'étudier dans leur organisation. La plupart, en effet, sont invisibles à l'œil nu et même à la simple loupe : il faut les forts grossissements des instruments modernes, qui amplifient de 500 à 1,000 et 1,500 fois, pour se faire une idée exacte de leurs formes et de leur structure.

Le mot de MICROBE est d'introduction récente dans la langue française : il n'y a guère que sept ans qu'il existe, et c'est ce qui explique pourquoi on le chercherait vainement dans la plupart des dictionnaires. Voici dans quelles circonstances ce terme, aujourd'hui si employé, a été créé, en 1878, par un savant chirurgien dont la France déplore la perte récente, M. Sédillot.

Les naturalistes qui ont étudié les plus petits êtres vivants, ont été de tout temps fort embarrassés pour trancher la question de savoir s'ils avaient affaire à des animaux ou à des plantes. Sans doute, si l'on compare l'un à l'autre un arbre dont les racines sont fixées dans le sol et un quadrupède qui se déplace à sa surface, il ne peut y avoir aucun doute. Mais ce sont là des formes extrêmes et très élevées l'une dans le règne végétal, l'autre dans le règne animal. Les représentants inférieurs des deux règnes, au contraire, se ressemblent souvent au point que le naturaliste le plus exercé peut s'y méprendre. Les animaux que l'on range dans l'embranchement des Zoophytes (animaux-plantes) ont, comme leur nom l'indique, une forme qui les a fait longtemps considérer comme des végétaux : beaucoup d'entre eux sont fixés au fond de la mer ou aux rochers comme par de véritables racines, et leurs mouvements ne diffèrent pas beaucoup, à un examen superficiel, de ceux que l'on provoque sur de véritables plantes, comme la sensitive, par exemple.

Beaucoup de végétaux inférieurs appartenant aux groupes des Algues et des Champignons vivent librement dans l'eau, sans être fixés par des racines : beaucoup sont animés de mouvements plus ou moins apparents, au moins pendant une partie de leur existence, de sorte que lorsqu'on les examine au microscope, il est souvent assez difficile de les distinguer des êtres que l'on désigne, d'une façon générale, sous le nom d'*Infusoires,* et qui sont de véritables animaux.

De tout ceci, il résulte que la limite entre le règne animal et le règne végétal reste indécise, et que beaucoup de ces êtres microscopiques dont nous nous occupons ici pourraient indifféremment être rangés dans l'un ou l'autre règne.

Un naturaliste du commencement de ce siècle, Bory de Saint-Vincent, et après lui le Dr Hæckel, ont essayé d'éluder cette difficulté en créant un règne intermédiaire entre le règne végétal et le règne animal, auquel ils ont imposé le nom de *Règne des Protistes*, voulant indiquer par là que ce règne renferme les *premiers* animaux qui aient apparu à la surface de la terre dans les temps géologiques; ce règne des Protistes renferme les groupes suivants, en allant des plus simples aux plus composés :

*1. Monères (ou *Microbes* proprement dits : *Schizomycètes*, *Bactéries*, *Vibrions*, etc.);
2. Rhizopodes amorphes (ou *Amibes*);
3. Grégarines;
4. Flagellés;
5. Catallactes;
6. Infusoires;
7. Acinètes;
8. Labyrinthulés;
9. Diatomées;
*10. Myxomycètes;
*11. Champignons;
12. Thalamophores (*Foraminifères*, ou *Rhizopodes* à coquille);
13. Radiolaires (ou *Rhizopodes* à squelette siliceux).

Les groupes que nous avons marqués d'un astérique sont ceux qui nous occuperont ici. La plupart des êtres que l'on y range se rapprochent surtout des végétations par l'ensemble de leurs caractères : ce sont des *parasites* qui empruntent la substance dont ils se nourrissent à d'autres êtres vivants.

C'est ainsi qu'un grand nombre de ces êtres sont la cause de maladies plus ou moins graves qui affectent les animaux ou les végétaux. Les naturalistes qui ont considéré ces parasites comme des animaux, les ont appelés

Microzoaires (de deux mots grecs qui veulent dire *petits animaux*); ceux qui les ont considérés comme des plantes les ont nommés *Microphytes* (petites plantes), et l'on n'est pas encore d'accord sur le nom qui convient le mieux à la plupart d'entre eux; en d'autres termes, on ne sait pas encore si l'on doit les classer plutôt dans le règne animal que dans le règne végétal.

C'est à l'Académie des sciences de Paris, le 11 mars 1878, que M. Sédillot, assistant à l'une de ces discussions, probablement interminables, entre les partisans des Microzoaires et ceux des Microphytes, proposa, avec son esprit de critique bien connu, le nom de *Microbe*, qui lui semblait de nature à mettre tout le monde d'accord.

Le mot MICROBE, en effet, qui veut dire seulement *petit être vivant*, ne préjuge rien quant à la nature animale ou végétale des êtres en litige [1]. Il a été adopté par M. Pasteur et approuvé par M. Littré dont chacun connaît la compétence en matière de néologismes; il est généralement usité en France depuis quatre ou cinq ans, et on peut le considérer comme définitivement acquis à la langue française.

Les Anglais et les Allemands n'ont pas encore introduit ce mot dans leur langue. Pour désigner les organismes producteurs des maladies, qui sont nos microbes proprement dits, ils se servent du terme de *Bactéries* qui n'est que le nom de l'un des genres particuliers que l'on range dans ce groupe, du plus anciennement connu; ce nom se trouve ainsi généralisé et appliqué au groupe tout entier.

1. M. Béchamp appelle les microbes *microzymas* ou *petits ferments*, les réactions chimiques, résultats de leur activité vitale, étant généralement des *fermentations*.

Les auteurs italiens qui se sont occupés récemment des microbes ont adopté, de leur côté le nom de *Protistes*, emprunté à Hæckel, et dont le sens, sinon l'étymologie, est à peu de chose près le même que celui du mot microbe.

Y a-t-il réellement avantage à admettre un règne des Protistes intermédiaire entre les deux règnes organiques, — règne animal et règne végétal? — Nous ne le pensons pas : ce troisième règne organique ne sert qu'à compliquer l'échafaudage de nos classifications modernes : il renferme, comme on a pu le voir par la liste que nous en avons donnée plus haut, un assemblage de groupes très hétérogènes, et qu'il est plus simple de laisser dans l'un ou l'autre règne. A notre avis, on se rapprocherait davantage du plan de la nature en admettant seulement deux grands règnes : règne organique (réunissant les animaux et les végétaux), et règne inorganique (pour les minéraux). Le règne organique se subdiviserait ensuite en deux sous-règnes, les animaux et les végétaux, dont les Microbes ou Protistes (ou quel que soit le nom qu'on veuille leur donner) forment le trait d'union, attestant ainsi l'origine commune des deux grands règnes organiques.

Quoi qu'il en soit, nous adopterons le mot *Microbe* pour désigner d'une façon générale tous les êtres organisés de très petite taille qui sont sur la limite indécise qui sépare les animaux des végétaux. Nous montrerons bientôt que l'on peut, dans la plupart des cas, considérer ces êtres comme de véritables plantes, ce qui est généralement admis actuellement par la grande majorité des naturalistes.

Rôle des microbes dans la nature. — Le rôle des microbes dans la nature est considérable. On les trouve partout : chaque espèce de plante a ses parasites spéciaux, et il est telle de nos plantes cultivées, la vigne par exemple, qui est attaquée par plus de cent espèces différentes. Ces champignons microscopiques ont leur utilité dans l'économie générale de la nature : se nourrissant aux dépens des matières organiques en putréfaction, ils en réduisent les éléments complexes en éléments plus simples, en substances minérales solubles qui retournent au sol dont les plantes les ont tirées, et peuvent servir de nouveau à la nourriture de ces plantes. Ils débarrassent ainsi la surface de la terre des cadavres, des matières excrémentitielles, de toutes les substances mortes et inutiles qui sont les déchets de la vie, et relient par un cercle sans fin les animaux et les plantes. — Ce sont des microbes particuliers appelés *ferments* qui produisent industriellement toutes nos boissons fermentées : le vin, la bière, le vinaigre, etc., qui font *lever* le pain, et à ce point de vue ils ont aussi leur utilité pour l'industrie et le commerce.

Mais à côté de ces microbes utiles, il s'en trouve d'autres qui nous sont nuisibles dans l'accomplissement du rôle physiologique que la nature leur a tracé. Tels sont les microbes qui produisent les maladies du vin, la plupart des altérations de nos substances alimentaires et industrielles, enfin un grand nombre d'affections qui attaquent l'homme et les animaux domestiques. Les germes de ces maladies, qui ne sont autres que les *spores* ou graines de ces microbes, flottent dans l'air que nous respirons, dans l'eau que nous buvons et pénètrent ainsi dans l'intérieur de notre corps.

On voit combien il importe de connaître ces microbes. Leur étude intéresse l'agriculteur, l'industriel, le médecin, l'hygiéniste, ou pour mieux dire elle intéresse chacun de nous, quelle que soit la profession ou la position sociale, car il n'est pas un seul jour, un seul instant de notre vie où nous ne soyons, pour ainsi dire, aux prises avec les microbes. Ce sont véritablement *les ouvriers invisibles de la vie et de la mort*, et c'est ce qui ressortira encore mieux de l'étude particulière que nous allons faire ici des plus importants d'entre eux.

Comme il est plus facile de connaître et d'étudier les êtres visibles à l'œil nu, nous parlerons d'abord des CHAMPIGNONS, c'est-à-dire des microbes de la plus grande taille, qui sont aussi les mieux connus dans leurs mœurs et leur organisation. Nous passerons ensuite à l'étude des FERMENTS qui sont plus petits, et enfin à celle des BACTÉRIES (*Schizophytes* ou *Schizomycètes*), qui sont les microbes proprement dits, et qui ne sont visibles qu'avec l'aide du microscope.

CHAPITRE PREMIER

CHAMPIGNONS PARASITES ET MOISISSURES

I

GÉNÉRALITÉS SUR LES CHAMPIGNONS

Tout le monde connaît le champignon de couche et l'agaric champêtre, qui ne sont que deux variétés d'une seule et même espèce, sauvage ou cultivée, et figure souvent sur nos tables. Mais ce que l'on sait moins généralement, c'est que la truffe est également un champignon; les *moisissures* et un grand nombre de parasites plus ou moins microscopiques qui vivent aux dépens des plantes sauvages et cultivées, qui s'attaquent aux animaux et à l'homme lui-même, rentrent également dans la grande classe des champignons.

Les champignons sont des végétaux inférieurs dont le genre de vie est très différent de celui des autres végétaux. On sait que la très grande majorité des plantes se nourrit non seulement en absorbant les sels minéraux que leurs racines pompent à l'état de dissolution dans le sol, mais encore et surtout en décomposant l'acide carbonique de l'air, assimilant le carbone qui sous forme de *cellulose* entre dans la composition de tous leurs tissus, et rendant à l'air de l'oxygène pur.

Cette fonction n'est pas, comme on le supposait à tort autrefois, une *respiration* qui serait l'inverse de celle des animaux. Tous les végétaux, sans exception, respirent comme les animaux en absorbant de l'oxygène. L'assimilation du carbone est une véritable nutrition, et comme la décomposition de l'acide carbonique de l'air qui est le résultat de cette assimilation met en liberté

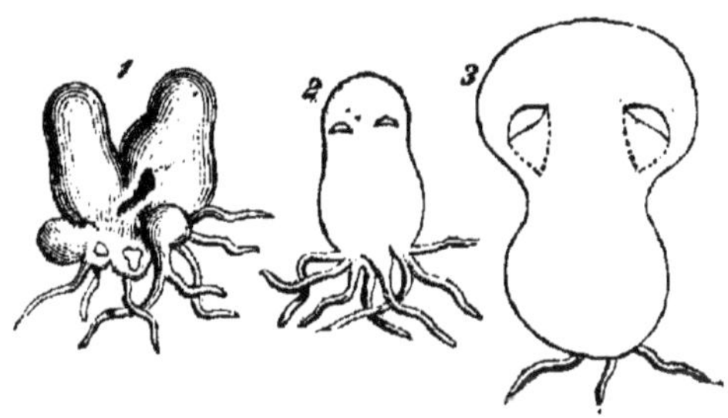

Fig. 1. — Champignon de couche (*Agaric*) à plusieurs états de développement. 2 et 3, coupe verticale montrant la formation du *chapeau*. A la partie inférieure on voit les filaments du *mycélium*.

une quantité d'oxygène beaucoup plus grande que celle dont la plante a besoin pour elle-même, on a pu croire pendant longtemps que les plantes respiraient réellement l'acide carbonique de l'air, à l'inverse des animaux.

L'assimilation du carbone s'opère par les feuilles et par les parties vertes des plantes : la substance verte granuleuse qui seule leur donne cette couleur, comme on peut s'en assurer au microscope, et qui seule remplit cette fonction de nutrition, s'appelle la *chlorophylle*. — Or les champignons n'ont pas de feuilles ni de parties vertes, c'est-à-dire qu'ils n'ont pas de chlorophylle : la cellulose qu'ils renferment, ils l'empruntent, — comme toute la substance dont ils se nourrissent, — aux autres plantes, ou bien aux animaux et aux substances animales et végétales en décomposition dans le sol (fumier, cadavres, etc.). De sorte que l'on peut dire des champignons qu'ils vivent à la manière des animaux en dévorant des plantes ou d'autres animaux, et non à la manière des plantes qui puisent leur nourriture dans le sol ou dans l'air, et n'empruntent rien aux autres êtres vivants.

C'est ce qui a porté un certain nombre de naturalistes à considérer les champignons comme des animaux et à les classer dans le règne animal. Nous avons vu que Hæckel et les naturalistes de son école les rangent dans le règne des *Protistes*. Mais, à part leur mode de nutrition (qui se retrouve dans des plantes d'une organisation plus élevée : Orobranches, certaines Orchidées, etc.), les champignons, par tous leurs caractères, sont bien réellement des plantes, et nous les considérerons ici comme de véritables végétaux, mais comme des végétaux d'une organisation particulière et très inférieure.

On peut définir la classe des champignons en disant que ce sont des végétaux dépourvus de tiges, de feuilles et de racines, et uniquement composés de *cellules* ou de corpuscules juxtaposés qui ne contiennent jamais de chlorophylle; ils ne portent jamais de véritable fleur, et se reproduisent simplement au moyen de corpuscules très petits, ordinairement formés d'une seule cellule (ou d'un seul *globule*) que l'on appelle *spore*, et qui représente la graine.

Dans les champignons les plus élevés en organisation, qui sont ceux que le vulgaire désigne seuls sous ce nom, comme le champignon de couche ou *Agaric comestible*, la partie que l'on appelle le *chapeau* et que l'on mange représente la fleur ou le pédoncule floral des autres végétaux, et n'est en réalité que le support ou l'enveloppe des spores qui sont fixées sur les *lames* excentriques que l'on aperçoit en retournant le chapeau (fig. 2 et 3). Ce chapeau, ou pédoncule floral, est la seule partie du végétal qui se montre au-dessus du sol ou des matières organiques sur lesquelles croît le champignon.

Mais la partie véritablement essentielle du végétal est celle qui ne se montre pas à la surface : ce sont

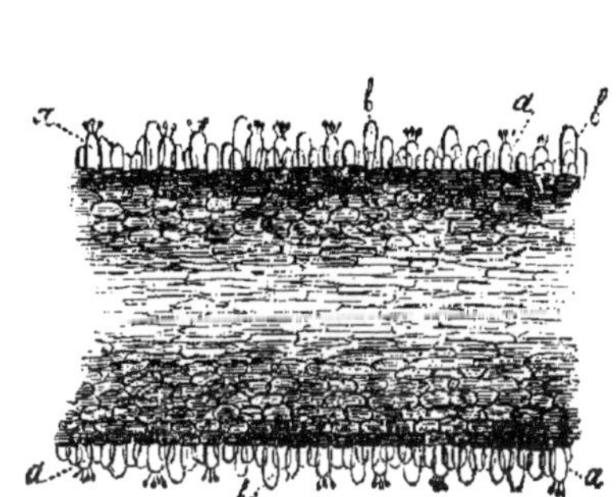

Fig. 2. — Coupe d'une des lames du chapeau de l'Agaric : *a*, *b*, spores de l'*hyménium* (faiblement grossi).

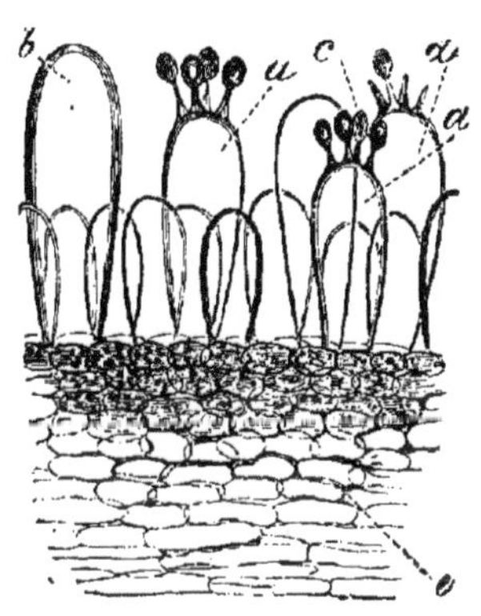

Fig. 3. — Spores de l'*hyménium* fortement grossies et portées sur leurs supports ou *basides*, *a*.

ces filaments blancs, que l'on appelle *le blanc de champignon* et qui rampent dans le sol, dans le fumier ou dans toute autre matière contenant des substances nutritives, et qui représentent à la fois la racine, la tige et les rameaux de la plante : on l'appelle le *mycélium*. — Nous verrons que beaucoup de champignons inférieurs manquent de l'organe qu'on appelle le chapeau (et que les botanistes désignent sous le nom d'*hyménium* ou organe de reproduction), et sont par suite réduits au seul mycélium. Dans ce cas, les spores ou graines se développent dans les cellules mêmes du mycélium.

Ce dernier mode de reproduction existe aussi chez les champignons supérieurs, qui possèdent ainsi deux modes de reproduction et deux genres de spores : des spores *exogènes* (qui se développent au dehors), qui sont celles qu'on voit sur l'hyménium (fig. 2), et des spores *endogènes* (ou intérieures), qui sont celles qui se développent dans le mycélium (fig. 4). Ces spores diffèrent non seulement par leur lieu d'origine, mais encore par leur forme, leur taille, leur structure et le but qu'elles ont à remplir dans la reproduction du champignon; il existe souvent plusieurs formes de spores exogènes.

Fig. 4. — Spores endogènes du mycélium de l'Agaric (fort.gr.).

Classification des champignons. — C'est la nature des spores et le mode de reproduction, qui est très varié, qui ont servi à classer les champignons en un certain nombre de groupes dont nous citerons seulement les principaux; et ceux qui nous intéressent le plus au point de vue auquel nous nous sommes placé, ce sont :

1° Les *Hyménomycètes,*

2° Les *Basidiomycètes,*

3° Les *Ascomycètes,*

4° Les *Oomycètes.*

Chacun de ces groupes se divise lui-même en plusieurs sections ou familles. On place encore généralement dans la classe des champignons les *Ferments* et les *Schizomycètes* (ou microbes proprement dits), dont nous parlerons à part, et nous dirons les raisons qui nous les font séparer des véritables champignons.

Les *Hyménomycètes* sont les champignons à hyménium ou *à chapeau*, qui comprennent toutes les espèces comestibles, et de plus un grand nombre d'espèces extrêmement vénéneuses. Ils sont généralement de grande taille, et un petit nombre seulement d'entre eux sont de véritables parasites : ils ne rentrent donc pas dans le cadre de notre ouvrage, et, malgré l'intérêt qu'ils présentent, nous nous en tiendrons à ce que nous en avons dit précédemment[1]. Les autres groupes, au contraire, doivent nous arrêter plus longtemps.

II

LES BASIDIOMYCÈTES

LES URÉDINÉES, LA ROUILLE DU BLÉ ET DES GRAMINÉES

On désigne sous le nom de *rouille* des céréales une affection parasitaire causée par un petit champignon microscopique qui se développe sur les feuilles des graminées sauvages et cultivées. La rouille se présente sous forme de taches d'un jaune orangé qui grandissent peu à peu sur les feuilles du blé et des autres graminées, et c'est cette couleur qui lui a fait donner son nom vulgaire. Un grand nombre de végétaux appartenant à d'autres familles sont également attaqués par des parasites analogues, qui sont tous des champignons que les natu-

1. Voyez, pour plus de détails sur les *Champignons*, l'ouvrage publié sous ce même titre par MM. Cooke et Berkeley (*Bibliothèque scientifique internationale*. Félix Alcan).

ralistes ont rangés dans le genre *Uredo* et dans la famille des *Basidiomycètes,* ou *Urédinées.*

Les Basidiomycètes n'ont pas de spores endogènes, mais ils peuvent avoir jusqu'à quatre formes de spores exogènes. Tel est le cas pour la rouille du blé, que les naturalistes appellent *Uredo* ou *Puccinia graminis,* et qui se montre au printemps sur les feuilles de cette plante. Les taches de rouille sont couvertes d'une fine poussière qui, observée au microscope, se montre formée de corpuscules allongés d'un rouge brun portés par un filament : ce sont les premières spores du champignon et on les appelle *urédospores* (fig. 5). Si on les sème sur une feuille de blé intacte, elles germent au moyen d'un filament de mycélium qui pénètre dans la feuille et y développe une nouvelle tache de rouille. A l'époque de la moisson les taches sont plus foncées, presque noires, ce qui tient au développement d'une seconde espèce de spores : celles-ci sont en forme de poires, divisées en deux, et leur membrane d'enveloppe est très épaisse : on les nomme *téleutospores* (fig. 5).

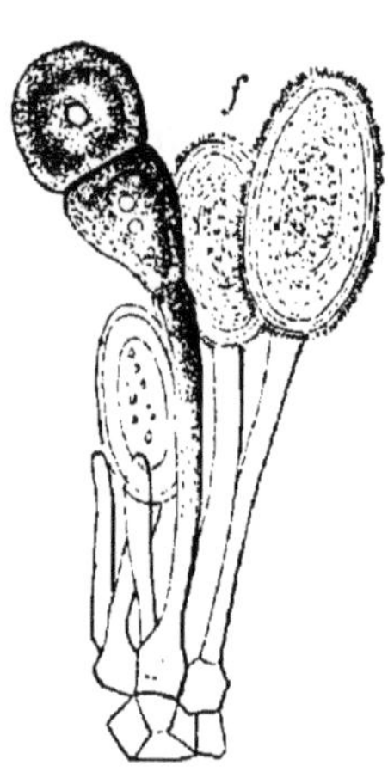

Fig. 5. — Fragment d'une tache de *Puccinia graminis* prise sur la feuille du blé et montrant plusieurs *urédospores f* et un *téleutospore* (fort. gr.).

Les téleutospores ne peuvent germer sur une feuille de blé saine, ni par conséquent lui communiquer la rouille. Elles doivent passer l'hiver sur le chaume, ou paille du blé, en attendant le printemps suivant, et alors même elles ne peuvent se développer sur le blé en herbe, mais bien sur les feuilles d'une autre plante, l'épine-vinette (*Berberis*).

Portées avec une goutte de pluie ou de rosée sur les jeunes feuilles de l'épine-vinette, les téleutospores y germent en formant des taches d'un brun rougeâtre qui intéressent les deux faces de la feuille; on y trouve deux sortes de spores : les unes plus petites, à la face inférieure, et qu'on appelle *Spermaties;* leur usage n'est pas bien connu; — les autres plus grandes, à la face supérieure, s'appellent *Œcidiospores* (fig. 6), et ce sont celles

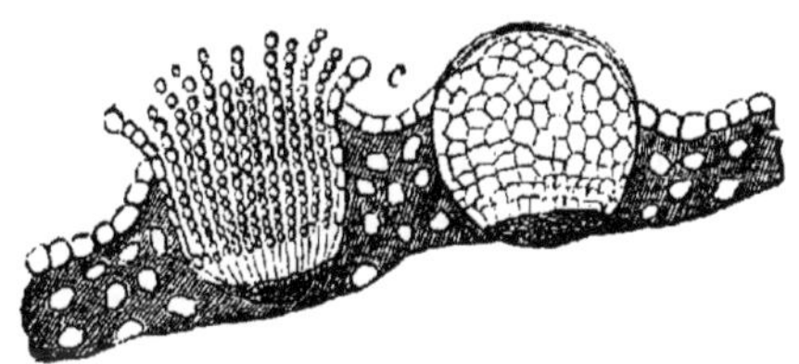

Fig. 6. — Coupe d'une feuille d'épine-vinette portant deux *Œcidiospores* de *Puccinia graminis* plus ou moins développées (fortement grossi).

qui nous intéressent le plus, car elles sont destinées à retourner sur le blé, le seigle ou toute autre graminée, pour y reproduire la rouille primitive.

Placées, en effet, sur une feuille de ces diverses plantes, les œcidiospores germent immédiatement et la couvrent bientôt de taches semblables à celles de l'année précédente : ces taches, quand elles sont nombreuses, font sécher la feuille et peuvent faire avorter l'épi.

Les pailles et les foins *rouillés* ne doivent jamais être donnés en aliments aux animaux, car cette nourriture pourrait leur occasionner des maladies.

Le *Puccinia graminis* présente, comme on voit, une *génération alternante,* c'est-à-dire que le développement complet de la plante ne s'opère qu'au moyen de son passage d'une plante sur une autre plante. C'est un phénomène que l'on observe très souvent chez les parasites animaux ou végétaux et qui semble destiné à assurer la conservation de l'espèce parasite, en lui permettant de croître successivement sur deux plantes dont le développement a lieu à deux époques différentes de l'année, comme c'est le cas pour l'épine-vinette (au premier printemps), et pour le blé (en été). — On a cru pendant longtemps que l'*Œcidium berberidis*, l'*Uredo linearis* et le *Puccinia graminis* formaient autant d'espèces différentes : on sait aujourd'hui, comme nous l'avons montré, que ce sont seulement trois phases successives du développement d'une même espèce[1].

D'autres Urédinées, constituant les genres modernes *Ustilago* et *Tilletia*, s'attaquent de préférence à l'épi du blé et des autres graminées : c'est ce qui constitue la maladie nommée par les cultivateurs *charbon*, *carie*, *nielle*, etc. (*Uredo carbo* ou *Ustilago segetum*, et *Tilletia caries*). — Le grain malade est seulement un peu plus foncé; mais quand on le presse entre les doigts, on en fait sortir une pulpe noirâtre, onctueuse, qui a l'odeur du poisson pourri. Le pain fait avec la farine résultant de la mouture de ce grain a une saveur âcre et amère, et, bien qu'il ne paraisse pas immédiatement nuisible à la santé, doit être rejeté de l'alimentation. La poussière de ces champignons produit souvent, chez les batteurs en grange, une toux d'irritation qui cesse dès qu'ils sont soustraits à la cause qui l'occasionne.

Le *verdet* du Maïs (*verderame* des Italiens) est dû à la présence du même parasite (*Ustilago segetum*, *Uredo*

1. De même l'*Œcidium rhamni* du Nerprun ou Bourdaine produit l'*Uredo rubigo-vera* (fig. 7) et le *Puccinia coronata* du froment et de l'avoine.

carbo ou *Sporisorium maïdis*) sur les grains du maïs, et l'on a cru pendant longtemps qu'il était la cause de la *pellagre,* maladie très commune chez les paysans qui mangent du maïs. On sait aujourd'hui que la pellagre est due à l'absorption d'un autre champignon très voisin de l'*ergot de seigle,* dont nous parlerons bientôt.

D'autres espèces d'Urédinées attaquent le sorgho, le riz, etc. ; enfin un grand nombre de végétaux sont envahis par des champignons parasites appartenant au genre *Puccinia* et aux genres voisins, et qui présentent probablement presque tous le phénomène des générations alternantes.

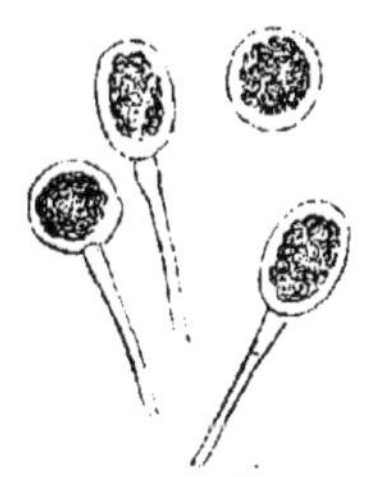
Fig. 7. — Spores d'*Uredo rubigo vera* (ou *Puccinia coronata*).

Quel est le moyen de débarrasser nos champs de la rouille du blé? Ce moyen est bien simple, et il nous est indiqué par ce que nous savons maintenant de la génération alternante qui assure la propagation du champignon. Il faut arracher tous les plants d'épine-vinette qui se trouvent dans le voisinage des moissons.

L'opinion populaire, sans rien savoir du phénomène des générations alternantes, avait depuis longtemps désigné le voisinage de l'épine-vinette comme étant la principale cause de la rouille des céréales.

En 1869, M. de Taste constata que, dans la commune de Chambray, les cultivateurs ayant arraché toutes les épines-vinettes qui poussaient dans les haies de leurs champs, la récolte qui avait été mauvaise l'année précédente, se fit pendant trois ans dans des conditions normales. La Compagnie du chemin de fer de Lyon ayant planté une haie d'épine-vinette pour servir de clôture à la voie ferrée dans la commune de Genlis (Côte-d'Or), les champs de céréales avoisinant la ligne furent attaqués par la rouille avec une intensité extrême. L'enquête faite par la Compagnie prouva que le mal était bien dû à l'épine-vinette, et que les blés n'étaient pas attaqués partout où il n'y avait jamais eu d'épine-vinette. Au contraire, un seul plant d'épine-vinette suffit pour faire apparaître la maladie dans un champ où elle ne s'était jamais manifestée auparavant.

Quant à la *carie* des grains, on les en débarrasse par le *chaulage*, c'est-à-dire en les soumettant à l'action de la chaux vive, pulvérente ou dissoute dans l'eau, qui tue le champignon ou empêche son développement. Les grains de semence surtout doivent toujours être soumis à cette opération quand ils sont attaqués. A défaut de chaux vive, on emploie le sulfate de cuivre (qui n'est pas sans danger), ou mieux le sulfate de soude dissous dans l'eau (8 kilogr. par hectolitre). L'opération doit se faire la veille des semailles. — Pour les grains destinés à l'alimentation, il convient d'employer un autre procédé appelé *pelletage* et qui consiste à remuer souvent le blé en magasin, à la main ou au moyen du grenier mobile de Vallery, de manière à l'aérer, le sécher, à chasser la poussière et l'humidité qui sont favorables au développement des champignons.

III

LES ASCOMYCÈTES, L'ERGOT DE SEIGLE ; LA MOISISSURE DU CUIR ET DES FRUITS SECS

Au contraire des précédents, les champignons de ce groupe possèdent des spores *endogènes* renfermées dans un sac ou enveloppe spéciale que l'on appelle *asque* : d'où le nom de la famille. Les truffes ou *Tubéracées* ne se reproduisent que par ces spores renfermées dans les asques; mais la plupart des autres ascomycètes présentent, en outre, plusieurs formes de spores et le phénomène de la génération alternante a fait croire ici, comme dans le groupe précédent, à l'existence d'un grand nombre d'espèces qui ne sont que des transformations successives d'une seule et même espèce. Tel est le cas pour l'*ergot de seigle*, production que l'on utilise en médecine, mais qui n'en constitue pas moins une maladie très grave et très dangereuse de plusieurs de nos céréales, et particulièrement du seigle (fig. 8).

L'*ergot* est causé par un petit champignon parasite qui envahit l'épi de seigle au moment où il est en fleur. On voit la jeune fleur enveloppée d'une masse blanche, formée de spores microscopiques (fig. 9). C'est ce qu'on appelait autrefois la *sphacélie*. Ces spores peuvent se propager à d'autres fleurs et y reproduire la maladie.

Le mycélium formé par la germination de la sphacélie envahit le grain, y forme un feutrage très dense et se développe de manière à former ce corps allongé que l'on appelle *sclérote*, à cause de sa dureté, ou *ergot;* c'est alors le *Claviceps purpurea*. La sphacélie qui le recouvrait d'abord tombe, et l'ergot reste stationnaire, jusqu'au printemps suivant, sur le sol où il est tombé.

A ce moment, par l'effet de la chaleur et de l'humidité, les filaments du sclérote se gonflent et poussent des branches nombreuses qui portent à leur sommet une sorte de tête arrondie dans laquelle se développent les asques ou *périthèces* (fig. 10, 11, 12); les spores endogènes qui sortiront de ces asques iront germer sur une fleur de seigle, y produiront une nouvelle sphacélie, puis un nouvel ergot, et ainsi de suite en passant toujours par le même cercle de la génération alternante.

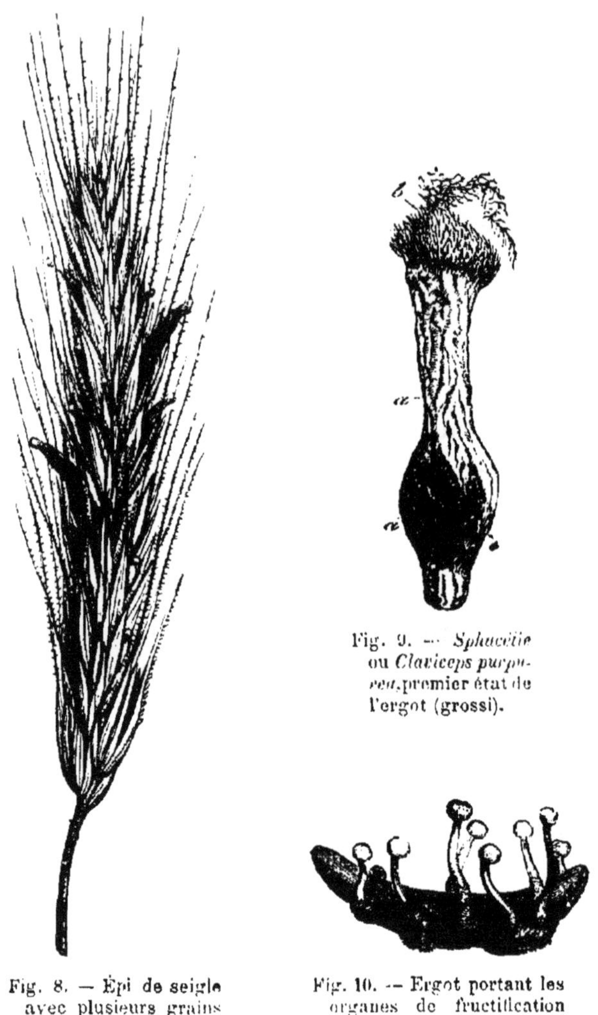

Fig. 9. — *Sphacélie* ou *Claviceps purpurea*, premier état de l'ergot (grossi).

Fig. 8. — Épi de seigle avec plusieurs grains d'ergots.

Fig. 10. — Ergot portant les organes de fructification (grossi).

La plupart des graminées et beaucoup de cypéracées peuvent fournir des ergots comparables à celui du seigle et jouissant des mêmes propriétés médicales. On a proposé de remplacer l'ergot de seigle par celui du blé qui est plus gros, moins allongé et plus dur que celui du seigle : il paraît se conserver mieux que celui-ci.

L'ergot de seigle, et surtout sa poudre, a une odeur de viande bien marquée, qui ne devient désagréable que lorsque cette poudre, conservée dans un lieu humide, s'est altérée : elle prend alors une odeur de poisson pourri,

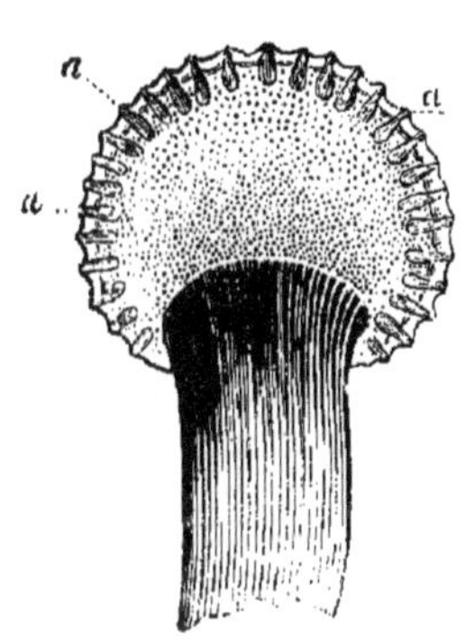

Fig. 11.— Une des *têtes* ou organes de fructification de l'ergot plus fortement grossie : *a*, périthèces.

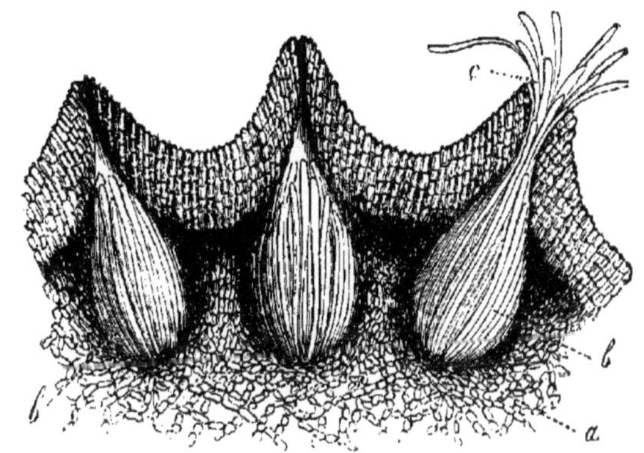

Fig. 12. — Portion de la figure précédente (à un très fort grossissement), montrant en *b* les *asques* et en *c* les spores sortant des asques ou périthèces.

comparable à celle de beaucoup d'autres champignons.

Sa saveur est d'abord peu sensible ; mais il détermine ensuite une sensation de resserrement assez persistante dans l'arrière-bouche. Ce médicament agit surtout en faisant contracter les fibres musculaires, et spécialement celles de l'utérus. On en extrait l'ergotine et l'ergotinine qui sont ses principes actifs, et sont souvent employées aujourd'hui en thérapeutique de préférence à l'ergot brut.

A dose élevée, l'ergot est un poison violent. Il produit alors des accidents caractéristiques, dilate la pupille, ralentit la circulation, cause des vertiges, de l'assoupissement, et peut même déterminer la mort.

Le pain fait avec une farine dont on a négligé de séparer les grains d'ergot, peut produire des accidents graves connus sous le nom d'*Ergotisme*, et qui deviennent promptement mortels si l'usage de ce pain est continué. Tantôt alors ce sont les symptômes nerveux qui prédominent, c'est l'*ergotisme convulsif*; tantôt la maladie s'accuse surtout par la gangrène des extrémités, c'est l'*ergotisme gangréneux*, mais ces deux formes ne sont que deux phases d'une seule et même maladie et se rencontrent souvent chez le même individu. Dans les pays où le pain de seigle constitue la base de l'alimentation des populations rurales, comme dans le Brabant, le nord de la France, l'Orléanais et le Blaisois, on a signalé à différentes époques des épidémies meurtrières que l'on désignait, au moyen âge, sous le nom de *Feu Saint-Antoine, Mal des ardents*. Les premiers symptômes sont une sorte d'ivresse gaie que les paysans recherchent et dont ils se font une habitude, comme de l'ivresse alcoolique, jusqu'au moment où les symptômes convulsifs et la gangrène éclatent, suivis bientôt d'une terminaison funeste.

L'ergot du maïs produit des phénomènes analogues ; il paraît être la cause de la maladie connue, dans les pays où l'on fait du pain ou des galettes de maïs, en Italie et dans l'Amérique du Sud, sous le nom impropre de *Pelade* [1], et dont le premier symptôme est la chute des

1. Nous verrons plus loin que le nom de *Pelade* a été appliqué antérieurement à une autre affection parasitaire spéciale au cuir chevelu. Il ne faut pas confondre ces deux maladies, malgré la ressemblance de nom, car elles sont dues à deux champignons de groupes différents.

cheveux et des poils. Les poules qui mangent de ces mêmes graines pondent des œufs sans coquille par suite de l'expulsion prématurée du produit ovarien : leur crête noircit, se flétrit et finit par se détacher complètement; le bec lui-même tombe. Tous ces phénomènes s'expliquent très bien par l'action de l'ergot sur les fibres musculaires de l'utérus et des vaisseaux sanguins.

Des recherches récentes ont montré que cette Pelade était identique, par sa cause et ses symptômes essentiels, avec la maladie connue, dans le sud de la France et le nord de l'Italie, sous le nom de *Pellagre,* le *Mal de la rose* des Espagnols. Ce nom vient de ce que la peau se couvre de taches rouges qui se dessèchent ensuite et se détachent sous forme d'écailles. La santé générale n'est pas d'abord altérée et ce n'est souvent qu'au bout de plusieurs années que surviennent des vertiges, de l'inappétence, une grande maigreur, puis enfin de la torpeur et des convulsions qui précèdent la mort. — On évite ces accidents en passant le maïs au four, avant de le moudre, suivant le procédé usité en Bourgogne.

Un autre champignon très répandu qui appartient également au groupe des ascomycètes, c'est l'*Eurotium repens,* moisissure qui se développe sur le cuir que l'on abandonne dans un lieu humide ou en général sur toutes les matières animales ou végétales en décomposition, ou mal conservées, spécialement sur les fruits cuits.

Cette moisissure est d'un vert sombre, couleur qui n'est due en aucune façon à la présence de chlorophylle. Sur le mycélium, qui rampe dans la substance du cuir ou de la peau du fruit, se développent de petites tiges formées d'un tube cloisonné et terminé par une tête renflée sur laquelle se forment des chapelets de petits grains dont chacun est une spore. C'est ce qu'on appelait autrefois l'*Aspergillus glaucus* que l'on considérait comme une espèce particulière (fig. 13).

Mais quand cette moisissure se développe dans un endroit où l'air n'arrive qu'avec peine, on trouve souvent,

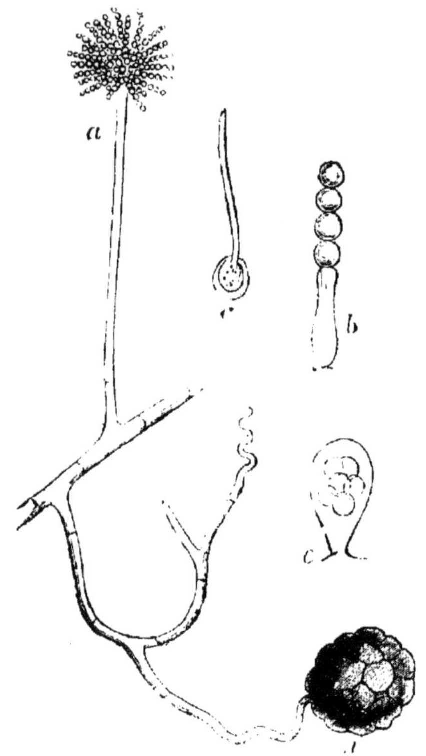

Fig. 13. — *Aspergillus glaucus*, moisissure du cuir et des fruits pourris : *a*, tête portant des spores en chapelet *b*; *c*, une des spores germant; *d*, boule d'*Eurotium*; *e*, asque renfermant des spores endogènes (grossi).

à côté ou au milieu de ses tiges, de petites boules d'un jaune d'or qui sont remplies d'asques contenant chacune 8 spores : cette seconde forme a été appelée *Eurotium repens*. On a reconnu récemment que les boules en question sont produites par le même mycélium que l'*asper-*

gillus, et que par conséquent les tiges en chapelet et les boules en asques ne sont que deux organes d'un même champignon.

Les spores en chapelet de l'*Aspergillus glaucus* représentent les spores blanches exogènes, ou la sphacélie de l'ergot de seigle, et celles qui se produisent plus tard dans les boules jaunes correspondent à celles qui sortent des asques développées sur le sclérote; ce sont des spores endogènes.

Un grand nombre de champignons parasites appartenant aux genres *Erysiphe, Sphæria, Sordaria, Penicillium*, etc., présentent le même mode de végétation et attaquent un grand nombre de plantes. Tel est l'*Oïdium* de la vigne (*Erysiphe Tuckeri*) sur lequel nous reviendrons.

IV

LES OOMYCÈTES, LES MUCORINÉES OU MOISISSURES PROPREMENT DITES, LES PERONOSPORÉES LE CHAMPIGNON DES POMMES DE TERRE

Dans tous les champignons parasites dont nous avons précédemment parlé, il n'existe pas de reproduction sexuelle analogue à celle des végétaux supérieurs; il n'y a pas d'organes mâle et femelle comparables aux étamines et au pistil. Chez les oomycètes, cette reproduction sexuelle existe, mais sous une forme très élémentaire il est vrai. A côté des spores ordinaires que nous avons vues chez les autres champignons, on en trouve d'autres que l'on appelle *oospores*, et qui sont formées par le mélange du contenu primitivement distinct de deux cellules différentes. Dans la famille des *Mucorinées* qui comprend la plupart des champignons que l'on appelle vulgairement *moisissures* (fig. 14), les deux cellules dont le contenu se mélange sont semblables; chez les *Peronosporées*, qui comprennent le champignon des pommes de terre, au contraire, une des cellules est plus grande que l'autre et persiste seule jusqu'à la maturité de l'oospore : on doit donc la considérer comme la cellule fe-

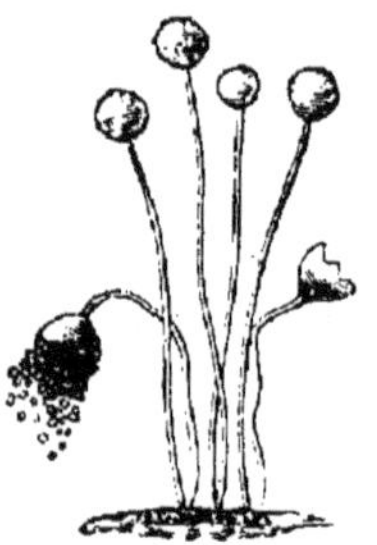

Fig. 14. — *Mucor caninus*, moisissure des excréments du chien (grossi).

melle, tandis que l'autre, plus petite et qui se flétrit bientôt, est la cellule mâle.

Le mycélium des oomycètes se développe dans des milieux plus ou moins liquides comme sont toutes le substances en décomposition ou en putréfaction. Les spores ordinaires sont très petites et se forment à l'intérieur d'un renflement (*sporange*) porté par une branche de mycélium dressée en l'air. Elles se succèdent constamment et en grand nombre tant que la plante est dans un milieu favorable où elle peut végéter vigoureusement : placées dans le même milieu, ces spores germent et reproduisent un mycélium semblable à celui dont elles proviennent.

Les oospores ont un volume jusqu'à mille fois plus grand que celui des spores ordinaires : elles se forment seulement quand la végétation du champignon est compromise, par exemple lorsque la substance qui sert de

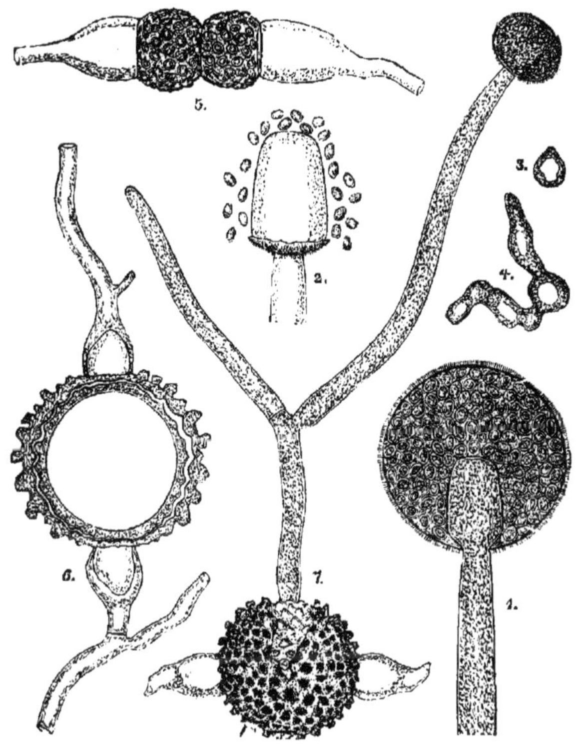

Fig. 15. — Organes reproducteurs du *Mucor mucedo* (fortement grossi).

support au mycélium se dessèche ; elles peuvent attendre fort longtemps avant de germer (fig. 15 et 16).

La figure 15 représente les organes reproducteurs du *Mucor mucedo :* en 1 est un *sporange* rempli de spores ordinaires ; en 2, la paroi du sporange a disparu et laisse voir les spores libres autour de la *columelle* centrale ; 3 et 4 représentent la germination de ces spores émettant leur filament mycélien; 5 figure la conjugaison des spores sexuées qui se fondent en une grosse *oospore* 6, qui germe ensuite comme on le voit en 7, et donne naissance à un filament mycélien terminé par un sporange.

La figure 16 montre les mêmes organes chez un

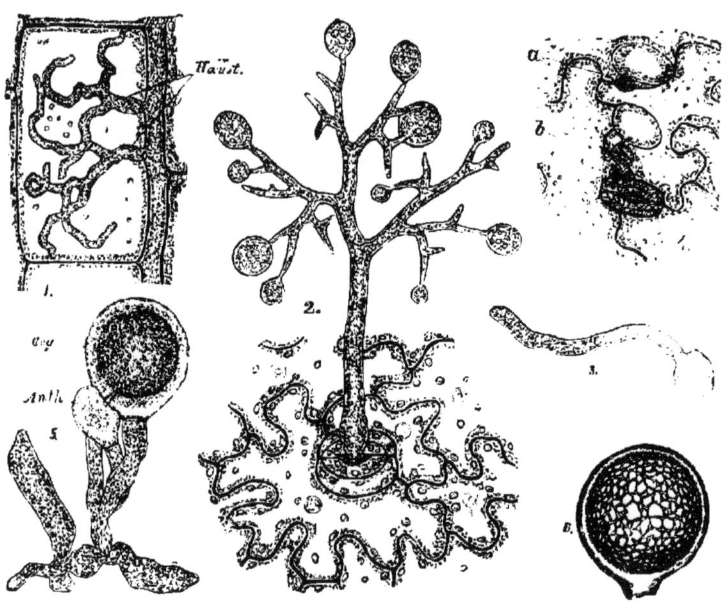

Fig. 16. — Organes reproducteurs du *Peronospora calotheca* (fortement grossi).

Peronospora ; en 1, on voit le mycélium du champignon rampant dans le tissu de la plante infestée; en 2, l'appareil de fructification qui porte les spores ordinaires sort par l'ouverture d'un stomate, se ramifie et produit des sporanges à l'extrémité de chaque branche; en 3 et en 4, on voit deux spores sorties de ces sporanges germer et s'introduire dans l'épiderme d'une feuille par l'ouverture des stomates (*a*,*b*); en 5, on voit la conjugaison qui a lieu ici entre deux cellules dissemblables : la cellule mâle, plus petite (*anthéridie*), s'applique sur la grosse cellule femelle (*oogone*), qui, après cette espèce de fécondation, prend le nom d'*oospore*, et qui est figurée en 6.

Le *Mucor mucedo* et les autres espèces du même genre forment de petites touffes duveteuses d'un blanc plus ou moins grisâtre, que l'on voit sur le pain altéré, sur les fruits pourris, les excréments du cheval, du chien, du lapin. Examinés au microscope, les filaments qui composent ces touffes montrent à leur extrémité les sporanges de la fig. 15, 1. Sur les fruits altérés, les spores de ces champignons germent en cinq ou six heures en introduisant dans l'épiderme leurs filaments mycéliens. On leur attribue le *blétissement,* qui n'est qu'un commencement de pourriture, d'après Davaine. L'ingestion de ces moisissures n'est pas toujours sans danger.

Le *Peronospora infestans*, ou champignon des pommes de terre, est un des fléaux les plus redoutables de cette précieuse plante. Il attaque la face inférieure des feuilles et des tiges, s'y montrant, en juillet, sous forme de taches brunes, et ses longs filaments mycéliens pénètrent profondément sous l'épiderme et peuvent se propager jusqu'au tubercule lui-même.

Parmi les causes qui produisent ou favorisent cette maladie, les cultivateurs signalent : la trop grande humidité du terrain, la plantation et le buttage tardifs, l'emploi de mauvaises semences, la germination prématurée et épuisante avant la mise en terre des tubercules, l'emploi de fumier frais, non suffisamment décomposé.

Pour prévenir le développement de ce parasite, on indique le procédé suivant : il faut faire au printemps un premier buttage dit *de protection,* consistant en un talus plat de 8 à 10 centimètres de haut sur 25 à 30 de large ; un deuxième buttage de protection sera fait dans la première quinzaine d'août, le talus sera alors en toit aigu et les tiges de la plante seront rabattues à 450 degrés dans la rigole d'écoulement des eaux, pour que les spores qui se trouvent sur les feuilles soient entraînées par la pluie loin de la tige et des racines de la plante.

Il paraît que les vers de terre peuvent propager les spores de ce champignon, comme celles de beaucoup d'autres microbes.

Une autre espèce de *Peronospora* attaque les betteraves, d'après M. Prillieux : les feuilles de la plante se dessèchent et tombent. Le remède consiste à brûler les feuilles mortes qui portent les *oospores* pendant l'hiver, ou du moins à ne pas les laisser entrer dans le fumier.

Le *Mildiou,* qui attaque la vigne, est aussi une espèce de *Peronospora,* ainsi que nous le verrons bientôt (*P. viticola*).

V

LES CHAMPIGNONS PARASITES DE LA VIGNE; L'OÏDIUM, LE MILDIOU, ETC.

Les parasites de la vigne sont si nombreux qu'il convient d'en traiter dans un chapitre à part. Il y a quelques années, en 1870, un spécialiste bien connu, M. Roumeguère, en comptait une cinquantaine : depuis, le nombre en a plus que doublé. Nous ne parlerons ici que des principaux, de ceux qui sont surtout nuisibles à la vigne, et dont, par conséquent, la connaissance nous intéresse davantage.

L'Oïdium. — Le plus anciennement connu de ces champignons parasites est l'*Oïdium* ou *Erysiphe Tuckeri,* ainsi nommé du nom du viticulteur qui l'a signalé le premier. Il appartient au groupe des Ascomycètes, et paraît nous être venu d'Amérique vers 1845, année où il fut signalé pour la première fois en Angleterre. De là il passa en France : en 1847 on l'observait aux environs de Paris, et bientôt après (1850-1851) dans le midi de la France où il a sévi, il y a 25 ou 30 ans, avec une intensité telle que l'on a craint, pendant quelques années, la destruction presque complète à laquelle nous assistons aujourd'hui, du fait d'un autre parasite, appartenant celui-ci au règne animal : le *Phylloxera vastatrix.*

L'oïdium, *Mal blanc* ou *Meunier,* n'en a pas moins détruit les vignobles de l'île de Madère, qu'il a fallu arracher entièrement et remplacer par des plants sains qui n'ont donné de récolte qu'au bout de quelques années.

L'oïdium se montre sur les grains de raisin sous forme de filaments grisâtres terminés par une tête renflée renfermant les spores agglomérées, non libres et en chapelet comme dans l'*Aspergillus* (fig. 13). Ces spores s'en échappent en fine poussière, se répandent dans l'atmosphère et vont propager la maladie au loin avec une extrême facilité.

Si l'une de ces spores vient à tomber sur une feuille de vigne dans de bonnes conditions d'humidité et de chaleur, elle y germe bientôt, traverse l'épiderme à l'aide de ses filaments mycéliens, et forme des plaques farineuses qui répandent une odeur de moisi caractéristique.

L'oïdium peut rester latent sur les ceps pendant tout l'hiver. Au printemps, on le voit reparaître en plaques jaunâtres sur les premières feuilles auxquelles il se propage rapidement : la plante languit, les feuilles pâlissent comme si elles étaient anémiques.

Une grande sécheresse est défavorable à l'oïdium : des pluies abondantes le sont également en lavant, pour ainsi dire, les feuilles et les fruits et entraînant les spores dans le sol.

Le remède consiste dans le *soufrage* des vignes attaquées. On emploie le soufre à l'état de *fleur* ou de soufre sublimé, qui agit sur le champignon par un dégagement lent d'acide sulfureux. Sous cette influence, on voit, au microscope, le mycélium superficiel et les spores si délicates se dessécher comme s'ils étaient brûlés (Ed. André). — Il faut trois applications successives, qui se font à l'aide d'instruments spéciaux ayant la forme d'un soufflet muni d'une pomme d'arrosoir pour disséminer la fleur de soufre. La première se fait au printemps lorsque les pousses ont de 8 à 10 centimètres de long : la seconde, immédiatement après la fleur ; la troisième, quand les grains commencent à mûrir. L'opération du printemps est la plus importante, celle qu'il faut faire avec le plus de soin, de manière à atteindre toutes les spores qui ont hiverné et d'où sortiront les générations de l'été. Il faut atteindre non seulement les feuilles dessus et dessous, mais encore les rameaux et le cep luimême. La troisième application doit se faire assez tôt pour que lors de la vendange il ne reste plus de soufre sur les grains. On conçoit facilement que son introduction dans le vin aurait les plus mauvais effets : pendant la fermentation, il se produirait de l'acide sulfhydrique au détriment de l'alcool et ce gaz donnerait un mauvais goût au vin.

Le soufrage doit se faire de préférence le matin, parce qu'un peu de rosée permet à la poudre de s'attacher aux feuilles et aux rameaux ; par un temps clair, car une forte pluie entraînerait le soufre avant qu'il ait eu le temps d'agir sur l'oïdium.

Ce soufre finit par tomber dans le sol au pied de la vigne et se transforme en sulfate de chaux qui constitue un excellent engrais pour cette plante.

Le Mildiou ou Mildew. — Ce nouveau parasite, dont le

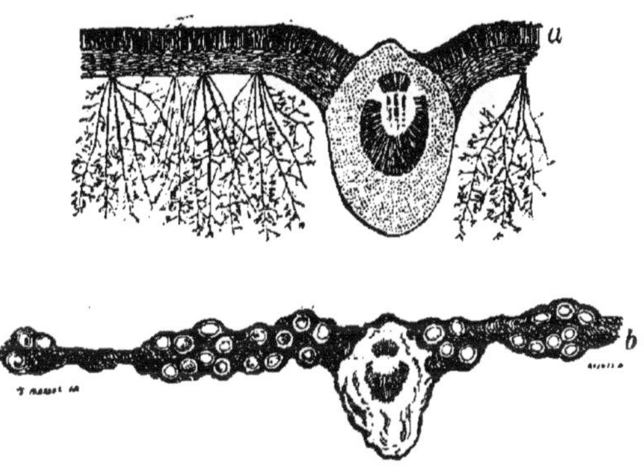

Fig. 17. — Le *Mildiou : a*, Coupe verticale d'une feuille portant à sa face inférieure des arbuscules de *Peronospora viticola; b*, feuille desséchée portant dans son intérieur les spores d'hiver (oospores) (grossi 20 fois).

nom scientifique est *Peronospora viticola*, appartient par conséquent au groupe des Oomycètes. Il nous vient également d'Amérique, comme l'indique son nom de *Mildew* (*nielle* en anglais). Il a été importé en Europe, en 1878, avec des plants américains destinés à remplacer ceux détruits par le *Phylloxera*. Il s'est répandu rapidement en France, et de là en Algérie. Il se montre sous forme de plaques irrégulières, blanchâtres, peu épaisses, d'aspect presque cristallin comme une efflorescence saline (Planchon). Il n'a pas l'odeur de moisi de l'oïdium, et apparaît plus tardivement, le plus souvent sur les pousses autumnales. Son mycélium est plus profond que celui de l'oïdium. On voit alors sur le dessus des feuilles des taches brunes, comme des parties brûlées, qui correspondent, en dessous, à un duvet délicat « ayant la blancheur d'un givre léger (Vaissier) ». Les tiges émanant du mycélium sont ramifiées à angle droit, les

Fig. 18. — Groupe d'arbuscules de *Peronospora viticola*, sortant par un stomate de la face inférieure de la feuille et portant les spores d'été (grossi 120 fois).

branches portant les spores comme dans le *Peronospora infestans* de la pomme de terre (fig. 17 et 18). Ces spores nombreuses jetées dans l'air sont un puissant agent de contagion.

Ce parasite mortifie le tissu de la feuille, l'épuise et finit par la dessécher et la faire tomber : les moins prises résistent seules avec des taches nécrosées. Il est rare que la grappe ou la jeune pousse herbacée soit atteinte.

Outre les spores ordinaires, ou d'été, dont nous venons

de parler, il faut tenir compte des spores sexuées : les oospores ou spores d'hiver, spores dormantes, passent l'hiver dans le tissu même des feuilles (fig. 17 *b*) et germent au printemps. La conjugaison des spores sexuées, ainsi que la maturation des spores d'été et la germination des *zoospores* qui s'en échappent, ne peuvent du reste avoir lieu que dans une goutte d'eau (pluie, brouillard ou rosée), de telle sorte qu'une sécheresse persistante entrave la propagation du champignon.

Ce parasite est nuisible par la défoliation du cep qui retarde la nutrition de la plante : en outre, les grappes, mal garanties du soleil sont desséchées avant leur maturité : quelquefois enfin le champignon s'attaque au grain lui-même ou à son pédoncule.

Les vignes plantées dans un sol humide résistent mieux que les autres, simplement parce que cette nature du sol augmente la vigueur de la plante : une fumure convenable agit dans le même sens. Pour détruire le champignon quand il s'est développé, on emploiera le soufre mélangée à de la chaux en poudre ; le mycélium de ce champignon est en effet plus profondément implanté que celui de l'oïdium, et il est nécessaire d'avoir recours à des moyens plus énergiques si l'on veut l'atteindre. On a encore préconisé le borate de soude en pulvérisations, à raison de 5 grammes pour un litre d'eau; une solution de sulfate de fer (1 kilogr. dans 2 litres d'eau), dont on lave le cep quinze jours avant que les bourgeons ne commencent à se débourrer (Millardet). Mme Vve Ponsot, dans le Bordelais, a employé la même substance mélangée avec du plâtre (sulfate de fer pulv., 4 parties; plâtre, 20 parties). Il faut en outre brûler ou enfouir les feuilles tombées qui renferment les spores d'hiver (oospores). On irriguera toutes les fois que cela est possible : contre la rosée et le brouillard qui favorisent la fécondation des oospores, on saupoudrera les feuilles avec du plâtre.

Certains cépages résistent mieux que les autres : tel est le *Labernet,* plant du Médoc, qui en Algérie est resté presque entièrement indemne dans des régions contaminées.

L'ANTHRACNOSE, CHARBON, ROT OU MAL NOIR. — Ce champignon, dont le nom est *Phoma uvicola* [1], appartient aux Ascomycètes. C'est le plus anciennement connu des parasites de la vigne, mais ce n'est qu'en 1878 que ses dégâts ont été assez importants pour appeler l'attention sur lui. Il se reproduit comme les deux précédents par des spores que le moindre vent transporte au loin : la chaleur et l'humidité lui sont favorables; la sécheresse entrave sa propagation.

C'est au mois de mai que l'on voit paraître sur les jeunes pousses de petites taches arrondies, noires, qui envahissent peu à peu les rameaux, les feuilles et même les grappes. Les jeunes tiges prennent une apparence maladive et finissent par périr, et souvent avec elles les feuilles et les fruits.

Quand le champignon s'implante sur les nervures des feuilles avant leur complet développement, ces feuilles se racornissent, se recoquevillent et ne fonctionnent plus qu'imparfaitement; lorsqu'il atteint le pétiole ou le pédoncule de la grappe, le dessèchement et la mort de toutes les parties qui en dépendent ne tardent pas à s'ensuivre.

Ce champignon est celui qui, sous le nom de *Rot*, ravage en ce moment les vignes américaines.

1. Ou *Sphaceloma ampelium.*

Le soufre est loin d'être aussi efficace ici que dans le cas de l'oïdium. Voici cependant le traitement qui a été préconisé par M. Portes :

1° Détruire ou enlever les sarments et autres débris de l'année précédente ; — 2° saupoudrer avec de la chaux grasse éteinte et finement pulvérisée les souches et les jeunes pousses dès la seconde quinzaine d'avril et répéter cette opération tous les quinze jours jusqu'à la fin de juin ; — 3° soufrer aux époques ordinaires surtout s'il y a de l'oïdium ; — 4° drainer et irriguer toutes les fois que cela est possible ; — 5° partout où l'on constate le champignon saupoudrer alternativement, à quelques jours de distance, avec de la chaux pulvérisée et avec un mélange de la même substance avec du soufre sublimé.

L'*Aubernage*, ou *Mal noir* des Italiens, ne doit pas être confondu avec l'Anthracnose. D'après des recherches récentes, l'aubernage ne serait pas dû à un champignon, mais à une altération spontanée (ou causée par des bactéries (?) d'après MM. Pirotta et Cugini), consistant dans la transformation de la cellulose et de l'amidon de la plante en gomme, d'après M. O. Comes, en tannin d'après M. Pirotta.

Cette maladie présente trois degrés : 1° une simple coloration en noir rougeâtre de la moelle, qui n'empêche pas la végétation ; 2° un commencement de nécrose qui rend la végétation souffreteuse ; 3° enfin, une nécrose complète avec désagrégation du bois et arrêt de la végétation.

Cette affection est contagieuse, ce qui nous porte à croire que si elle n'est pas le fait d'un champignon, elle est due tout au moins au développement d'une bactérie, c'est-à-dire d'un microbe.

Le remède indiqué par les naturalistes italiens consiste à donner des sels de potassium, que l'on peut du reste trouver, sans grands frais, dans les cendres des sarments que l'on brûle sur les lieux mêmes.

Le Pourridié. — Le *Rœsleria hypogea* est un autre champignon parasite que l'on trouve sur les racines de la vigne. Il a été étudié récemment par M. Ed. Prillieux.

La vigne atteinte de ce parasite languit quelques années et finit par succomber : le mal se propage par les racines aux ceps voisins ; les places attaquées grandissent comme des taches phylloxériques. On trouve les racines pourries. Ce *pourridié* a pris une grande extension dans la Haute-Marne (arrondissement de Langres).

Ce petit champignon est très différent du *pourridié* du midi de la France étudié par MM. Planchon et Millardet, et qui est formé par le mycélium rhizomorphe d'un grand champignon hyménomycète, l'*Agaricus melleus*. Le *Rœsleria* est très différent : c'est un petit champignon blanc, à tête blanche ou cendrée, n'ayant pas plus de 8 à 10 millimètres, et dont le mycélium vit à l'intérieur des racines de la vigne dont il pénètre et altère profondément tous les tissus, produisant à l'automne les fructifications que l'on voit apparaître à la surface.

Il se développe surtout dans les sols marneux et argileux et dans les années pluvieuses, dans les parties basses des terrains en pente. L'humidité des couches profondes du sol lui est favorable. Il faut donc avant tout assainir les sous-sols imperméables.

En outre, il faut écarter les ceps pour éviter l'enchevêtrement des racines ; arracher les vignes malades et les brûler, car le champignon vit pendant plusieurs années sur les racines mortes et desséchées. S'il reste dans le sol quelques fragments de racine comme c'est presque toujours le cas, ils peuvent suffire à réinfester les pieds sains que l'on se hâterait de replanter à la place.

REMARQUE AU SUJET DES MALADIES DE LA VIGNE. — On peut s'étonner de voir un végétal aussi précieux et cultivé avec tant de soin dans notre pays, attaqué par un si grand nombre de parasites tant animaux que végétaux. En réalité, il y a lieu de s'étonner au contraire que la vigne n'ait pas été complètement détruite par ces divers fléaux réunis, et qu'elle résiste encore dans plusieurs régions de la France. Si l'on songe que l'on a fait produire sans trêve ni merci, depuis de longues années, à de vieux ceps rabougris sans s'inquiéter le plus souvent de leur rendre, par une fumure convenable, la nourriture que leur enlevait la fructification du raisin, on s'étonnera beaucoup moins de la décadence de nos vignobles. Aussi, la plupart des esprits éclairés attribuent-ils l'invasion de ces nombreux parasites à la caducité et à l'épuisement de nos vignes, beaucoup plus qu'à toute autre cause accidentelle, telle qu'une importation du dehors.

Le remède est donc avant tout dans le rajeunissement de la vigne par la plantation de jeunes pousses, ou mieux encore par des semis. Au lieu de chercher à introduire des plants étrangers qui auront de la peine à s'acclimater et ne vaudront certainement pas nos vignes perdues, ne vaudrait-il pas mieux chercher à régénérer nos plants indigènes par le croisement des cépages cultivés avec les vignes sauvages, ou mieux encore par leur croisement entre eux comme l'a proposé M. Millardet? On pourrait aussi essayer de greffer nos cépages de Bordeaux et de Bourgogne sur des vignes sauvages ou sur des vignes américaines qui résistent mieux aux attaques du *Phylloxera.*

VI

HABITAT ET STATION DES CHAMPIGNONS PARASITES : LEUR ACTION DESTRUCTIVE

L'habitat des champignons parasites est excessivement varié. M. Roumeguère, dans sa *Cryptogamie illustrée*, a consacré près de 40 pages grand in-4° imprimées sur trois colonnes, à la seule énumération des champignons rangés d'après leurs stations sur les plantes, les animaux et les substances organiques ou inorganiques, et cette liste, d'après l'auteur lui-même, est loin d'être complète.

On trouve des champignons parasites sur des plantes appartenant à toutes les familles du règne végétal et sur les champignons eux-mêmes; sur les animaux vivants vertébrés ou invertébrés, sur leurs cadavres et leurs déjections; dans les eaux stagnantes et dans la mer, sur les pilotis et les rochers (*champignons hydrophiles*). D'autres préfèrent les marais, les tourbières, la terre des bruyères sèches ou humides (*champignons géophiles*), les dunes, les caves et les souterrains, l'intérieur même de la terre, comme les truffes. — Les *champignons lithophiles* poussent sur les pierres, les murs et les rochers, au grand air ou dans les ruines, les caves les plus obscures, comme le *Torula conglutinata*, l'*Himantia cellaria* qui forment ce feutrage, épais souvent de plusieurs centimètres, noirâtre, déchiqueté, extrêmement léger, qui tapisse au bout de quelques années les murs des celliers. — Les champignons *domophiles* habitent nos maisons, envahissent nos aliments, nos vêtements, nos ustensiles de toute sorte, les papiers de tenture et les livres dont la colle leur offre un aliment facilement assimilable, le linge et jusqu'aux éponges de toilette, malgré l'usage journalier que l'on en fait. On en trouve jusque dans les substances pharmaceutiques les plus actives, sur les pastilles de soufre, dans les solutions arsénicales, etc., etc.

« La croyance générale, dit M. Roumeguère, représente les champignons comme le produit de la décomposition. Cette croyance vient d'une connaissance très imparfaite de la nature de la plante. Non seulement les champignons se rencontrent sur des morceaux de bois ou des végétaux pourris, mais parfois on en trouve même sur des cailloux nus, sur du verre, sur les vitres des fenêtres, les lentilles des microscopes, et jusque sur les surfaces polies : il est cependant permis de supposer que les champignons ne sauraient puiser les éléments de leur alimentation dans ces stations particulières : les Coprins, dont la faculté de développement est surprenante, poussent sur des membres coupés. — M. J. Young a signalé l'apparition d'une grande quantité de coprins à l'état imparfait au-dessous du matelas sur lequel reposait un Irlandais amputé d'une jambe. Le lit fut nettoyé, et au bout de neuf ou dix jours, le même champignon se montra en aussi grande abondance que la première fois. M. Targionni-Tozetti avait déjà signalé une apparition semblable sur l'appareil dont on avait entouré une fracture à l'hôpital Saint-Georges de Modène. »

Dès que la mort prend possession d'un végétal quelconque, dit M. Berkeley, une armée de champignons de diverses espèces se tiennent là tout prêts pour mener à fin la décomposition. Les tissus mous sont rapidement réduits à l'état d'humus par l'action combinée de la putréfaction et des champignons. Le bois le plus dur cède, quoique plus lentement, aux mêmes agents, mais bien plus rapidement qu'il ne ferait sous l'action des seules conditions atmosphériques. Un bloc d'un de nos plus grands arbres, attaqué par les champignons, finit, au bout de peu de temps, par ne plus présenter qu'une masse de bois pourri, qui n'est que le tissu ligneux traversé et désorganisé par le mycélium. Le même bloc, simplement abandonné à l'action du temps, peut rester un demi-siècle avant de se pourrir complètement.

Le *Merulius destruens* (ou *M. lacrymans*) s'attaque aux charpentes et aux bois de construction et les détruit rapidement. L'administration du canal du Midi, à Toulouse, a dû remplacer les barrières en bois de chêne qui protègent les berges du canal dans l'intérieur de la ville, à raison des ravages du *Dematium giganteum*, état primordial et stérile d'un champignon d'ordre plus élevé. C'est ce même champignon qui détruisit en deux ou trois ans, à la fin du siècle dernier, le vaisseau de 80 canons *le Foudroyant*.

Pour obvier au développement de ces champignons dans les bois de construction, spécialement dans ceux destinés à l'architecture navale, il convient de les injecter, au moment même de l'abatage de l'arbre, au moyen d'une solution antiseptique métallique, de sulfate de cuivre par exemple.

Une expérience faite par M. Nægeli, le célèbre botaniste de Munich, montre bien l'action des champignons microscopiques sur les matières organiques, même en dehors de toute altération antérieure :

« J'ai enfermé, dit-il, plusieurs pains entiers dans une caisse en fer-blanc fermée avec soin, mais non hermétiquement. Lorsqu'au bout d'un an et demi on ouvrit la caisse, les pains étaient réduits en une petite masse qui consistait presque uniquement en filaments de moisissure, et dans laquelle on ne pouvait trouver trace de la

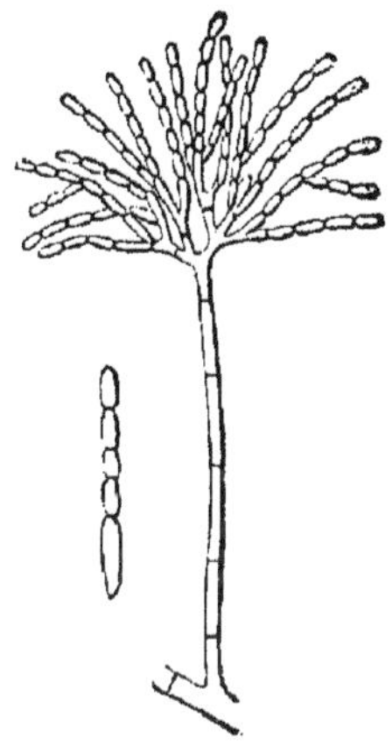

Fig. 19. — *Chætonium chartarum* (moisissure du papier).

substance primitive du pain. Cette masse était molle et humide, presque à l'état de pâte fongueuse; elle exhalait une forte odeur de triméthylamine; il n'existait plus trace d'amidon : cent parties en poids du pain primitif s'étaient transformées en 64 parties à l'état humide, et 17 à l'état de dessiccation à l'air libre. L'amidon avait été brûlé pour former de l'acide carbonique et de l'eau. »

Le docteur Badham résume en quelques mots les effets destructeurs des champignons microscopiques. « Le *Mucor mucedo*, dit-il, dévore nos confitures, l'*Ascophora mucedo* moisit notre pain; le *Molinia* se nourrit aux dépens de nos fruits; le *Mucor herbarium* détruit les herbiers des botanistes, et le *Chætonium* (*Actinospora*) *chartarum* se développe sur le papier, dans l'intérieur des livres de nos bibliothèques et dans la reliure, lorsque ces livres sont en contact avec l'humidité du mur (fig. 19). Quand la bière tourne, que les cornichons confits aigrissent, c'est le fait d'un champignon... »

VII

LES CHAMPIGNONS PARASITES DES INSECTES CONSIDÉRÉS COMME DES AUXILIAIRES DE L'HOMME

Un grand nombre de champignons microscopiques attaquent les insectes vivants ou morts. Tout le monde a vu les cadavres de mouches encore fixés aux vitres ou aux rideaux de nos fenêtres et déjà entourés d'une espèce d'auréole formée par la végétation d'un champignon, le *Penicillium racemosum;* d'autres fois, c'est le *Sporendonema muscæ* ou le *Saprolegnia ferax,* du groupe des Oosporées (fig. 20, 21, 22).

Le *Cordiceps* attaque certaines chenilles des genres *Cossus* et *Hepialus,* alors qu'elles sont enfouies dans le sable pour s'y métamorphoser en chrysalides, et les tue en développant son mycélium dans leur tissu. On rencontre assez souvent de ces chenilles portant sur leur dos un champignon plus gros qu'elles (fig. 23).

Le *Sphæria militaris*, parasite sur la chenille processionnaire du pin (*Bombyx pityocarpa*), représente un des rares champignons que l'on peut considérer comme des auxiliaires de l'homme, car il tue ces chenilles en masse et neutralise ainsi les ravages qu'elles produisent en dévorant les feuilles et les jeunes pousses du pin.

On trouve aux Antilles une guêpe que l'on a appelée *Guêpe végétale*, parce qu'elle est attaquée pendant sa vie par un champignon qu'elle porte quelque temps avec

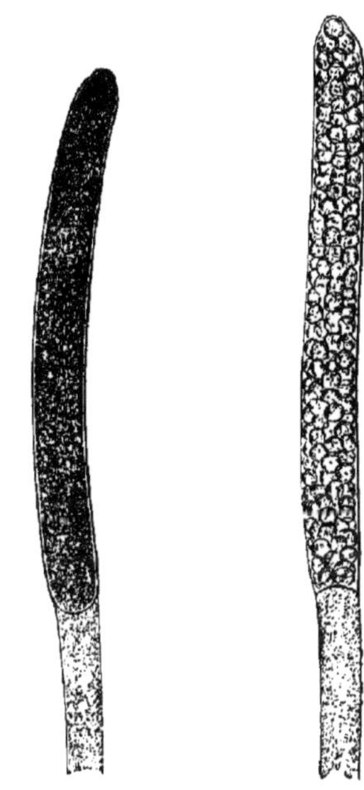

Fig. 20. — Cadavre de mouche entouré d'une auréole de *Saprolegnia ferax*.

Fig. 21. — Deux filaments de *Saprolegnia* contenant des spores (fortement grossis).

elle et qui finit par causer sa mort : c'est le *Torrubia spherocephala* de Tulasne. — On a vu l'*Isaria sphingum* (forme d'une autre espèce du même genre) développée sur le dos d'un papillon qui était resté posé sur une feuille, comme pendant la vie, tué probablement par le développement du champignon.

Tous ces faits et d'autres encore, sans parler de la

Muscardine des vers à soie, sur laquelle nous reviendrons, ont donné lieu de penser que si l'on découvrait un champignon parasite du *Phylloxera* par exemple, on pourrait le transformer en un auxiliaire puissant de l'agriculture, et arriver à détruire avec son aide l'insecte parasite qui ravage actuellement nos vignobles.

M. Giard a étudié à ce point de vue plusieurs de ces parasites des insectes qu'il appelle des *Entomophthorées*,

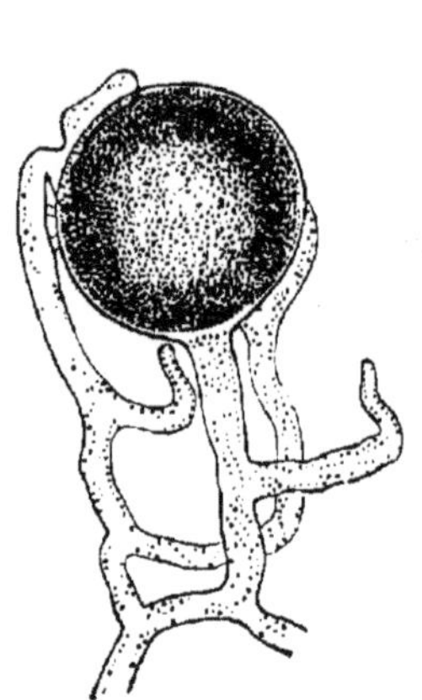

Fig. 22. — Oogone de *Saprolegnia* entourée d'Anthéridies (fort. grossi).

Fig. 23. — Nymphe de papillon portant un *Cordiceps*.

du nom de leur principal genre : *Entomophthora*, comme l'*E. rimosa* qui attaque les sauterelles et les diptères du genre *Chironomus*, les enveloppant d'un feutrage épais formé par les spores hivernales, et les tuant rapidement. L'*Isaria pulveracea* attaque de la même manière une punaise, le *Pyrrhocoris apterus*, qui commet souvent des dégâts dans nos jardins potagers.

On s'est demandé si l'*Entomophthora Planchoni* qui est parasite des pucerons ne pouvait pas s'attaquer aussi au *Phylloxera ;* mais les expériences faites dans ce sens n'ont pas encore été assez suivies pour qu'on puisse beaucoup compter dans l'avenir sur ce moyen détourné de conjurer le fléau. Le Dr Hagen a préconisé dans le même but les levures, par exemple, la levure de bière, qui paraît avoir une action destructive sur les insectes en se développant dans leurs tissus.

VIII

LA MUSCARDINE OU MALADIE DES VERS A SOIE

Il ne faut pas confondre la *muscardine*, qui est causée par un véritable champignon, le *Botrytis bassiana,* avec d'autres maladies qui attaquent également le *Bombyx,* et particulièrement avec la *pébrine,* qui est causée, d'après M. Pasteur, par une bactérie, un microbe proprement dit, et, d'après les recherches récentes de M. Balbiani, par une *psorospermie.* Nous reviendrons du reste sur cette dernière maladie.

Le *Botrytis bassiana* est une véritable moisissure appartenant au groupe des Oomycètes et voisine du *Peronospora* des pommes de terre. Il se propage par ses spores qui, tombant sur un ver à soie, germent et pénètrent dans son corps, puis y développent un mycélium qui peut envahir toute la chenille sans se montrer à l'extérieur. La germination est d'autant plus rapide que le ver est plus âgé.

Après sa mort, causée par le développement de ce mycélium, des rameaux s'élèvent au-dessus de la peau et portent bientôt des spores blanches comme de la craie et qui se détachent facilement, flottant dans l'air en poussière impalpable comme celle d'une fumée légère. Les vers sur lesquels cette poussière retombe ne semblent pas malades : ils mangent avec la même avidité, mais ils meurent subitement. C'est de soixante-dix à cent quarante heures après, que les spores sont développées et que par conséquent la contagion peut s'effectuer. Il est difficile d'écarter des ateliers des magnaneries tous les vers morts de cette manière : ceux qui meurent après être montés sur les bruyères pour se transformer en chrysalide, ne sont jetés que lorsqu'on les trouve en enlevant les cocons. Les nuages de poussière que ces vers blanchis répandent éternisent la maladie dans les ateliers les mieux tenus. Comme chacun jette les bruyères par la fenêtre et balaie les chambres pour en chasser la poussière, les spores flottent continuellement dans l'air et sont emportées par le vent.

L'humidité favorise le développement du champignon, et l'introduction des vers sains dans une magnanerie infestée est insuffisante pour extirper la maladie. Si l'on veut atteindre ce but, il est indispensable d'éloigner tous les vers morts avant le développement des spores et de détruire les cadavres en les brûlant avec les bruyères ou les recouvrant de chaux vive. Les magnaneries devront en outre être complètement évacuées et les chambres purifiées et désinfectées par les moyens ordinaires (fumigations de soufre, lavage à l'eau chlorée) avant que l'on y réintroduise de nouveaux élèves.

IX

CHAMPIGNONS PARASITES DE LA PEAU ET DES MUQUEUSES DE L'HOMME ET DES ANIMAUX

Les maladies de la peau de l'homme et des animaux que l'on désigne sous le nom de *teignes* sont causées par la présence de champignons parasites, de même que les *gales* sont produites par la présence d'animaux appartenant au groupe des *Acariens*. C'est ce qui rend ces maladies éminemment contagieuses par la dissémination des spores de ces champignons qui peuvent germer partout où elles trouvent des conditions de chaleur et d'humidité favorables, même sur la peau saine ou seulement irritée par un simple grattage.

LA TEIGNE FAVEUSE. — Le champignon cause de cette maladie du cuir chevelu, l'*Achorion Schoenlenii*, appartient à la même famille que l'*Oïdium* : son mycélium produit des branches qui portent des chapelets de spores, comme dans les Mucorinées, mais il n'y a pas de véritable sporange.

On le trouve en abondance dans les *godets* de la teigne au milieu de la substance jaune de soufre qui tapisse le fond du godet. Si l'on prend un fragment de cette substance et qu'on la dissolve dans l'ammoniaque, on isole le champignon que l'on peut alors observer au microscope, surtout si on a pris soin de le colorer en brun par une solution aqueuse d'iode iodurée (fig. 24).

Le mycélium est formé d'articles allongés, cylindriques, qui cheminent entre les cellules de l'épiderme, surtout au voisinage des bords du godet, et peuvent pénétrer profondément dans le derme (fig. 25). Certains filaments à articles plus courts sont terminés par des spores disposées en chapelets et qui s'isolent successivement de la tige : on en trouve ainsi d'isolés en grand nombre au milieu des cellules épidermiques. Le centre du godet est occupé par un ou plusieurs poils encore malades, entourés de spores; mais tandis que le centre

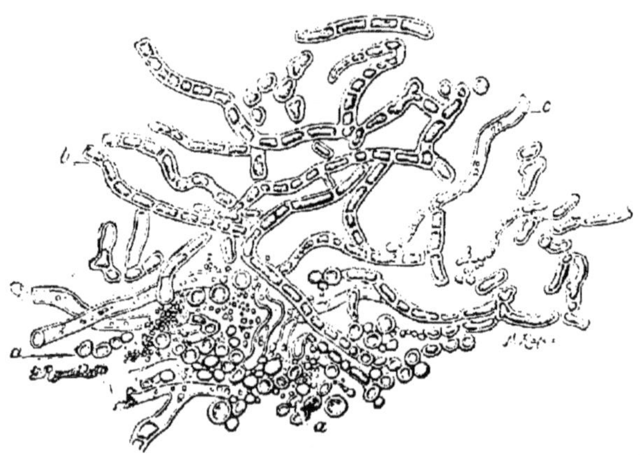

Fig. 24. — *Achorion Schœnleinii*, champignon de la *Teigne faveuse* (gr. 100 fois): *a*, spores; *b*, chaînes de spores; *c*, mycélium.

est en voie de guérison, le champignon s'étend à la périphérie et gagne de proche en proche. La saillie du godet est formée par cette végétation parasite qui forme un bourrelet circulaire de plus en plus large, en soulevant et épaississant l'épiderme. Dans les points envahis par le mycélium, il se produit seulement un léger suintement ou une suppuration au niveau des godets ; puis le tissu induré se résorbe peu à peu en laissant des cicatrices profondes qui persistent après guérison.

Sur les cheveux malades, on trouve le mycélium entre les tuniques du bulbe pileux, tandis qu'entre les lames épidermiques du poil on ne trouve que des spores en grand nombre.

Le champignon peut être inoculé sur tous les points de la peau, mais son siège d'élection est la tête où il

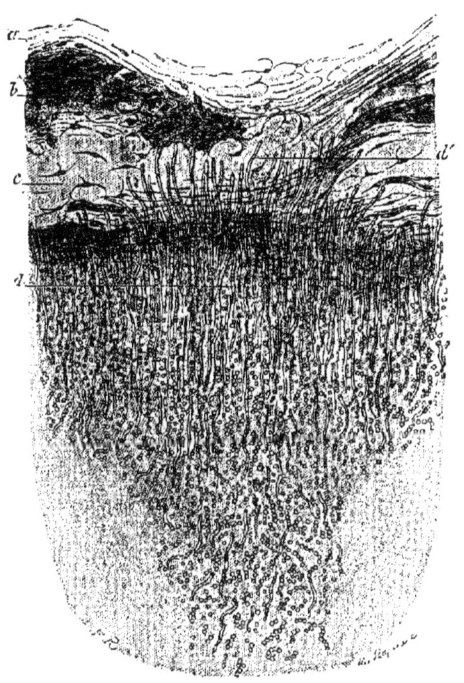

Fig. 25. — Coupe transversale de la peau au niveau d'un *godet* favique : *a*, épiderme ; *b*, couche superficielle du derme ; *c*, couche profonde du derme ; *d*, *d'*, mycélium avec spores.

produit la maladie connue depuis longtemps sous le nom de teigne faveuse, ou de *favus* (nom que l'on donne aux godets).

On l'a dit avant nous, *les champignons se mangent entre eux ;* c'est ainsi que l'*achorion* a pour parasite une puccinie (*Puccinia favi*), petit champignon d'un brun rougeâtre qui se développe souvent sur les squames épidermiques blanchâtres qui recouvrent le mycélium des jeunes *favus*. Le même parasite a été signalé sur le *Pityriasis*.

La Teigne tonsurante ou tondante (*Trichophyton tonsurans*). — Ce champignon, voisin du précédent, vit

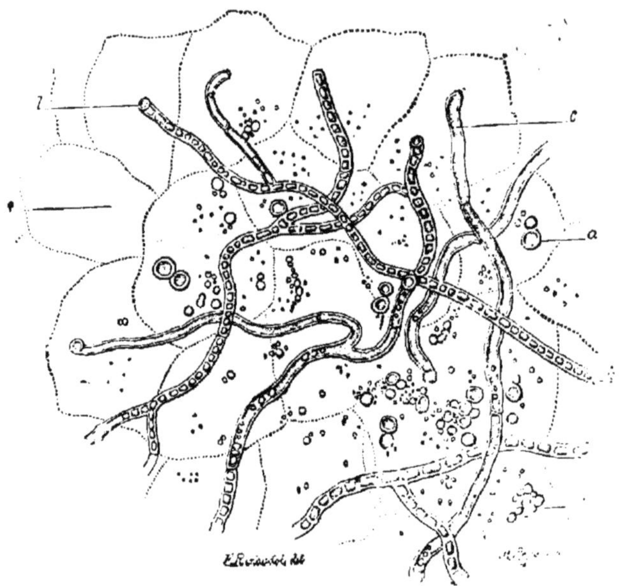

Fig. 26. — *Trichophyton tonsurans* sur les lamelles épidermiques d'une plaque d'herpès circiné : *a*, spores ; *b*, mycélium à longs articles ; *c*, mycélium à articles courts (gr. 400 fois).

comme lui sur le cuir chevelu et y détermine la teigne tondante.

Il est formé d'un mycélium avec deux sortes de filaments, les uns purement végétatifs, les autres à articles plus courts, se séparant en chapelets de spores arrondies qui se détachent d'une façon incessante (fig. 26). Le mycélium est souvent ramifié, et pénètre entre les cellules épidermiques surtout à la base des poils.

Il est probable que le *Sycosis parasitaire* de la barbe

ou *Mentagre* et l'*Herpès circiné,* deux autres maladies de la peau, ne sont que deux variétés du même parasite. En effet, MM. Cornil et Ranvier ont constaté que le *Trichophyton* implanté sur le menton glabre d'un enfant y détermine l'herpès circiné, et si l'on gratte avec le dos de la main une plaque de teigne tondante, on y peut produire également l'herpès parasitaire par transplantation du végétal (fig. 27).

Ce champignon est transmissible au chat, au chien et au cheval, qui deviennent ensuite les agents de la contagion. Il a été récemment étudié de nouveau par un médecin anglais M. George Thin, qui considère aussi l'*Herpès* ou *Tinca circinata* comme identique.

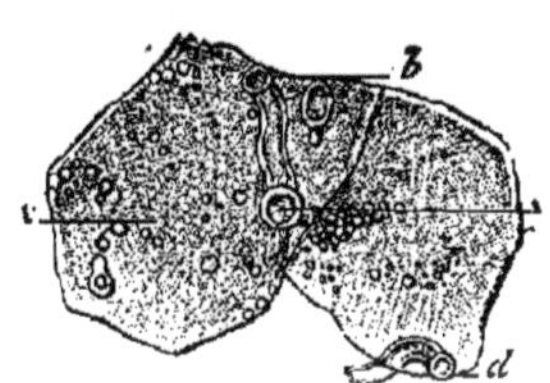

Fig. 27. — Spores et filaments du *Trichophyton* germant sur deux cellules épidermiques de la peau.

D'après cet observateur, la contagion ne peut avoir lieu par les spores flottant dans l'air, mais seulement par le contact direct, notamment par l'échange de chapeaux et de casquettes qui est si fréquent chez les enfants des écoles.

Des essais de culture artificielle dans du lait, du jus de carotte ou l'humeur aqueuse ont montré que la plante ne peut se développer quand le cheveu qui porte les spores est entièrement submergé : il faut seulement un certain degré d'humidité, qui se trouve probablement le plus souvent sur la tête des enfants. Les adultes ont le bulbe pileux plus sec entre le follicule et le poil. De même on peut détruire le parasite par l'inflammation du cuir chevelu, qui produit une effusion séreuse et place le cheveu dans les mêmes conditions que dans les liquides de culture où il était complètement recouvert et non flottant.

La *crasse parasitaire* ou *Pityriasis versicolor* est produite par un champignon semblable au précédent et que l'on nomme *Microsporon furfur*. Il végète entre les

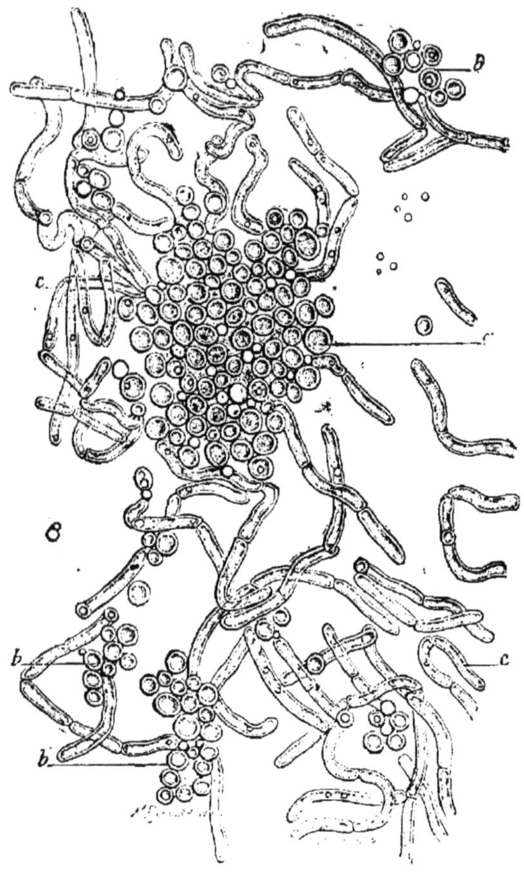

Fig. 28. — *Microsporon furfur* de la *crasse parasitaire* : *a*, *b*, groupes de spores ; *c*, mycélium à articles longs, clairs et contournés (gross. 400 fois).

cellules de l'épiderme dont il détermine la rapide désorganisation. Les filaments du mycélium sont à longs articles et entremêlés de spores arrondies, non disposées en chapelet, mais groupées sous l'épiderme (fig. 28). Le développement se fait très lentement, mais on a pu constater l'inoculation et la contagion et l'on a pu faire des cultures artificielles.

Dans les deux parasites suivants, on ne connaît pas de mycélium, ce qui les rapproche des ferments dont nous parlerons plus loin. Le champignon est constitué par des cellules arrondies qui se multiplient par bourgeonnement. M. de Lanessan en fait un groupe à part sous le nom de *Microsporées,* tandis qu'il désigne les parasites du cuir chevelu pourvus d'un mycélium distinct sous le nom de *Trichophytées.*

LE CHAMPIGNON DE LA PELADE. — La *pelade* est encore une maladie du cuir chevelu causée par le *Microsporon Audouini,* et qui présente les caractères que nous venons d'indiquer : ce serait donc à tort qu'on lui donne le même nom générique que le *Microsporon furfur*, champignon à mycélium bien développé, si les recherches récentes de Grawitz, sur lesquelles nous reviendrons[1], ne tendaient à prouver que les *Microsporées* et les *Trichophytées* ne sont que des formes, ou des phases différentes, d'un même parasite.

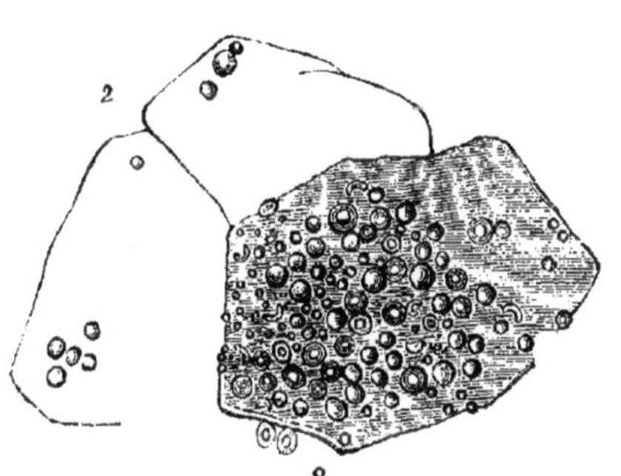

Fig. 29. — Champignon de la *Pelade :* cellules épidermiques chargées de spores (gross. 500 fois).

Le champignon de la pelade siège dans la couche su-

1. Voyez le chapitre intitulé : *Polymorphisme des Microbes.*

perficielle, cornée de l'épiderme, à la surface des cellules épidermiques et dans leurs interstices. Il ne pénètre pas dans le follicule pileux et ne se rencontre qu'accidentellement sur les poils, et, dans ce cas, fixé à des pellicules détachées de l'épiderme, et non dans l'intérieur du poil

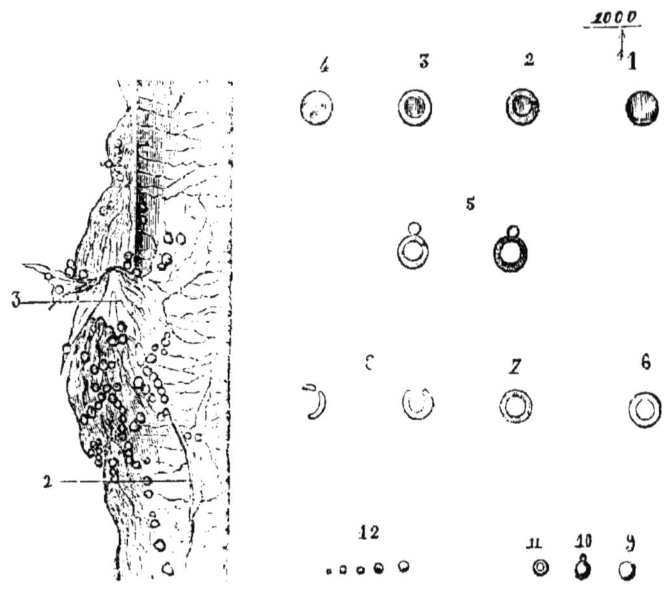

Fig. 30. — Cheveu dans un cas de *Pelade décalvante* à marche rapide. Il est entouré de cellules épidermiques chargées de spores (gross. 208 fois).

Fig. 31. — Spores isolées recueillies sur des plaques de pelade : 1, 2, 3, 4, grosses spores; 5, spores bourgeonnant; 6, 7, 8, spores vides; 9 à 12, petites spores (gross. 1000 fois).

(fig. 29, 30). Il est composé uniquement par les spores sphériques dont nous avons parlé, et qui se reproduisent par bourgeonnement (fig. 31).

Le Champignon du Pityariasis capitis simplex. — Il ressemble beaucoup au précédent et siège, comme lui, dans la couche cornée de l'épiderme dont il produit le soulèvement sous forme de pellicules farineuses. Il pénètre dans les follicules pileux, mais seulement au voisinage du point d'émergence et peu profondément. Les spores qui composent uniquement le végétal sont en général allongées et bourgeonnantes (fig. 32, 33).

D'après M. Malassez, ce champignon est la cause principale de l'*alopécie*, c'est-à-dire de la chute des cheveux et de la calvitie qui en résulte à la longue. Il agirait de deux façons : 1° en dissociant les lamelles épithéliales

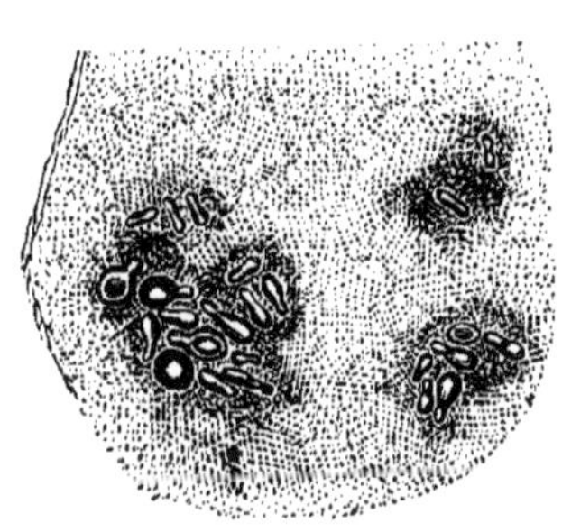

Fig. 32. — Cellule épidermique du cuir chevelu atteinte de *Pityriasis simplex* et couverte de spores (gross. 1000 fois).

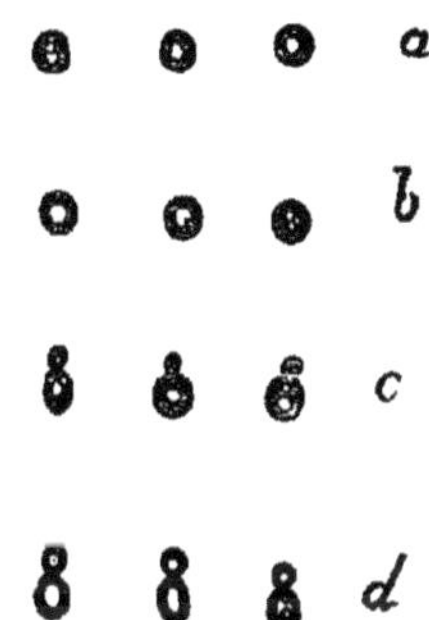

Fig. 33. — Spores isolées recueillies sur des pellicules de *Pityriasis capitis simplex* : *a*, spores pleines ; *b*, spores vides ; *c*, spores bourgeonnant pleines ; *d*, les mêmes vides (gross. 1000 fois).

par sa présence et sa multiplication ; 2° en irritant, à titre de corps étranger, l'épiderme, produisant une suractivité dans l'évolution des cellules, et par suite la desquamation incessante qui est le symptôme le plus visible de la maladie. Quant à la chute des cheveux, elle résulte surtout de l'obstruction de la partie du follicule pileux sous-jacente à l'orifice des glandes sébacées, ce qui empêche le développement régulier du poil. L'irritation consécutive du follicule produit une hypertrophie qui amène le resserrement et finalement l'oblitération de ce follicule, dont le poil finit par se détacher après avoir langui pendant quelque temps.

Le Muguet (*Oïdium albicans*[1]). — Ce champignon se développe le plus souvent à la surface de la muqueuse de la bouche des enfants, surtout de ceux qui sont nourris au biberon, ou auxquels on a fait contracter la funeste habitude du nouet (suçon). Les liquides de la bouche deviennent alors acides, et l'on voit apparaître sur plusieurs points, spécialement sur la langue, les gencives et le voile du palais, des taches blanches qui constituent le *muguet* (fig. 34).

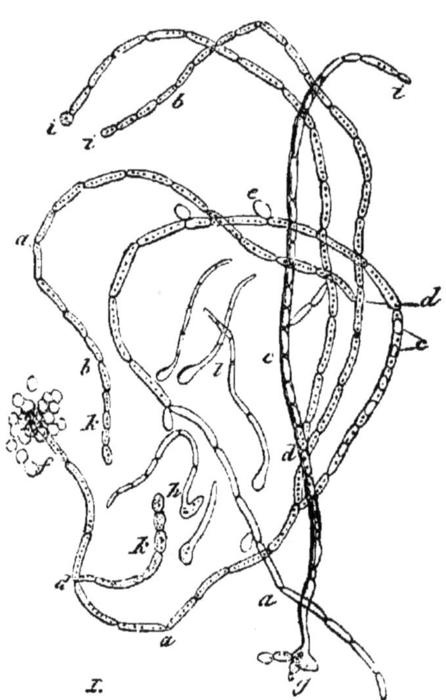

Fig. 34. — *Oïdium albicans* ou *Saccharomyces mycoderma d*, mycélium très ramifié ; *g*, spores en chapelet ou *torula f*, *k* donnant naissance au mycelium *a*, *c*, *i*.

Ce végétal est composé de deux éléments : des filaments de mycélium et des spores, qui adhèrent fortement à la muqueuse. Les spores s'allongent, se transforment en filaments qui se segmentent et se ramifient en s'allongeant, et produisent des spores par segmentation et

[1] *Oïdium albicans* de Robin ; *Saccharomyces albicans* de Rees, ou *Sacch. mycoderma* de Grawitz (Voyez le chapitre intitulé : *Polymorphisme des Microbes*).

division de la cellule terminale, ou quelquefois par formation endogène à l'intérieur des filaments.

Le muguet s'observe aussi quelquefois chez l'adulte dans certaines maladies telles que la phthisie et la fièvre typhoïde, surtout lorsque le patient ne mange pas, ou se nourrit mal, comme cela arrive trop souvent dans ces affections graves et de longue durée.

Il est facile de détruire le muguet en lavant la bouche avec un peu d'eau de Vichy ou d'une solution de bicarbonate de soude qui neutralise l'acidité de la salive. La propreté parfaite du biberon et de tous les ustensiles qui servent à l'enfant, celle de l'enfant lui-même, sont de première nécessité, et malheureusement cette condition est trop rarement remplie surtout dans la classe ouvrière des villes et des campagnes où l'on met ordinairement les enfants en nourrice. Il est bien rare que le biberon qui sert à ces enfants ne sente pas *l'aigre* au point de révolter l'odorat de toute personne qui n'y est pas habituée : dans ces conditions le muguet se développe presque à coup sûr, et il est très peu d'enfants qui ne l'aient eu ; et bien que cette affection soit en général peu dangereuse, elle peut dans certains cas compromettre la santé ou même la vie de l'enfant. Outre les soins de propreté, on peut mettre dans le biberon une petite pincée de bicarbonate de soude, ce qui empêche le lait d'aigrir.

L'Onychomycosis ou Fourmilière. — Cette maladie, qui attaque les ongles de l'homme et des solipèdes (cheval, âne, mulet), est causée par un champignon parasite du genre *Achorion* (*A. keratophagus*). Chez l'homme, elle prend le nom de *Rogne, Carie sèche :* c'est du reste le même champignon qui peut très bien passer de l'homme aux animaux avec lesquels il est en rapport, de même que l'*Achorion Schœnlenii* de la teigne faveuse passe de l'homme au chien, au chat, au rat, au cheval, au bœuf, peut-être même au lapin et aux gallinacés.

Chez les solipèdes, le champignon s'introduit dans la couche superficielle et fendillée du sabot par les fissures que présente la corne : pour détruire le parasite, il faut enlever cette couche et appliquer pour plus de sûreté un traitement antiparasitaire.

Chez l'homme, on ne pourrait appliquer le même remède sans produire une vive douleur : cependant on peut pratiquer le grattage et l'amincissement de l'ongle, sur lequel on applique ensuite un topique parasiticide.

Préservation et guérison des maladies de la peau. — L'habitude qu'ont beaucoup de personnes de se rendre chez un coiffeur commun pour se faire raser ou coiffer, ne doit pas peu contribuer à la dissémination et à la contagion des champignons parasites du cuir chevelu : il est impossible que la brosse, le peigne ou le rasoir banal, qui passe successivement et dans la même journée sur des centaines de têtes ou de mentons, ne transporte pas, ne fût-ce qu'une fois sur dix, les spores du parasite d'une personne à une autre.

Les maladies parasitaires du cuir chevelu sont extrêmement rebelles, et les soins de propreté ne suffisent pas toujours pour s'en guérir. Il faut rejeter tous les liquides que l'on vend chez les coiffeurs sous le nom d'*eau capillaire, eau contre les pellicules,* etc. L'expérience montre que le *mouillage* de la tête est le plus souvent favorable au développement du champignon, qui reste, il est vrai, stationnaire pendant deux ou trois jours, mais reprend avec plus de vigueur dès que la tête est sèche. Le soufre et ses composés réussissent bien ici, comme dans les maladies parasitaires des végétaux. Le mieux serait d'employer ce médicament *à sec* en poudre impalpable, comme dans le soufrage de la vigne ; mais cette forme de médicament présente quelques inconvénients et n'est que difficilement acceptée par les malades : on pourrait cependant l'essayer chez ceux qui ont naturellement les cheveux gras. Chez les autres, et particulièrement chez ceux dont les cheveux sont secs, comme cela se présente le plus souvent chez les personnes atteintes de *Pityriasis capitis,* il faut bien avoir recours aux pommades, bien que l'on ait avancé, sans aucune preuve, que les corps gras servent d'aliment au champignon.

Quoi qu'il en soit, voici la formule d'une pommade qui réussit très bien dans le pityriasis et dans toutes les teignes des enfants, y compris la *teigne de lait,* qu'il n'est jamais nécessaire de respecter malgré le préjugé contraire :

Turbith minéral (sous-sulfate de mercure) pulv.	1 à 2 gr.
Axonge benzoïnée	15 —

Cette pommade est d'un jaune citron : on peut la colorer en ajoutant quelques gouttes de *teinture d'orseille* qui lui donnent la couleur chair, et l'aromatiser au goût de la personne qui doit s'en servir. Une application tous les 8 ou 15 jours suffit dans le pityriasis ordinaire. Il est indispensable de laver les peignes et les brosses dans une solution de potasse ou d'ammoniaque, afin de ne pas se réinfecter soi-même, ce qui ferait perdre le bénéfice du traitement. — Quant à la véritable teigne, surtout celle de l'adulte, elle exige un traitement beaucoup plus énergique, et que le médecin seul peut diriger.

CHAPITRE II

LES FERMENTS ET LES FERMENTATIONS INDUSTRIELLES

I

QU'EST-CE QU'UNE FERMENTATION

Les chimistes définissent la fermentation en disant « qu'il y a *fermentation* toutes les fois qu'un composé organique subit des changements de composition ou de propriétés sous l'influence d'une *substance organique azotée* appelée *ferment,* qui agit sous faible masse, et ne cède rien à la matière fermentée (A. Gautier) ».

Pour les naturalistes, cette *substance azotée appelée ferment* est un être organisé vivant, animal ou végétal. C'est ce qu'ont montré les recherches de Cagnard de La Tour, de Turpin, de Dumas et plus récemment les beaux travaux de M. Pasteur. Il est aujourd'hui prouvé que toutes les fermentations industrielles (fabrication du vin, de la bière, etc.) sont produites par de petits végétaux microscopiques que l'on appelle *ferments* ou *levûres*.

La transformation chimique qui en résulte peut cependant s'obtenir sans l'intervention de la levûre proprement dite, soit au moyen d'une *matière azotée d'origine animale* (Berthelot), soit par d'autres procédés chimiques et physiques que nous indiquerons plus loin. Mais dans le cas d'une *matière azotée d'origine animale*, que M. Berthelot considère comme *morte*, est-il bien certain que cette matière ne contienne pas un *ferment vivant?* Le contraire est admis par M. Béchamp dont nous exposerons plus loin la théorie.

Dans tous les cas, lorsque la fermentation se produit sous la seule influence des agents physiques et chimiques, elle se produit avec une grande lenteur. Au contraire, sous l'influence des ferments vivants ou levûres, elle se fait très rapidement, et de plus à très bon marché : par suite, ce dernier mode de fermentation est celui que l'on préfère dans l'industrie. Les levûres sont donc les véritables agents des fermentations industrielles.

Tous les liquides sucrés renfermant du glucose (sucre de raisin) ou un sucre transformable en glucose, ainsi que des matières azotées, des phosphates, des sels ammoniacaux, à une température de 25 à 100 degrés fournissent de l'alcool, en même temps que la *levûre de bière* (dont les spores ont été apportées par l'air) y apparaît et s'y développe : tels sont les jus du raisin, de la betterave, de la canne à sucre, etc. Les liquides alcooliques qui en résultent sont ensuite soumis à la distillation pour en retirer l'alcool. — La transformation de l'alcool en vinaigre est produite par un autre ferment.

Les fermentations sont extrêmement communes dans la nature. La transformation du sucre en acides lactique, butyrique, caproïque, sous l'influence des matières azotées et de l'air, — le changement des gommes, de l'amidon, de la dextrine, de la saccharose, de la mannite en glucose, et le passage de ces corps les uns dans les autres sous l'influence d'agents vivants ou ayant appartenu à un organisme vivant, — le dédoublement des glucosides tels que la populine, la salicine, le tannin, etc., en sucre et en substances neutres ou acides, tous ces phénomènes sont des fermentations (A. Gautier).

On peut même aller plus loin: la germination de la graine, la maturation des fruits s'accompagnent de phénomènes du même ordre. Chez les animaux, la digestion gastrique, pancréatique, intestinale, beaucoup de transformations qui se rattachent à la nutrition, à l'assimilation et qui s'effectuent dans le sang et dans tous les organes, peuvent être considérées comme de véritables fermentations. Ici, ce sont les cellules de nos tissus et les globules du sang qui remplissent le rôle de la levûre de bière dans la fermentation alcoolique.

Enfin les maladies miasmatiques, virulentes et contagieuses, que nous étudierons dans un autre chapitre, sont aussi causées par des altérations du sang et des autres liquides de l'économie, que l'on doit considérer comme des fermentations, et qui sont produites par de petits organismes microscopiques analogues aux ferments ou levûres, et que nous ferons connaître sous le nom de *Bactéries* ou *Microbes* proprement dits. — La putréfaction des cadavres est aussi une fermentation.

Nous ne nous occuperons ici que des fermentations industrielles.

Historique. — Il n'y a pas encore bien longtemps que l'on sait d'une façon précise ce que c'est qu'une fermentation. Cependant les anciens semblent avoir eu une idée très vague, il est vrai, de ce phénomène, qui pour eux se rattache toujours à l'idée erronée des *générations spontanées*. On connaît la fable des abeilles, naissant de la corruption du corps d'un taureau égorgé, qui forme un des principaux épisodes des *Métamorphoses* d'Ovide et du livre IV des *Géorgiques* de Virgile. Aristote dit qu'un être vivant peut naître de la corruption d'un autre être vivant, *par la chaleur*... La fermentation s'accompagne toujours en effet d'un dégagement de chaleur. La même idée se retrouve au moyen âge et à la renaissance dans les écrits des alchimistes et des médecins. Van Helmont, qui vivait vers 1600, va jusqu'à dire : « Il est vrai qu'un *ferment* pousse quelquefois son entreprenante audace jusqu'à former une âme vivante : ainsi s'engendrent des poux, des vers, des punaises, hôtes de notre misère, nés soit de l'intérieur même de notre substance, soit de nos excréments. *Vous n'avez qu'à boucher avec une chemise sale un vase plein de froment, vous verrez s'y engendrer des rats, produit étrange de l'odeur du blé et du ferment animal attaché à la chemise*... »

A côté de ces assertions de pure fantaisie et singulièrement hasardées, qui prouvent la part beaucoup trop large que l'on faisait encore, à cette époque, à l'imagination dans les sciences naturelles, on trouve une théorie de la fermentation cadavérique que les naturalistes et les chimistes modernes ne renieraient pas :

« Après la mort... des *ferments* étrangers qui toujours méditent le changement étant apportés par l'air, introduisent la corruption dans la matière morte... à moins qu'on n'associe les chairs à des substances fixes comme du sucre, du miel, du sel. Ce sont donc ces *ferments* qui, attaquant la matière privée de vie, la désagrègent et la disposent à recevoir de nouveaux esprits (une nouvelle vie). »

Linné, de son côté, dit qu' « un certain nombre de

maladies sont la conséquence de particules animées, invisibles, répandues dans l'air... » Boerhave, en 1693, distinguait déjà trois espèces de fermentations : la *spiritueuse* (alcool), l'*acéteuse* (vinaigre), et la *putride* (putréfaction). Mais il faut arriver jusqu'au commencement de ce siècle pour trouver des idées plus arrêtées sur la nature organique des ferments.

En 1813, un pharmacien, nommé Astier, affirme que *l'air est le véhicule de toute espèce de germes,* origines du ferment; *que ce ferment, d'essence animale, est en vie et*

Fig. 35. — *Torula* (*Saccharomyces*) *cerevisiæ*, levûre de bière (gross. 400 fois).

se nourrit aux dépens du sucre, d'où résulte la rupture d'équilibre entre les éléments du sucre.

Plus tard, en 1837, Cagnard de La Tour reconnut que la levûre est un amas de globules qui se multiplient par bourgeonnement, et l'année suivante Turpin décrivit la levûre de bière comme un organisme végétal microscopique qu'il nomma *Torula cerevisiæ* (fig. 35).

Les chimistes se montrèrent d'abord très peu disposés à admettre le rôle prépondérant des levûres dans la fermentation, et pour l'expliquer ils supposèrent l'existence d'un phénomène physico-chimique très obscur auquel on donna le nom d'action *catalytique* ou *action de présence.* Mais, dès 1843, un illustre chimiste français, M. Dumas, avait parfaitement mis en lumière le rôle physiologique du ferment animé, de la levûre.

« Les fermentations, dit-il, sont toujours des phénomènes de même ordre que ceux qui caractérisent l'accomplissement régulier des actes de la vie animale. Elles prennent des matières organiques complexes et les défont brusquement ou peu à peu, et elles les ramènent en les dédoublant à l'état inorganique. A la vérité, il faut souvent *plusieurs fermentations successives* pour produire l'effet total. Le ferment nous apparaît comme un être organisé...; le rôle que joue le ferment, tous les animaux le jouent, on le retrouve même dans toutes les parties des plantes qui ne sont pas vertes. Tous ces êtres ou tous ces organes consomment des matières organiques, les dédoublent et les ramènent vers les formes les plus simples de la chimie minérale. »

Enfin les mémorables travaux de M. Pasteur, publiés à partir de 1857, ont donné la consécration à la théorie nouvelle de la fermentation que personne ne songe plus à mettre en doute. M. Pasteur admit que chaque fermentation avait son ferment spécifique : dans toutes les fermentations où on a reconnu un ferment figuré, ce ferment est nécessaire : ce petit être produit la transformation qui constitue la fermentation en *respirant* l'oxygène du corps fermentescible ou s'appropriant un instant ce corps tout entier, puis le dédoublant de façon à sécréter, pour ainsi dire, les produits fermentés. Trois choses sont nécessaires au développement du ferment : de l'azote à l'état soluble, de l'acide phosphorique et une matière fermentescible hydroxycarbonée (comme le sucre de raisin). Enfin tout ferment figuré de fermentation ou de putréfaction est apporté par l'air, ainsi qu'il est possible de le démontrer par l'expérience directe.

II

NATURE VÉGÉTALE DES FERMENTS OU LEVURES

Les ferments ou levûres sont très voisins par leur organisation des derniers champignons que nous avons étudiés dans le chapitre précédent sous le nom de *Microsporon*. Beaucoup de botanistes les rangent encore dans la classe des champignons sous le nom de *Saccharomycètes* : cependant, comme ils vivent dans les liquides, ou tout au moins sur les corps humides, comme les *Algues*, — qui sont des espèces de champignons aquatiques, — on est à peu près d'accord aujourd'hui pour les ranger dans la catégorie de ces dernières, dont elles ont du reste toute l'organisation, sauf l'absence de chlorophylle. Ce dernier caractère, le seul qui les rapproche des champignons, leur est commun avec les microbes proprement dits ou Bactéries, qui ne sont que des ferments de plus petite taille, et que l'on place aussi maintenant dans la classe des Algues. Nous reviendrons du reste sur ce sujet en parlant des Bactéries.

Les ferments ont une structure très simple : chaque plante ne se compose souvent que d'une seule cellule sphérique, elliptique ou cylindrique, formée d'une enveloppe mince et d'un contenu granuleux appelé *protoplasma*, qui est la partie essentielle du végétal. Ces cellules ont, en moyenne, $\frac{1}{100}$ de millimètre de diamètre. Elles croissent et bourgeonnent : quand l'une d'elles a atteint une dimension suffisante, elle s'étrangle en son milieu et se divise en deux parties semblables à la cellule mère, et qui tantôt se séparent, tantôt restent unies sous forme de groupes ou de chapelets (fig. 35). Ce mode de multiplication continue tant que la plante se trouve dans un liquide favorable à sa nutrition. Mais si son développement est entravé, si par exemple le liquide vient à se dessécher, le protoplasma contenu dans chaque cellule se contracte et se transforme en un ou plusieurs globules qui sont les *spores* ou organes reproducteurs (endogènes) de la plante. Ces spores peuvent rester un temps très long sans se développer, se dessécher complètement, subir même l'action d'une température élevée, et conserver cependant la faculté de germer lorsqu'elles sont mises de nouveau dans les conditions favorables à leur développement. Elles reproduisent alors la végétation qui leur a donné naissance et se multiplient de la même manière[1].

III

LES FERMENTS DU VIN, LA FERMENTATION ALCOOLIQUE

Le ferment le plus ordinaire du vin est, d'après M. Pasteur, le *Saccharomyces ellipsoïdeus* (fig. 36, 37, 38), qu'il ne faut pas confondre avec le *Cryptococcus vini* de Kutzing, qui n'a rien à voir dans la fermentation alcoolique. Cette levûre se trouve sur les grains de raisin et elle est ainsi introduite dans les cuves à fermentation. Les cellules adultes sont elliptiques et ont 6 millièmes de mil-

1. Pour plus de détails sur les ferments et les fermentations, voyez le volume de la *Bibliothèque scientifique internationale*, intitulé : *les Fermentations,* par M. Schutzenberger (Félix Alcan, éditeur).

limètres de long sur 4 à 5 de large : elles bourgeonnent et se reproduisent de la manière que nous avons indiquée et qui est commune à toutes les levûres.

Le *Saccharomyces Pastorianus* de Rees n'est probablement qu'une variété du précédent (fig. 39), en différant

Fig. 36. — *Saccharomyces ellipsoïdeus*, ferment du vin, en voie de bourgeonnement (gross. 600 fois).

Fig. 37. — *Saccharomyces ellipsoïdeus*, développement des spores (gross. 400 fois).

Fig. 38.— *Saccharomyces ellipsoïdeus*, spores en voie de germination (gross. 400 fois).

un peu par la forme des cellules qui sont allongées, pyriformes ou en massue.

Enfin le *Saccharomyces conglomeratus* est assez rare : on le rencontre dans les moûts de raisin vers la fin de la fermentation (fig. 40) ; son nom lui vient de ce que les nouvelles cellules qui se forment, au lieu de se disposer en chapelets, forment un véritable conglomérat.

Signalons dès à présent les autres ferments qui se rencontrent, comme les précédents, dans les sucs des fruits fermentés, et pourraient produire tout aussi bien la fermentation alcoolique du vin. Tel est le *Sacch. exiguus* (fig. 41), dont les cellules sont beaucoup plus petites que celles des précédents, n'ayant que 3 millièmes de millimètre sur 2 et demi de large.

Le *ferment apiculé,* dont M. Engel a fait un genre à part sous le nom de *Carpozyma apiculata*, est le ferment

Fig. 39. — *Saccharomyces Pastorianus* (gross. 400 fois).

Fig. 40. — *Saccharomyces conglomeratus* (gross. 600 fois).

Fig. 41. — *Saccharomyces exiguus* (gr. 350 fois).

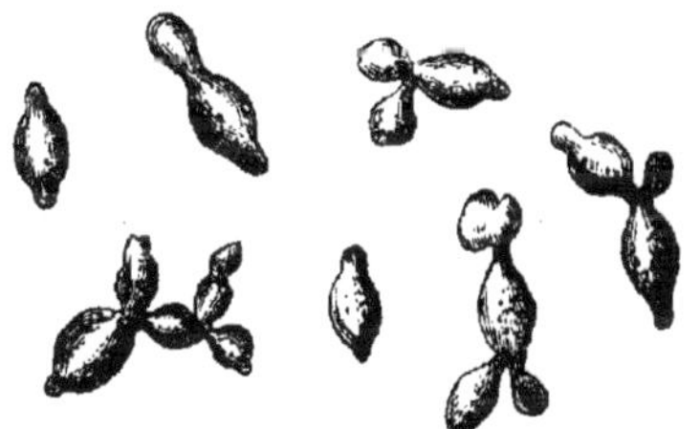

Fig. 42. — *Saccharomyces apiculata* (*Carpozyma*), ferment des fruits (gross. 600 fois).

alcoolique qui semble le plus répandu dans la nature (fig. 42). On le trouve sur toutes les espèces de fruits, notamment sur les baies et les drupes, ainsi que dans la plupart des moûts de fruits en voie de fermentation. On l'a également observé dans les bières de Belgique. C'est celui qui généralement apparaît et bourgeonne le premier dans les moûts. Son nom lui vient de la forme caractéristique de ses cellules qui sont en forme de navette ou *apiculées* aux deux extrémités de leur grand axe.

Dans les moûts fermentés du vin rouge on rencontre avec le *Sacch. ellipsoïdeus* une forme un peu différente, qui n'en est peut-être qu'une variété : c'est le *S. Reesii.*

Signalons encore, comme ferment alcoolique, le *Sacch. mycoderma* ou fleurs de vin, fleurs de bière, qui constitue cette pellicule blanche que l'on voit souvent à la surface du vin mis en bouteille (fig. 43, 44). M. Pasteur a montré que, dans certaines circonstances, ce *Mycoderma vini* pouvait produire la fermentation alcoolique : il est facile de le démontrer en l'ajoutant à de l'eau sucrée dont il dé-

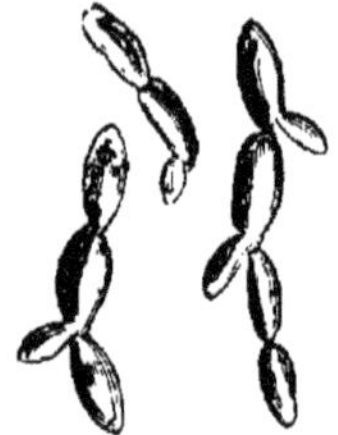

Fig. 43. — *Saccharomyces mycoderma* ou fleurs du vin (gross. 350 fois).

Fig. 44. — Différentes formes du *Saccharomyces mycoderma.*

termine bientôt la fermentation. Il se montre à la surface de tous les liquides alcooliques *exposés à l'air*, lorsque la fermentation est terminée ou languissante. Il croît très rapidement : quelques cellules suffisent pour qu'on voie la surface se recouvrir en 48 heures d'une pellicule mince blanche ou jaune, d'abord lisse, puis ridée, ce qui suppose, d'après le calcul de M. Engel, qu'une seule cellule a donné naissance, dans ce peu de temps, à plus de *trente-cinq mille* cellules.

La plupart de ces formes différentes ne sont probablement que des variétés d'habitat d'un certain nombre d'espèces, car les ferments ne sont pas moins polymorphes que les champignons microscopiques.

Nous avons dit qu'avant de se trouver dans le moût du vin et des fruits, les levûres se fixaient à l'état de repos, sur l'épiderme du fruit qui l'introduit ainsi dans le liquide fermentescible. On conçoit facilement que les spores soient transportées par l'air et s'arrêtent sur l'épiderme velouté des baies et des drupes. Mais on s'est demandé ce que devient le ferment depuis la récolte de l'année précédente jusqu'à l'été suivant et de quelle manière il passe l'hiver.

D'après les recherches de M. Hansen, le *Sacch. apiculatus,* que l'on trouve sur les groseilles, par exemple, est entraîné par la pluie, dispersé par le vent, tombe avec les fruits sur le sol dans l'intérieur duquel il passe l'hiver à l'état de spore dormante, pour retourner sur les mêmes fruits lorsque l'été les a fait mûrir. Il ne peut être transporté par l'air que lorsque la terre s'est complètement desséchée.

De même les ferments du vin, après avoir traversé le corps de l'homme et des animaux, passeraient l'hiver dans le fumier. Cette révélation n'est peut-être pas faite pour enchanter les ivrognes, mais elle n'a rien qui puisse nous étonner d'après ce que nous savons des habitudes des cryptogames en général et des champignons en particulier. Brefeld a retrouvé ces levûres, pendant l'hiver, dans les excréments, surtout ceux des herbivores, et dans le fumier.

Nous ne décrirons pas ici la fabrication du vin que tout le monde connaît : nous rappellerons seulement que la fermentation alcoolique consiste essentiellement dans le dédoublement du sucre de raisin, ou glucose, en alcool et en acide carbonique. C'est ce dernier qui, se dégageant sous forme de gaz, produit l'espèce d'ébullition ou d'effervescence qui caractérise la fermentation et qui lui a valu son nom. Le sucre ou glucose est donc l'aliment essentiel de toutes les levûres, et l'élément indispensable de toutes les fermentations, de celles du cidre, de la bière, et de toutes les boissons dites *fermentées*, comme de celle du vin.

IV

LA LEVURE DE BIÈRE

La levûre de bière ou *Saccharomyces cerevisiæ* est le plus anciennement connu et le mieux étudié de tous les ferments, celui que l'on peut considérer comme le type de la famille. Ses cellules sont rondes ou ovales, de 8 à 9 millièmes de millimètre dans le plus grand diamètre, isolées ou réunies deux à deux (fig. 35).

Lorsqu'on dépose ces cellules dans un liquide fermentescible, c'est-à-dire sucré, on voit bientôt naître, en un ou deux points de leur surface, des renflements vésiculeux dont l'intérieur se remplit aux dépens du protoplasma de la cellule mère : ces renflements s'accroissent, acquièrent le volume de la cellule primitive, puis s'étranglent à leur base (fig. 45). Ils naissent généralement sur les côtés, plus rarement aux extrémités. Les nouvelles cellules ainsi formées se séparent bientôt de la cellule mère, dont le protoplasma cédé aux cellules filles est remplacé par un ou deux vides appelés *vacuoles*. Lorsque la levûre de bière n'est pas en présence d'un liquide fermentescible, elle peut rester plus ou moins longtemps sans se modifier. Si on la prive brusquement de toute nourriture, surtout sucrée, en la plaçant dans une atmosphère suffisamment humide, on obtient des spores (fig. 46). L'expérience est assez délicate à réussir; il faut laver souvent la levûre avec de l'eau distillée, sans quoi on s'expose à la voir se putréfier au lieu de fructifier (Schützenberger).

Rappelons brièvement par quel procédé on obtient la liqueur fermentée qui constitue la bière. L'orge, qui en fournit le principe essentiel, ne contient pas de sucre; mais lorsqu'elle a germé, elle renferme une substance

Fig. 45. — Levûre de bière supérieure bourgeonnant (gr. 400 fois).

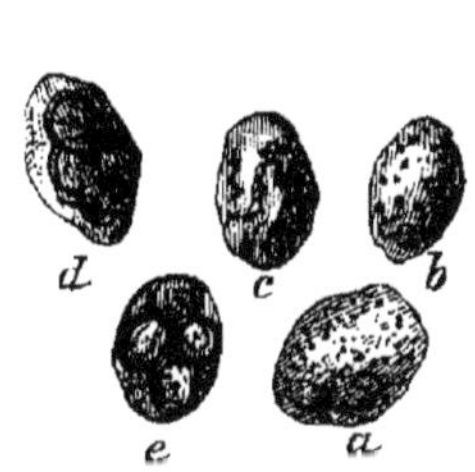

Fig. 46. — Spores de levûre de bière, à diverses phases de développement.

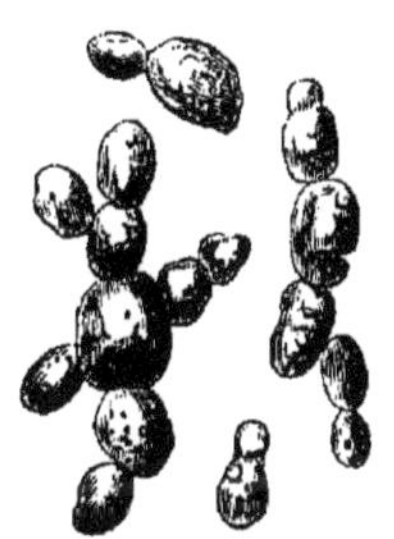

Fig. 47. — Levûre de bière inférieure bourgeonnant (gr. 400 fois).

appelée *diastase,* sous l'influence de laquelle l'amidon de l'orge peut être converti en glucose.

On commence par étendre l'orge, que l'on a mouillée pour la faire gonfler et germer, sur des claies en couche mince, à une température d'environ 15 degrés : cette opération s'appelle le *maltage*. Elle se fait généralement au printemps pour avoir la température et l'humidité nécessaire, et les *bières de mars* sont regardées comme les meilleures. Lorsque le germe a les deux tiers de la longueur du grain, on arrête la germination en séchant les grains à l'étuve, puis on les réduit en poudre par la mouture, ce qui donne le *malt*. On délaye ce malt dans de l'eau à 60 degrés, où sous l'influence de la diastase l'amidon se change en glucose. Ce jus sucré, ou moût, est soumis à l'ébullition avec du houblon que l'on ajoute à ce moment, et qui sert non seulement à lui donner un goût amer et aromatique, mais encore à la conserver. Le moût houblonné est concentré et refroidi, puis additionné de levûre de bière provenant d'opérations antérieures, et la fermentation s'établit. On se procure la levûre en recueillant les écumes et les exprimant dans des sacs.

En Belgique, on laisse le moût fermenter en l'abandonnant à lui-même et attendant le développement spontané de la fermentation; mais généralement, en France et en Allemagne, on ajoute le ferment. Dans ce cas, on emploie l'une des deux méthodes appelées *fermentation par le haut,* ou *fermentation par le bas,* ce qui permet de distinguer deux variétés de levûres, la levûre de bière supérieure et la levûre de bière inférieure (fig. 45, 47).

Pour la bière par le haut, la saccharification de l'amidon du malt se fait par des trempes d'infusion successives, dans des tonneaux, à une température relativement élevée : 15 à 18 degrés. La levûre sort à mesure qu'elle se forme par les trous de bonde à la partie supérieure du tonneau; de là son nom. En Angleterre, on emploie de grandes cuves ouvertes : la levûre surnage et on l'enlève au moyen d'écumoires.

Dans la fabrication de la bière inférieure, la saccharification s'opère par des trempes de décoction, dans des cuves ouvertes à une température plus basse : 12 à 14 degrés. La levûre se dépose au fond des cuves en masse pâteuse et adhérente. La première fermentation, la plus active, une fois terminée, on soutire le liquide clair et on le met en tonneaux, en bouteilles ou en cruchons, et comme la séparation de la levûre n'a pas été complète, celle-ci continue à agir sur le sucre non encore modifié : le liquide se trouble par la production de nouvelle levûre, et la quantité d'alcool et d'acide carbonique augmente en raison de la durée de la conservation après la mise en bouteille ou en tonneau fermé.

La fabrication de la plupart des autres boissons fermentées peut se ramener à celles du vin ou de la bière : celle du cidre est très simple et se rapproche par conséquent de celle du vin : il suffit de laisser cuver les pommes coupées et écrasées jusqu'à ce que la fermentation soit complète : on sépare alors le liquide du résidu solide et on met en barrique ou en bouteilles.

V

DE QUELQUES AUTRES BOISSONS FERMENTÉES

Il existe un très grand nombre d'autres boissons fermentées que l'on fait, dans différents pays, avec des substances empruntées au règne animal ou au règne végétal.

En France, on fait quelquefois du cidre avec des poires (*poirés*), ou avec le fruit du Cormier.

Les *boissons* sont des liqueurs fermentées très économiques que l'on prépare au moyen de raisin sec ou de substances aromatiques, telles que le fruit desséché de la Coriandre, ajoutées à de l'eau que l'on sucre avec des mélasses à bon marché. La fermentation, qu'on laisse généralement se faire à l'aide des germes de l'air ou de ceux introduits avec la Coriandre et les autres substances qui entrent dans la composition de la boisson, comme dans la bière belge, peut être hâtée par l'adjonction de levûre de bière ou de levain de boulanger. Elle s'opère par dédoublement du sucre en alcool et en acide carbonique, et donne une boisson gazeuse très agréable quand elle a été bien faite, et surtout quand on la met en bouteilles bien bouchées avant que la fermentation soit terminée.

Le *koumis* est une boisson, faite avec le petit-lait de jument aigri et fermenté, qui est très employé en Russie comme tisane rafraîchissante. On en retire par distillation une liqueur alcoolique.

On prépare un grand nombre d'*eaux-de-vie* avec des fruits ou des graines de différentes plantes. Le *kirsch* est l'alcool provenant de la distillation des cerises ou des merises; on fait le *rhum* avec les cannes à sucre; le *rach* avec le riz. Le *gin* ou eau-de-vie de genièvre est la liqueur dont la classe ouvrière fait, en Angleterre, une si grande consommation et qui se débite dans les *bar-room* et les *gin-palace*, comme en France les eaux-de-vie de grains chez les marchands de vins et dans les cabarets de bas étage.

Les peuplades sauvages de la Malaisie et de la Polynésie préparent des liqueurs fermentées au moyen du suc de différentes plantes. Tel est le *kava*, fait avec la racine *mâchée* et délayée dans l'eau du *Piper methysticum*. Dans ce cas, c'est la *diastase salivaire,* ferment contenu dans la salive humaine, qui transforme la fécule de cette racine en sucre fermentescible. Les opérateurs s'assoient autour d'une grande cuve contenant les racines trempées dans l'eau, et chacun d'eux prend un morceau du végétal qu'il mâche consciencieusement jusqu'à ce qu'il soit suffisamment imprégné du ferment salivaire. Cette façon de procéder nous semble essentiellement répugnante, et bien peu d'Européens voudraient toucher à une boisson ainsi préparée ; mais ce n'est là, sans doute, qu'un préjugé de notre éducation première, dont les naturels de l'Océanie n'ont aucune idée.

Les Dragonniers (*Dracœna terminalis* et *D. australis*) ont aussi une racine féculente dont on retire de la même manière une boisson fermentée très en usage aux îles Sandwich (H. Jouan).

VI

LA LEVURE DU PAIN

On fait *lever* le pain pour rendre sa mie poreuse et moins lourde à digérer. Le microbe du *levain* de boulanger serait, d'après M. Engel, le *Saccharomyces minor,* semblable à la levûre de bière, mais plus petit. La plupart des levains que nous avons examinés nous ont montré une très grande variété de microbes. Quoi qu'il en soit, la *fermentation panaire* produit, comme les autres fermentations, un dégagement de gaz (acide carbonique), qui soulève la mie et lui donne sa légèreté.

CHAPITRE III

LES MICROBES PROPREMENT DITS, OU BACTÉRIES.

I

NATURE VÉGÉTALE DES MICROBES

Ainsi qu'on a pu le voir dans le chapitre précédent, il n'existe pas de limite bien tranchée entre les ferments et les bactéries, pas plus qu'entre les ferments et les champignons, ou entre ceux-ci et les bactéries. La taille plus petite est la principale différence qui sépare les bactéries des levûres dont elles ont, du reste, en grande partie les formes et l'organisation. Il est telle bactérie de grande taille, le *Leptothrix buccalis* par exemple, si commun dans la bouche de l'homme, même bien portant, qui ressemble beaucoup dans son mode de végétation aux champignons inférieurs qui ont le même habitat, comme l'*Oïdium albicans*. Cependant celui-ci est considéré comme un champignon et le premier comme une algue par les botanistes les plus compétents en cryptogamie : il n'en est pas moins permis de dire que les deux classes des algues et des champignons se touchent et se confondent par leurs formes les plus inférieures, et ont probablement une origine commune, — de même que les deux règnes se touchent par leurs formes les plus inférieures que l'on a réunies dans le règne des Protistes.

Les Microbes, Bactéries (*Schizophytes* ou *Schizomycètes*), se présentent, dans les liquides examinés au microscope, sous forme de petites cellules ovales, arrondies ou allongées et cylindriques (bâtonnets), libres ou réunies deux à deux, ou en chaînes articulées et en chapelets (fig. 48). Les plus grandes de ces cellules ont *deux millièmes de millimètre*, et les plus petites *un demi-*

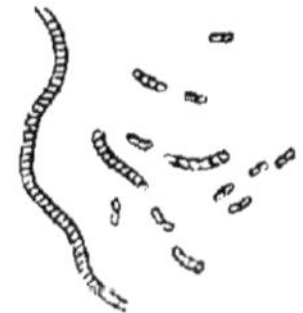

Fig. 48. — Ferment du vinaigre (*Mycoderma aceti*), montrant les différentes formes de *Bactéries* libres ou en chapelets (fortement grossi).

millième de millimètre ; c'est-à-dire qu'il faudrait au moins 500 des premiers et 2,000 des seconds placés bout à bout pour faire une longueur *d'un millimètre*. On conçoit donc sans peine qu'il soit nécessaire d'employer de très forts grossissements (de 500 à 1,000 fois et plus), pour voir distinctement ces êtres au microscope.

Il est une bactérie excessivement commune partout et qu'il est très facile de se procurer pour l'étudier au microscope : c'est le *Bacterium termo* ou microbe des eaux corrompues. Cette bactérie est du reste tout à fait sans danger, puisqu'il n'est guère d'eau potable qui n'en contienne en plus ou moins grande quantité. Pour se la procurer en nombre, il suffit de remplir à moitié un verre d'eau ordinaire de source ou de rivière, et de l'abandonner pendant quelques jours sur une table ou sur une cheminée en ayant soin de ne pas le recouvrir pour permettre l'accès de l'air. On voit bientôt se former à la surface du liquide une mince pellicule qui semble un dépôt de fine poussière : cette poussière est formée par des myriades de bactéries. Si l'on prend une goutte de l'eau où flotte cette poussière et qu'on l'étende entre deux lamelles de verre mince pour l'examiner au microscope avec un grossissement d'environ 500 diamètres, dès que l'instrument est bien au point, on assiste à un spectacle véritablement saisissant.

Tout le champ du microscope est en mouvement : des centaines de bactéries pareilles à de petits vers transparents nagent dans tous les sens, avec un mouvement ondulatoire semblable à celui d'une anguille ou d'un serpent. Les unes sont libres, d'autres sont réunies deux à deux ou en plus grand nombre sous forme de chaînes, d'autres ont l'apparence de chapelets ou de bâtonnets cylindriques dont l'intérieur serait cloisonné ou articulé (fig. 49) ; celles-ci ne sont que des états moins avancés ou plus jeunes des premières ; enfin on voit une foule de petits globules qui résultent de la rupture des chapelets. Toutes ces formes représentent les différentes transformations du *Bacterium termo,* ou microbe de la putréfaction. Ceux qui sont morts figurent de petits bâtonnets rigides et immobiles.

En voyant les mouvements très vifs dont ces petits organismes sont animés, on serait tenté de les prendre pour des animaux. Mais on sait que le mouvement, considéré en lui-même, n'est pas spécial au règne animal. Sans parler des mouvements provoqués chez la *Sensi-*

tive et chez un grand nombre d'autres plantes, il est bon de se rappeler que beaucoup de végétaux inférieurs ont des mouvements : telles sont les *Diatomées* qui sont incontestablement des végétaux par leur chlorophylle. Les spores de végétaux d'une organisation beaucoup plus élevée tels que les Fougères et les Mousses, ont dans l'eau des mouvements de natation absolument semblables à ceux des Bactéries, et c'est ce qui leur a

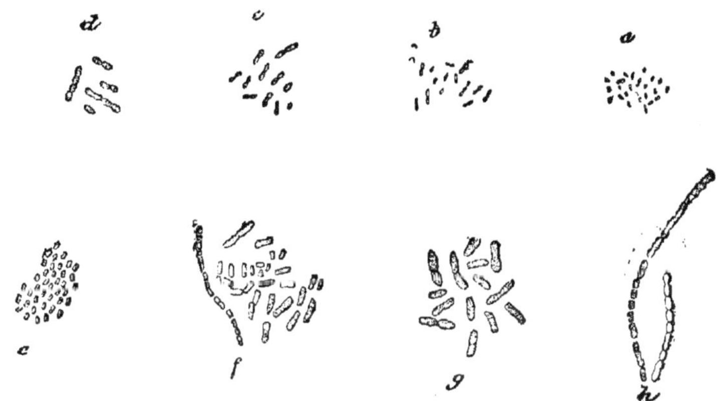

Fig. 49. — *Bacterium termo* à divers états de développements, *a-h* (fortement grossi).

valu le nom de *Zoospores,* bien que beaucoup d'entre elles contiennent de la chlorophylle.

Les mouvements des Bactéries sont dus comme ceux des zoospores à la présence de *cils vibratiles,* qui sont insérés aux deux extrémités ou seulement à l'extrémité postérieure du microbe, et qui forment un organe propulseur analogue à la queue des têtards. Ces organes sont très transparents et très difficiles à voir sur le vivant, même avec les plus forts grossissements, en raison de la rapidité de leurs mouvements. Mais on a reconnu leur existence en fixant les bactéries au moyen de liquides colorants, et surtout en en prenant des photographies microscopiques.

Cependant, si l'on étudie et si l'on analyse le mode de locomotion du *Bacterium termo,* si on le compare surtout aux mouvements des infusoires ciliés ou flagellés que l'on voit souvent nager avec lui dans le champ du microscope, on est frappé de la différence. L'infusoire va et vient, court ou se promène lentement, recule et se déplace à droite et à gauche : en un mot, ses mouvements trahissent une sorte de *volonté.* — On n'observe rien de semblable chez la bactérie : le mouvement ondulatoire dont elle est animée est toujours le même et la pousse droit devant elle, comme une pierre lancée par une fronde : jamais elle ne recule ni ne dévie volontairement, mais seulement sous l'influence d'une impulsion étrangère comme celle d'une autre bactérie qu'elle rencontre sur son chemin, absolument comme un projectile qui rebondit contre un mur. Lorsque l'une d'elles rencontre un obstacle, elle reste indéfiniment devant cet obstacle ondulant sans jamais s'arrêter, et sans donner aucun signe de lassitude, jusqu'à ce qu'une cause étrangère quelconque la faisant glisser à droite ou à gauche, vienne la délivrer. On voit souvent des amas singulièrement enchevêtrés de ces bactéries, peut-être agglutinées par leurs cils ou par quelque substance particulière, et dont les individus ondulent de cette manière jusqu'à ce que la rupture de cette espèce de pelote leur permette de partir dans toutes les directions. Ces organismes sont donc bien des végétaux, même par le caractère de leurs mouvements, comme par tout le reste de leur organisation.

Chaque cellule de bactéries se compose d'une enveloppe formée de cellulose, comme nous l'avons vu pour les ferments, et d'un protoplasma intérieur. La multiplication par scission s'opère exactement comme chez ceux-ci : il en est de même de la formation des spores : dans certaines circonstances, lorsque le liquide nutritif vient à se dessécher, le protoplasma intérieur se contracte et constitue les spores, qui, mises en liberté par la rupture de l'enveloppe, germeront et donneront naissance à de nouvelles bactéries. La seule différence, c'est que les ferments peuvent produire plusieurs spores dans chaque cellule, tandis que les bactéries n'en produisent jamais qu'une seule.

Pendant longtemps, comme nous l'avons dit, on a considéré les bactéries comme des champignons sous le nom de *Schizomycètes*. Cependant les recherches récentes faites sur leur organisation et surtout sur leur mode de reproduction ont montré qu'on devait les rapprocher d'un groupe d'Algues inférieures qu'on appelle les *Phycochromycées*, et qui comprend les *Oscillaires*, les *Nostocs* et les *Chroococcus* généralement pourvus de chlorophylle : les bactéries représentent un groupe parallèle dépourvu de chlorophylle. M. Zopf, dans un travail récent, va beaucoup plus loin : il admet que *la même espèce d'algue* peut se présenter tantôt sous forme d'un végétal vivant librement dans l'eau ou dans le sol humide à l'aide d'un protoplasma pourvu de chlorophylle, et tantôt sous forme de bactérie ou de microbe parasite dépourvu de chlorophylle, et se nourrissant aux dépens des matières organiques précédemment élaborées par les animaux et les végétaux, s'accommodant ainsi, suivant les circonstances, à deux modes d'existence très différents.

II

CLASSIFICATION DES MICROBES OU BACTÉRIES

La classification naturelle des êtres appartenant au groupe des microbes est très difficile : en effet, ces êtres ne diffèrent guère entre eux que par leurs formes extérieures, et nous avons vu que ces formes sont très variables, le même organisme pouvant se présenter successivement sous forme de globule isolé, de chapelet, de chaîne ou de bâtonnet plus ou moins articulé. Les microbes sont des êtres essentiellement polymorphes et qui se plient à des conditions d'existence très variées, pouvant à leur tour influencer la forme que prennent ces organismes microscopiques. C'est ce qui explique pourquoi leur classification a si souvent varié, et pourquoi leur distinction en genres et en espèces ne repose encore sur rien de précis, et présente de grandes différences suivant les opinions que les divers auteurs ont pu se former d'après leurs recherches personnelles.

Quoi qu'il en soit, nous résumerons ici la classification de M. Wunsche, d'après la traduction qu'en a donnée M. de Lanessan :

SCHIZOPHYTES (ou *Schizomycètes*)

A. Division des cellules ayant lieu toujours dans la même direction, de façon à former un chapelet avant que les membres ou articles se séparent.

1. Cellules réunies en familles mucilagineuses ou gélatineuses.

a. Cellules réunies (à l'état de repos) en familles amorphes.	
α. Cellules sphériques ou elliptiques, incolores, généralement immobiles	*Micrococcus.*
β. Cellules allongées en courts bâtonnets mobiles.	*Bacterium.*
b. Cellules réunies en familles à contours précis, lobées, agglutinées comme du frai de grenouille	*Ascococcus.*
2. Cellules disposées en filaments.	
a. Filaments cylindriques, peu distinctement articulés, immobiles.	
α. Filaments non ramifiés : très minces,	
1° courts.	*Bacillus.*
2° longs	*Leptothrix.*
β. Filaments plusieurs fois bifurqués (fausses ramifications)..	*Cladothrix.*
b. Filaments contournés en spirale, mobiles :	
1° courts, faiblement ondulés.	*Spirochœte.*
2° longs, flexibles	*Vibrio.*
3° courts, raides.	*Spirillum.*
4° enroulés en pelote mucilagineuse. .	*Myconostoc.*
B. Cellules se divisant en croix et les cellules filles restant réunies, semblables à des paquets liés par un cordon en croix.	*Sarcina.*

La plupart des microbes dont nous allons parler désormais, peuvent rentrer dans l'un ou l'autre des genres dont nous venons de donner l'énumération systématique, quelquefois dans plusieurs, en raison de leur polymorphisme.

Avant d'étudier plus en détail quelques-uns d'entre eux, il n'est pas sans intérêt de jeter sur ce groupe un coup d'œil d'ensemble en suivant l'ordre de la classification que nous venons d'exposer.

Le genre *Micrococcus* de Hallier comprend les microbes de forme sphérique qui semblent les plus communs et les plus généralement répandus, ce qui tient probablement à ce que les spores et les premiers états de toutes les autres formes commencent par avoir cette forme sphérique avant de s'allonger pour prendre la forme d'adulte (fig. 50).

On distingue dans ce genre deux sections : la première comprend les *Micrococcus chromogènes,* c'est-à-dire fabricants de matières colorantes, groupe extrêmement intéressant dont nous dirons quelques mots, car ces microbes jouent un rôle important dans la nature, et l'hygiène et l'économie domestique ont à compter

Fig. 50. — Microbes sous forme de *Micrococcus* (fortement grossi).

avec eux. La seconde section comprend les *Micrococcus pathogènes* ou producteurs de maladie, dont nous nous occuperons longuement.

Le genre *Bacterium,* dont le nom indique la forme en *bâtonnets,* comprend encore quelques espèces colorées, et de plus des espèces incolores telles que les bactéries des putréfactions, des eaux stagnantes, des infusions végétales, etc. (fig. 49).

Le genre *Ascococcus* est moins répandu. Les cellules, réunies en groupes ou familles, forment des membranes mucilagineuses, plissées, à la surface des liquides en putréfaction, dans le jus de viande, l'infusion de foin, etc.

Les *Bacillus* (ou *Bactéridies* de Davaine) constituent un genre extrêmement important, caractérisé par ses longs filaments flexibles, articulés, et qui comprend le ferment butyrique et le microbe qui est la cause de la maladie appelée *Charbon* ou *Sang de rate* (fig. 51, *f*).

Le *Leptothrix buccalis* se trouve dans la salive et entre les dents chez l'homme (fig. 51, *k*).

Le *Cladothrix dichotoma* forme comme une espèce de petit gazon qui se présente sous forme de mucilage

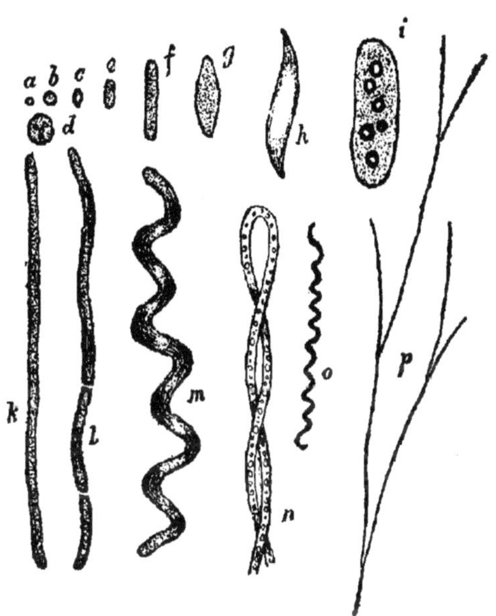

Fig. 51. — Différentes formes de Microbes ou Bactéries : *a, b, c, d*, *Micrococcus* de tailles diverses; *e*, *Bacterium* court; *f*, *Bacillus* court; *k*, *Leptothrix* ou bacille long; *l*, *Vibrio* se divisant par scission; *m*, *Spirillum*; *o*, *Spirochæte*; *p*, *Cladothrix*, etc. (d'après Zopf). (Très fort grossissement.)

blanchâtre à la surface des liquides en putréfaction (fig. 51, *p*).

Les *Vibrio rugula* et *V. serpens* se trouvent dans les infusions sous forme de filaments assez épais, ayant une seule inflexion, tandis que les suivants sont infléchis plusieurs fois en spirale (fig. 51, *l*).

Les *Spirillum* et *Spirochæte* ne diffèrent guère entre

eux que par le nombre et le rapprochement de leurs tours de spire. Le *Spirochœte Obermeieri* se trouve dans le sang des malades atteints de la fièvre récurrente ; le *Sp. plicatile*, qui vit dans l'eau croupissante, au milieu des Oscillaires, n'est peut-être que la forme parasite de ces algues, et a souvent été accusé d'être la cause de la fièvre de marais. Les *Spirillum* se trouvent dans les infusions (fig. 51, *m*, *o*).

Enfin la *Sarcina ventriculi*, à forme si différente des

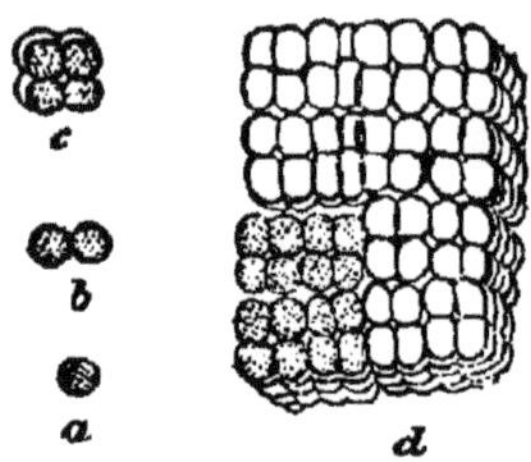

Fig. 52. — *Sarcina ventriculi*, à divers degrés de développement *a-d* (fortement grossi).

autres microbes, se trouve dans les liquides de l'estomac, dans le sang, dans les poumons de l'homme sous forme de taches jaunâtres. On l'a aussi trouvée sur du blanc d'œuf cuit, sur des pommes de terre, etc. (fig. 52).

III

LE MICROBE DU VINAIGRE ET LA FERMENTATION ACÉTIQUE

M. Pasteur a montré que la fermentation acide des liqueurs alcooliques est due à l'existence d'un microbe spécial, agissant à la manière d'un ferment, et qui se développe à la surface des liqueurs fermentées toutes les fois qu'elles sont abandonnées au contact de l'air, en présence de matières albuminoïdes. — Ce microbe, qui constitue la *mère du vinaigre* et que l'on nomme *Mycoderma aceti*, est probablement identique au *Bacterium lineola*, qui est très abondant dans les infusions, les eaux stagnantes et même les eaux de source: c'est donc une véritable bactérie (fig. 48).

La membrane que l'on trouve à la surface des liquides en voie de fermentation acétique est formée de cellules très petites, allongées, ayant de 1,5 à 3 millièmes de millimètre, et réunies sous forme de chaînes ou de bâtonnets recourbés. La multiplication s'effectue par la section transversale de la cellule, section qui est précédée d'un étranglement médian. Ce sont là les caractères du genre *Bactérie* proprement dit.

Ce microbe se nourrit à peu près de la même façon que la levûre de bière : il a besoin de sels minéraux, de phosphates alcalins et alcalino-terreux, de matières azotées protéiques ou de sels ammoniacaux.

Ce ferment est un ferment *oxydant* qui emprunte de l'oxygène à l'air et le fixe sur l'alcool qui se convertit en acide acétique; par suite il ne peut vivre qu'au contact de l'air et périt quand il est submergé, et l'acétification s'arrête. La puissance oxydante de ce microbe est telle qu'il peut même oxyder l'alcool et le transformer en acide carbonique (c'est ce qui explique l'affaiblissement des vins par la présence de l'autre espèce, de plus grande taille, que nous avons figurée (fig. 43, 44), le *Mycoderma vini*). Cette action est moins vive en présence d'un excès de vinaigre; c'est pour cela qu'à Orléans on opère toujours l'acétification dans des cuves contenant une grande quantité de vinaigre.

Le procédé dit *d'Orléans,* qui est le plus généralement usité en France, consiste à introduire dans des tonneaux d'une contenance de 200 litres environ. 100 litres de vinaigre et 10 litres de vin rouge ou blanc; tous les huit jours on soutire 10 litres de vinaigre et on les remplace par 10 litres de vin. Il faut une température de 30 degrés environ. On fournit l'oxygène au moyen d'une ventilation convenable. Ce procédé est assez lent, puisqu'il ne donne que 10 litres de vinaigre par tonneau chaque semaine : cette lenteur a l'inconvénient de favoriser la multiplication des Anguillules, petits vers nématoïdes qui vivent dans le vinaigre et dans la colle altérée.

M. Pasteur a modifié et amélioré ce procédé primitif de façon à éviter ces deux inconvénients : il emploie pour cela la chaleur, qui permet de ne pas rendre l'opération continue, ce qui empêche le développement des anguillules. On emploie des cuves peu profondes (de 30 centimètres), à couvercle percé de trous : on sème le *mycoderma* à la surface. Des tubes de gutta-percha percés de trous à leur partie inférieure arrivent jusqu'au fond de ces cuves, et permettent de verser de nouveau liquide sans déranger le voile de mycoderma superficiel.

En Allemagne on fabrique le vinaigre à l'aide de l'*éponge* ou *noir de platine* qui produit l'oxydation de l'alcool sans l'intervention du microbe. C'est là un bon exemple de fermentation (ou d'un phénomène analogue) produite par les seules actions physico-chimiques. Le noir de platine agit en divisant l'alcool et le mettant plus intimement en contact avec l'oxygène de l'air, car l'oxydation se ferait beaucoup trop lentement sans cette précaution ou sans la présence du ferment.

IV

LES MICROBES PRODUCTEURS DES MALADIES DU VIN

Les maladies auxquelles certains vins sont sujets altèrent leur goût et leurs qualités au point de les rendre souvent impropres à la consommation. Il importe de savoir distinguer ces maladies afin de ne pas confondre un vin malade avec un vin frelaté, et c'est grâce au microscope que l'on a pu reconnaître la nature de ces altérations. Chaptal, autrefois, les attribuait à la présence d'un excès de ferment, faute de pouvoir trouver une autre cause. On sait aujourd'hui, grâce aux belles recherches de M. Pasteur, réunies dans son livre : *Études sur les Vins,* qu'elles sont toutes dues à la présence de microbes particuliers pour chaque maladie.

« La source des maladies propres au vin, dit M. Pasteur, résulte de la présence de végétations parasitaires microscopiques qui trouvent en lui des conditions favorables à leur développement, et qui l'altèrent soit par soustraction de ce qu'elles lui enlèvent pour leur nourriture propre, soit principalement par la formation de nouveaux produits qui sont un effet même de la multiplication de ces parasites dans la masse du vin. » — Ces maladies sont connues sous le nom d'*acescence,* de *pousse,* de *graisse,* d'*amertume,* etc. Nous allons les passer successivement en revue.

Vins piqués ou fleuris. — Ce sont les vins à la surface desquels se forment des pellicules blanchâtres (*fleurs de vin*), qui ne sont autres que le *Mycoderma vini* (fig. 43,

53) : cette production ne peut aigrir ni altérer sensiblement les vins. Elle est due à la température trop élevée de certaines cuves pendant la saison chaude : on l'évite en arrosant les tonneaux avec de l'eau froide ou en introduisant de la glace dans chacun d'eux : il faut avoir soin de maintenir les fûts pleins et les caves aussi fraîches que possible.

Acescence ou acidité des vins, vins aigris. — Le vin

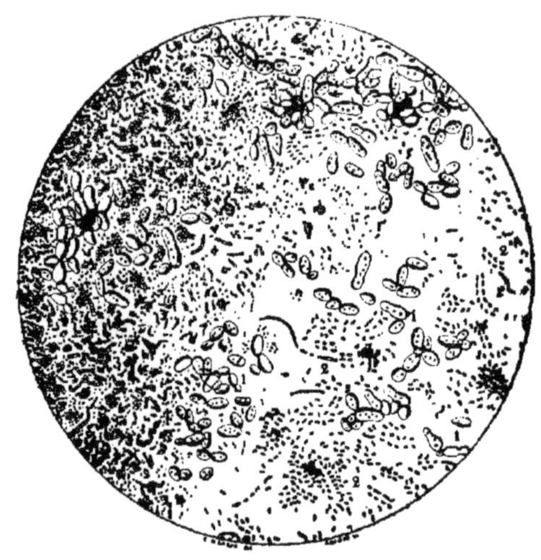

Fig. 53. — Maladie de l'*acescence* ou du vin aigri ; dépôt vu au microscope : 1, 1, *Mycoderma vini ;* 2, 2, *Mycoderma aceti* encore jeune ; 3, le même, plus âgé, le mal étant déjà très avancé.

contient toujours une petite quantité d'acide acétique, mais cet acide se développe quelquefois en excès et le vin n'est plus buvable, il tourne au vinaigre. Cette altération est due à la présence du *Mycoderma aceti* (fig. 53), dont nous avons déjà parlé. Il est beaucoup plus petit que le précédent et se présente sous la forme d'un 8, comme le montre la figure, ou bien en chapelets formés par la réunion de plusieurs de ces 8 placés bout à bout ; par les progrès de l'âge les deux globules du 8 se séparent et se montrent sous forme de granulations isolés. Les deux *Mycoderma* s'excluent mutuellement et ne se trouvent jamais dans le même vin.

On isole l'acide en distillant le vin aigri. On a essayé de guérir ou d'améliorer les vins aigris en leur ajoutant du tartrate neutre de potasse (200 à 400 grammes par barrique de 230 litres), qui forme de l'acétate et du bitartrate de potasse en neutralisant l'acide en excès. Le bitartrate se dépose spontanément et cristallise. Le carbonate de chaux ne peut être employé dans le même but, car il gâterait le vin.

Vins tournés, montés ou poussés; vins bleus. — Cette maladie se présente avec les caractères suivants: le vin acquiert une coloration brune ou bleuâtre, il est trouble; agité dans un tube de verre, on y voit des ondes soyeuses qui flottent en tous sens. Si l'on perce un tonneau, le vin jaillit avec force: on dit *qu'il a la pousse*. Versé dans un verre, il présente une couronne de très petites bulles, sa couleur se fonce à l'air et le trouble augmente; sa saveur est altérée: il est fade comme s'il était additionné d'eau. La maladie se développe pendant les grandes chaleurs (Chevalier et Baudrimont).

Cette altération est due à la présence d'un microbe extrêmement ténu qui ressemble un peu à celui de l'acide lactique, que nous décrirons bientôt, et se présente sous forme de filaments indivis (ce qui le distingue de celui-ci), ayant au plus 1 millième de millimètre de diamètre, mais d'une longueur variable et flexible, ce qui le rapproche du genre *Vibrio*. Ces filaments se rassemblent en dépôt muqueux au fond des tonneaux (fig. 54).

Les transformations que subit le vin sous l'influence

de ce ferment pathologique sont successives, ce qui a fait croire à plusieurs maladies distinctes et explique les noms divers que l'on a donné à cette affection.

L'adjonction d'acide tartrique, le soutirage dans des tonneaux soufrés en y ajoutant un peu d'eau-de-vie, le

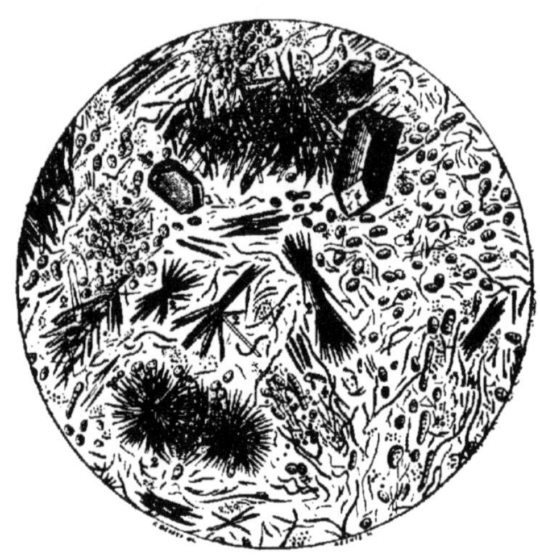

Fig. 54. — Maladie des vins *tournés, montés*, qui ont la *pousse;* dépôt vu au microscope : 1, ferment alcoolique ordinaire du vin; 2, cristaux en aiguille de bitartrate de potasse; 3, cristaux de tartrate neutre de chaux; 4, *Vibrio* ou microbe qui détermine la maladie.

collage et la fraîcheur constante de la cave sont les moyens que l'on possède contre cette maladie.

Vins gras, huileux, filants. —Les vins blancs, notamment ceux de Champagne, sont plus souvent atteints de la *graisse* que les vins rouges; cette maladie attaque surtout ceux qui sont faiblement alcooliques et manquent de tannin : ils perdent leur limpidité, deviennent plats, fades, et filants comme du blanc d'œuf, et s'appauvrissent en sucre.

Cette transformation est le fait d'un microbe filamenteux qui ressemble beaucoup plus que le précédent au ferment lactique (fig. 58), car il est formé comme celui-ci de globules très petits réunis en chapelets beaucoup plus ténus que ceux du ferment lactique. Ces filaments forment une espèce de feutre à travers lequel le liquide filtre lentement; de là l'apparence huileuse. C'est probablement un *Bacterium* (fig. 55).

On élimine ce ferment au moyen du tannin qui le pré-

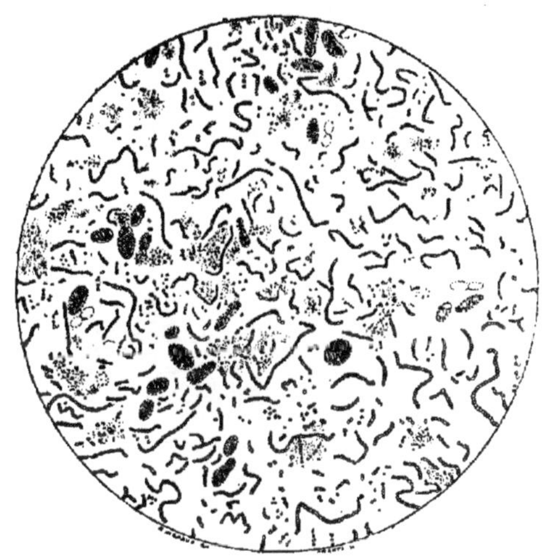

Fig. 55. — Maladie de la *graisse* des vins blancs de Champagne, causée par une *bactérie* qui se présente sous deux formes : en 8 de chiffre et en chapelets.

cipite (15 grammes de tannin pour une barrique) : on emploie dans le même but des sorbes bien mûres et concassées, de la noix de galle, des pépins de raisin réduits en poudre, toutes substances riches en tannin : le précipité ainsi formé doit être séparé du vin par le collage.

Vins amers, a gout de vieux. — L'amertume est une maladie des vins rouges, notamment de ceux de Bourgogne, et des crus les plus délicats de cette région. « Au début, dit M. Pasteur, le vin commence par présenter une odeur *sui generis*; sa couleur est moins vive, au goût on le trouve fade. Bientôt le vin devient amer; il offre un léger goût de fermentation dû à la présence du gaz carbonique. Enfin la maladie peut s'aggraver encore, la matière colorante s'altère complètement... et le vin n'est plus buvable. »

Le microbe, cause essentielle de cette maladie, se pré-

Fig. 56. — Maladie des *vins amers* ou à *goût de vieux*; dépôt vu au microscope : 1, 2, filaments du microbe (*Bacillus*) cause de la maladie, mêlés à des cristaux de tartre et à de la matière colorante (vin de Bordeaux); 3, microbes jeunes en pleine activité; 4, microbes morts et incrustés de matière colorante.

sente au microscope sous forme de filaments articulés, contournés ou brisés, enduits ou non de la matière colorante du vin qui les déforme. Il se reproduit par scissiparité et non par bourgeonnement. C'est probablement un *Bacillus* (fig. 56).

Il ne faut pas confondre ce ferment avec celui du vin *tourné* ou qui a la *pousse*, dont les filaments sont beaucoup plus fins, les articulations à peine sensibles, et qui ne s'incruste pas de matière colorante. Ce dernier se développe facilement dans les vins communs, tandis que celui de l'amertume envahit surtout les vins fins.

On peut masquer en partie l'amertume par l'addition de vins nouveaux et sucrés ; mais on recommande surtout l'emploi de la chaux (25 à 50 centigrammes par litre), qui doit cependant laisser le vin encore acide après le traitement.

Les dépôts qui se forment dans les vins dépouillés ou vieux ne sont pas le fait des microbes que nous venons d'énumérer, mais sont dus, d'après M. Pasteur, à la combinaison de l'oxygène avec le vin sous l'action du temps : c'est ce qui constitue le vieillissement.

Fermentation visqueuse des liquides sucrés. — La fermentation dite *visqueuse* qui se développe dans les jus de betteraves, de carottes, d'oignons, dans les potions renfermant du sucre et des matières azotées, est probablement produite par le même ferment que la maladie de la *graisse* des vins (fig. 55), qui donne au liquide l'apparence visqueuse ou huileuse.

D'après M. Pasteur, ce microbe agit sur le glucose ou sur le sucre de canne préalablement interverti (ou transformé en glucose), et les transforme en gomme ou dextrine, en mannite et en acide carbonique. — Les fermentations lactiques ou butyriques qui se produisent souvent simultanément dans les liquides sucrés, sont dues à des microbes distincts.

V

LE MICROBE DE LA FERMENTATION LACTIQUE

Le sucre que contient le lait, de même que le sucre de raisin, peut se transformer en un acide sirupeux qui est l'acide lactique. Cette transformation est toujours provoquée par la présence d'un ferment que M. Pasteur a fait connaître. Avant lui, on croyait que le lait pouvait s'aigrir *spontanément* quand il est tiré depuis plusieurs jours en été. On sait que dans ce cas le lait *caille,* et qu'il se sépare du caillot un liquide clair qui est le *petit-lait.* Dès l'année 1780, Scheele, le célèbre chimiste suédois, avait retiré l'acide lactique du petit-lait aigri. On le trouve aussi dans la choucroute, dans l'eau sure des amidonneries, du levain de boulanger, dans l'eau des pois, des haricots, du riz bouillis et abandonnés à la fermentation, dans le jus de betterave qui, après avoir éprouvé la fermentation visqueuse et un mouvement de fermentation alcoolique, devient aigre et donne de l'acide lactique et de la mannite.

La fermentation lactique exige la présence de matières azotées albuminoïdes en voie de décomposition, et ne peut se continuer que si l'on empêche le degré d'acidité de la liqueur de dépasser certaines limites : pour cela, on ajoute au liquide une certaine quantité de craie qui neutralise l'acide formé aux dépens du sucre.

Le microbe de cette fermentation est assez difficile à voir quand on n'est pas prévenu : il se présente sous forme de taches grises qui se confondent au premier abord avec le caséum, le gluten désagrégé ou la craie du liquide examiné. Au microscope, il apparaît comme formé de petits globules, ou de filaments à articles très courts, isolés ou réunis en flocons. Ces caractères sont ceux du genre *Bacterium* (fig. 57, 58). Les globules sont beaucoup plus petits que ceux de la levûre de bière, et sont vivement agités, lorsqu'ils sont isolés, d'un mouvement que l'on a appelé improprement *mouvement brownien,* mais qui ne diffère pas en réalité des mouvements que l'on observe chez la plupart des spores des

Fig. 57. — Ferment lactique en chapelet (d'ap. Schutzenberger).

Fig. 58. — Ferment lactique (d'après Pasteur).

végétaux inférieurs et chez un grand nombre de bactéries.

On trouve souvent ce microbe dans le vin à côté de la levûre et du ferment alcoolique : il s'y produit donc un commencement de fermentation lactique. La prédominance de l'une des deux fermentations dépend de la composition du milieu plus ou moins approprié à ces ferments. Un milieu légèrement alcalin est celui qui convient au microbe lactique : au contraire, dans un milieu parfaitement neutre, la fermentation alcoolique se produira seule.

Nous avons déjà dit que l'on pouvait transformer le lait de jument en un liquide alcoolique qui est le *koumis.*

VI

FERMENTATION AMMONIACALE DE L'URINE

Peu de temps après son émission, l'urine abandonnée à elle-même prend une odeur ammoniacale. Cette altération est due à la transformation de l'urée (principe azoté de l'urine) en ammoniaque et en acide carbonique sous l'influence d'un microbe particulier qui se montre sous forme de globules libres, et de filaments articulés (*Torula*) ou de chapelets, assez semblables à ceux du ferment lactique. Ce microbe se trouve dans le dépôt blanc qui se réunit au fond des vases, et a reçu le nom de *Micrococcus ureæ* (fig. 59).

Ce ferment est apporté par l'air comme les autres microbes des fermentations. Il n'existe pas dans la vessie où l'urine est toujours acide. Cependant, dans des cas rares, où l'urine sortant immédiatement de la vessie a été trouvée acide, on a pu reconnaître que le ferment avait été introduit par une cause accidentelle comme un sondage chirurgical, et c'est la sonde qui avait servi de véhicule au microbe : celui-ci se trouve du reste assez abondamment à l'orifice extérieur du canal de l'urèthre et jusqu'à une profondeur de 2 ou 3 centimètres.

M. Van Tieghem a montré par des expériences précises que la présence du microbe est la véritable cause de la fermentation ammoniacale de l'urine. En prenant certaines précautions, l'urine retirée d'une vessie saine peut être conservée indéfiniment.

Ces expériences ont été reprises récemment par un

médecin américain, M. Sternberg, qui a montré d'une façon précise que les microbes de l'air, ou ceux de l'orifice du canal urinaire, peuvent seuls produire cette fermentation. Ces derniers étant toujours entraînés par le premier jet d'urine, si l'on recueille seulement la seconde portion du liquide émis, en le recevant dans un vase bien propre et soigneusement débarrassé de tous

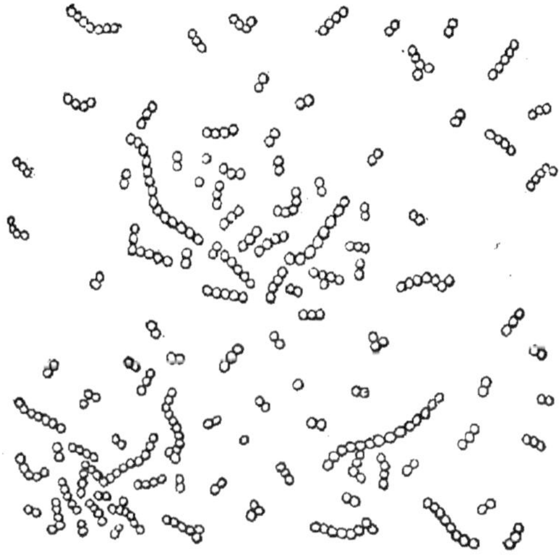

Fig. 59. — *Micrococcus ureæ*, Van Thieghem. Microbe de la fermentation ammoniacale de l'urine (on voit qu'il se présente sous forme de bactérie en 8 et de chapelets). Fortement grossi.

les germes atmosphériques (*stérilisé*, pour employer l'expression consacrée), enfin si l'on place immédiatement le verre à l'abri de ces germes en le recouvrant d'une cloche et en prenant toutes les précautions convenables, l'urine restera indéfiniment claire et acide sans subir la fermentation ammoniacale. — Si, ensuite, on laisse tomber dans cette urine inaltérée un petit tampon d'amiante, préalablement stérilisé par la chaleur, mais que l'on aura introduit, à l'aide d'une petite pince, dans le méat urinaire jusqu'à une profondeur de 2 centimètres, l'urine ne tardera pas à s'altérer et à subir la fermentation ammoniacale. Si le tampon d'amiante a été trempé dans une solution antiseptique (acide phénique dilué), avant d'être introduit dans l'urèthre, il ne produira pas la fermentation de l'urine.

VII

FERMENTATION BUTYRIQUE DU BEURRE, DU FROMAGE ET DU LAIT

La fermentation butyrique succède à la fermentation lactique dans le lait, le beurre et le fromage : c'est l'acide butyrique qui donne au beurre le *goût de rance.* Cette fermentation s'observe aussi dans les matières sucrées, et en général dans toutes les matières albuminoïdes ou azotées.

M. Pasteur a reconnu que cette fermentation était due au développement d'un microbe qui se présente sous forme de petites baguettes cylindriques arrondies à leurs extrémités, ordinairement droites, isolées ou réunies par chaînes de 2 ou plusieurs articles. La largeur de ces bâtonnets est de 2 millièmes de millimètre, sur 2 à 20 millièmes de millimètre de long. Ces organismes s'avancent en glissant; souvent ils sont recourbés et présentent de légères ondulations. Ils se reproduisent par fissiparité. Ces caractères sont ceux du genre *Bacillus.*

Coagulation du lait : fromage. — La coagulation du lait est obtenue artificiellement et industriellement par la *présure,* qui est le liquide sécrété par l'estomac du veau : le suc gastrique de l'homme produit le même effet, et le lait que l'on introduit comme aliment dans l'estomac n'est jamais digéré qu'après avoir été *caillé*, aussi bien chez l'enfant que chez l'adulte. Les fleurs d'artichaut et des plantes du genre *Carduus* en général, caillent aussi le lait à une température de 30 à 50 degrés. Il est probable que cette action est due à la présence d'un ferment organisé (cellules animales ou végétales), qui remplit ici le rôle du microbe de la fermentation lactique.

C'est avec la présure, ou avec le liquide provenant de

Fig. 60. — *Bacillus amylobacter* (ou *butyricus*). Ferment butyrique, agent de la fabrication du fromage.

la macération plus active encore de la caillette du veau non sevré, qu'on prépare les divers fromages qui ne sont que du caillé, cuit ou non cuit, frais ou fermenté, que l'on obtient avec le lait de vache, de brebis ou de chèvre, écrémé ou non privé de beurre, suivant l'espèce qu'on veut obtenir.

Les *fromages de lait*, ou fromages frais, diffèrent peu par leur composition du lait caillé : ils sont constitués par la *caséine*, matière albuminoïde qui a englobé les particules de beurre : le résidu liquide est le *sérum* ou petit-lait qui contient de l'acide lactique et des sels minéraux.

Les *fromages* proprement dits (gruyère, roquefort, etc.) ne diffèrent des précédents que parce qu'ils ont été exposés plus ou moins longtemps à l'action de l'air et des microbes qu'il tient en suspension. Le fromage s'oxyde d'abord sous l'influence de l'oxygène de l'air : à la fermentation lactique succède bientôt la fermentation butyrique et même la fermentation alcoolique avec dégagement d'hydrogène et de produits putrides, quand on laisse agir trop longtemps les ferments qui opèrent ces diverses transformations.

Pour obtenir les diverses espèces de fromage que l'on trouve dans le commerce, on les expose aux intempéries de l'air, le plus ordinairement dans des trous de rocher creusés pour cet usage, sur un lit de paille et quelquefois en les recouvrant incomplètement de cette même paille, jusqu'à ce que le fromage soit *à point*, suivant la qualité que l'on veut obtenir.

Les fermentations butyriques et ammoniacales nous conduisent directement à l'étude de la fermentation putride ou cadavérique.

VIII

FERMENTATION PUTRIDE OU CADAVÉRIQUE; FAISANDAGE

Le premier degré d'altération qu'éprouve la viande des animaux destinés à l'alimentation lorsqu'on l'abandonne à elle-même, porte le nom de *faisandage*. M. Pasteur ne croit pas que cet effet soit dû à l'intervention des ferments de l'air, comme c'est le cas dans la putréfaction qui succède. Il pense que le faisandage est simplement le résultat de l'action des ferments dit *solubles*, ou ferments *naturels* du sérum de la viande, et d'une réaction chimique réciproque des liquides et des solides soustraits aux actes normaux de la nutrition vitale. Cette explication nous semble de nature à satisfaire les gourmets qui estiment tant le gibier faisandé et ont peu de goût pour les microbes. Mais il n'en est pas moins vrai que l'on passe sans transition du faisandage à la vraie putréfaction, et l'on sait qu'*immédiatement après la mort* les microbes, qui pénètrent partout, s'emparent des tissus des animaux et commencent leur œuvre de destruction. Le faisandage n'est donc probablement que le premier degré de la fermentation putride.

M. A. Gautier a fait des expériences à ce sujet : pour lui le faisandage est bien dû à l'action des microbes et par conséquent des germes de l'air. En effet, les viandes mises dans des vases parfaitement scellés et bouchés et privés de germes à l'avance par des procédés convenables ne présentent, *au bout de six mois,* aucune odeur de faisandage, et sont aussi propres à l'alimentation que les viandes fraîches.

Quoi qu'il en soit, les viandes faisandées sont ordinairement sans danger, tandis que les viandes putréfiées peuvent causer de la diarrhée ou des affections plus graves. M. Davaine a montré, en effet, que la cuisson à 100 degrés ne suffit pas pour enlever au sang en décomposition ses propriétés septiques, car cette température tue bien les microbes, mais non leurs germes ou spores qui ne sont détruits que par une température plus élevée.

On a cru pendant longtemps que la putréfaction des cadavres et des matières albuminoïdes végétales ou animales abandonnées à l'air humide à une température de 15 à 30 degrés était due seulement à l'instabilité des combinaisons organiques qui, abandonnées à elles-mêmes, tendraient, sous l'influence de l'oxygène, à donner par des dédoublements et des oxydations successives des combinaisons plus stables. M. Pasteur a démontré qu'il s'agissait encore ici d'une véritable fermentation, c'est-à-dire d'une décomposition sous l'influence de l'activité vitale de certains microbes.

En général, les substances organiques d'origine animale abandonnées à l'air se recouvrent d'abord rapidement de moisissures, perdent de leur cohérence, donnent au bout de quelques jours des effluves fétides, et dégagent alors abondamment de l'acide carbonique, de l'azote, de l'hydrogène, des hydrogènes carboné, sulfuré et phosphoré, en même temps qu'elles fixent de l'oxygène de l'air. Les microbes qui se sont développés en même temps que les moisissures, pénètrent dans la profondeur des tissus et les désagrègent en se nourrissant à leurs dépens, et la putridité augmente ; puis la décomposition change de nature, diminue d'intensité, et la matière putréfiée finit par se dessécher en laissant une masse brune, mélange complexe de corps humiques (carbures d'hydrogène) et de substances grasses et minérales, qui peu à peu disparaissent elles-mêmes par une lente oxydation (A. Gautier).

Étudiant les phénomènes qui se passent au sein d'un liquide animal en voie de putréfaction, M. Pasteur a reconnu, par l'examen microscopique, qu'on y voit apparaître des microbes sous forme de globules ou de courts bâtonnets (*Micrococcus, Bacterium termo, Bacillus,* etc.), libres (fig. 61) ou englobés dans une masse semi-mucilagineuse à laquelle on avait donné d'abord un nom particulier (*zooglœa*) (fig. 62). Ces microbes privent rapidement le liquide de tout son oxygène. En même temps se forme à la surface une mince couche de mucédinées et de bactéries avides de ces gaz dont elles empêchent la pénétration dans les parties profondes du liquide.

A partir de ce moment, celui-ci devient le siège de deux actions bien distinctes. Aux globules libres et aux zooglées ont succédé dans l'intérieur du liquide des vibrions qui paraissent n'être qu'un état de transformation supérieure de ces globules. Ces microbes se multiplient, changent les matières albuminoïdes en substances plus simples : cellulose insoluble, corps gras, et matières

Fig. 61. — Bacilles de la putréfaction (d'après Rosenbach). Fort. gr.

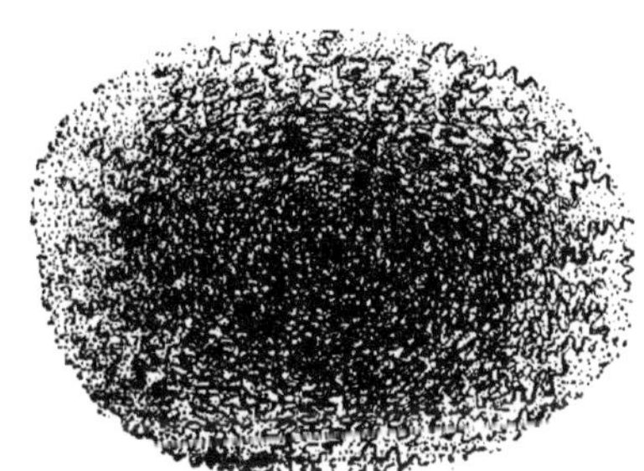

Fig. 62. — *Zooglæa* du *Spirillum tenue*.

gazeuses putrides, tandis que ceux de la surface comburent activement les produits de ces dédoublements et les transforment en acide carbonique, azote, composés oxygénés de l'azote, etc. On s'explique ainsi que lorsque l'oxygène n'est pas fourni en quantité suffisante, la putréfaction peut bien commencer, mais qu'elle languit et finit par s'arrêter.

La cause des odeurs fétides qui s'échappent des corps et des liquides en putréfaction est mal connue : on peut l'attribuer aux gaz (hydrogène carboné, phosphoré, sulfuré et composés ammoniacaux) qui se dégagent, et à l'entraînement de particules organiques en décomposition. On y rencontre en outre les acides formique, acétique, lactique, butyrique, valérianique, caproïque, généralement combinés à l'ammoniaque, et des acides gras qui sont l'un des termes des dédoublements successifs des matières albuminoïdes.

Quand les gaz se sont dégagés, il reste une substance comparable à l'*humus* ou terre végétale, riche en graisses, en sels terreux et ammoniacaux, en phosphates et en nitrates, et qui par conséquent constitue un engrais puissant très propre à servir à la nourriture des plantes.

C'est là, à la fois, le premier et le dernier terme de ce cercle sans fin, qui constitue l'équilibre de la nature, pour laquelle *rien ne se crée, rien ne se perd,* et qui veut que les plantes puisent dans le sol et dans l'air leur nourriture sous forme de solutions minérales, — que les plantes soient dévorées par les animaux ou par d'autres parasites, — puis que les animaux à leur tour soient dévorés par des végétaux microscopiques (microbes), et reviennent par la putréfaction à l'état de sels minéraux qui se dissoudront dans le sol et serviront de nouveau à la nutrition des plantes.

On ne peut s'empêcher en même temps d'être frappé de la ressemblance qui existe entre ces phénomènes de la fermentation putride et ceux qui se produisent dans les fermentations qui accompagnent la nutrition des animaux et des végétaux. La germination, les diverses digestions buccale, stomacale, intestinale, etc., ne sont que des fermentations, au point que paraphrasant une expression célèbre de la Bible (*et quia pulvis es et reverteris in pulverem* — « homme, tu n'es que poussière et tu retourneras en poussière »), M. Mitscherlich a pu dire : « La vie n'est qu'une pourriture. »

Rappelons cependant à ce sujet que les fermentations

sont essentiellement des phénomènes de dédoublement qui réduisent toujours les substances organiques complexes en substances plus simples. Les végétaux pourvus de chlorophylle au contraire possèdent seuls la propriété de former des composés complexes à l'aide de substances purement minérales ; les animaux et les végétaux sans chlorophylle défont, pour se nourrir, l'édifice complexe élaboré par les parties vertes des plantes, et celles-ci se comportent de la même manière, à leur propre profit, dans leurs organes dépourvus de chlorophylle, dans la graine et l'embryon par exemple.

IX

LES MICROBES AÉROBIES ET ANAÉROBIES

Nous avons vu que les microbes peuvent présenter aux différentes époques de leur existence, et suivant la nature du milieu où ils se trouvent, des formes très diverses. Ainsi le même organisme qui se montre d'abord sous forme de globules isolés (*Micrococcus*) ou réunis par une sorte d'enduit mucilagineux en colonies plus ou moins nombreuses (*Zooglœa*), redevenu libre, peut s'allonger en forme de *biscuit* ou de 8 de chiffre formé de deux cellules prêtes à se séparer, ou en contenir un plus grand nombre en forme de bâtonnet articulé droit (*Bacterium*), ou courbe, sinueux, et même spiralé (*Vibrio, Spirillum*, *Spirochœte*), mais toujours plus ou moins mobiles, ou bien former de longs filaments immobiles (*Bacillus*), etc.

Les mœurs et le genre de vie établissent aussi des

catégories bien tranchées parmi les microbes. Les uns ne peuvent vivre qu'en respirant l'oxygène *en nature,* et par conséquent en l'empruntant à l'air atmosphérique : on conçoit qu'ils ne puissent exister qu'*à la surface* des liquides, ou des substances organiques dont ils se nourrissent : on les appelle *aérobies* (qui vivent à l'air). Les autres, au contraire, peuvent vivre dans la profondeur des liquides et des organismes vivants ou en voie de décomposition, et doivent nécessairement alors emprun-

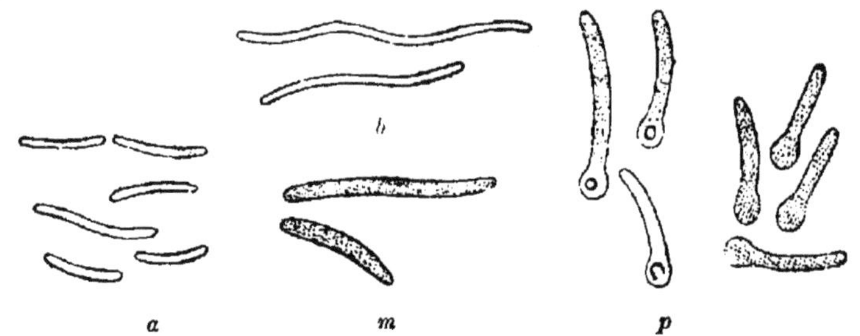

Fig. 63. — *Vibrio rugula* à divers état de développement (anaerobie). Fortement grossi.

ter l'oxygène nécessaire à leur respiration aux substances oxygénées au milieu desquelles ils se trouvent : on les appelle *anaérobies* (ou qui vivent sans air).

Cette distinction, et la théorie sur laquelle elle repose, ont été introduites dans la science par M. Pasteur, et semblent bien fondée sur l'observation des faits. Ainsi le *Bacterium termo,* qui vit à la surface des liquides en putréfaction, est aérobie, tandis que le *Vibrio rugula* (fig. 63) qui vit dans l'intérieur même du liquide, au-dessous de la couche formée par le précédent, est anaérobie et doit emprunter l'oxygène à l'eau ou aux substances solides qui s'y trouvent en suspension et en dissolution, et même à d'autres microbes. De même la levûre supérieure de bière est aérobie, tandis que la levûre inférieure est anaérobie, etc. M. Paul Bert considère les globules du sang et les cellules qui composent tous nos tissus comme de véritables *microbes anaérobies;* les mircobes qui s'introduisent dans le sang et sont la cause d'un certain nombre de maladies, le sont également : nous verrons bientôt les conséquences très importantes de ce fait qu'il était indispensable de signaler dès à présent.

X

LES MICROBES DES EAUX SULFUREUSES

La formation des eaux sulfureuses dont les sources sont si nombreuses dans les Pyrénées et sur d'autres points de la France, paraît due à la présence de petites algues de la famille des *Oscillatoriées* et des genres *Oscillaria* et *Beggiatoa* (fig. 64). Ces microbes ont les mêmes formes que ceux dont nous avons parlé dans les pages précédentes, mais ils contiennent de la chlorophylle et de plus une matière colorante bleue : on les range dans le groupe des *Cyanophycées*, qui contient, d'après M. Zopf, des espèces qui peuvent être tantôt vertes et tantôt incolores, comme les *Bacillus* et les *Leptothrix* dont elles se rapprochent par leur mode de reproduction.

D'après M. Louis Ollivier, ces algues réduisent les sulfates des eaux séléniteuses (chargées de sulfate de chaux) et transforment ce sulfate en sulfure. Elles accumulent même du soufre dans leurs cellules : lorsque le soufre leur est ainsi fourni en abondance, ces microbes sont très mobiles : dès que le soufre devient rare, elles deviennent moins mobiles et reconsomment le soufre qu'elles ont emmagasiné : elles finissent par devenir tout à fait immobiles, phénomène qui est concomitant de la formation des spores : on voit dans chaque cellule de l'algue filamenteuse une petite sphère brillante, réfringente, dont le développement est en raison inverse de la quantité de soufre constatée dans le liquide environnant. Ces spores deviennent libres sous formes de chapelets par la destruction de la membrane d'enveloppe, et ces

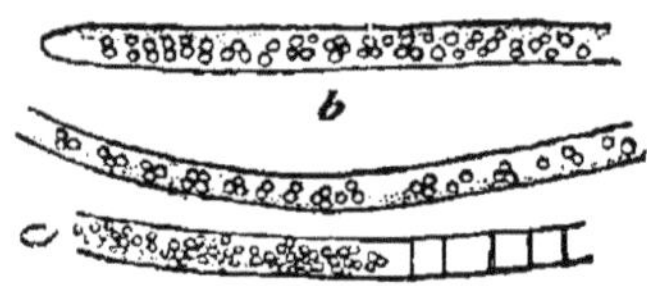

Fig. 64. — *Beggiatoa alba*, microbe des eaux sulfureuses (grossi).

chapelets ressemblent absolument à ceux du *Bacillus subtilis*.

M. Planchud est le premier qui ait eu l'idée de chercher un ferment spécial dans cette *glairine* ou *barégine* que l'on voit flotter à la surface des eaux sulfureuses. Il a montré qu'un gramme d'acide phénique par litre arrête la réduction des sulfates en sulfures, et que cette réduction recommence après l'évaporation de l'acide phénique ; 6 grammes par litre, au contraire, tuent complètement les *Sulfuraires* (*Sulfuraria*), — c'est le nom que M. Planchud donne à ces algues.

Cet observateur va plus loin : d'expériences qu'il a faites il croit pouvoir conclure que les mêmes algues peuvent réduire le gypse en soufre natif, et ce serait à l'activité de ce végétal microscopique que seraient dus les vastes dépôts de soufre que l'on trouve dans certaines régions et qu'on désigne sous le nom de *solfatares*. — Il est aujourd'hui bien établi, du reste, qu'une action chimique du même genre, la production du salpêtre, est le fait de microbes du même genre.

XI

LES MICROBES PRODUCTEURS DU SALPÊTRE

On sait que le *nitre* ou *salpêtre*, c'est-à-dire l'*azotate de potasse*, se produit dans les lieux humides où des matières animales en décomposition se trouvent en contact avec du carbonate de potasse. On le trouve mélangé à d'autres sels de chaux, de soude et de magnésie, dans les écuries, les bergeries, les caves, le voisinage des lieux d'aisance, le sol de certaines localités (Pérou et Chili). Son importance industrielle (dans la fabrication de la poudre, etc.) l'a fait recueillir dès longtemps : on le retirait autrefois des vieux plâtras des habitations ou des nitrières artificielles où l'on réunissait les conditions favorables à sa production. La production des azotates est le fait de l'oxydation lente de l'ammoniaque fournie par les déjections animales. On a cru pendant longtemps que cette oxydation était due simplement à l'influence des corps poreux tels que le sol, les pierres des murs : il se produit de l'acide azotique, puis des azotates de chaux, de potasse, etc.

On sait aujourd'hui, grâce aux recherches de MM. Boussingault, Schlœsing et d'autres, que ce phénomène de chimie organique est dû, comme beaucoup d'autres, à l'activité vitale d'une ou de plusieurs espèces de microbes dont on a constaté la présence constante dans les nitrières naturelles ou artificielles. Ces microbes sont aérobies, c'est-à-dire qu'ils ne vivent et ne fonctionnent qu'au contact de l'oxygène de l'air auquel ils empruntent les matériaux de l'oxydation qu'ils accomplissent. C'est donc là encore un nouvel exemple de *fermentation industrielle* effectuée par les microbes.

D'après MM. Gayon et Dupetit, à côté des microbes producteurs de nitre, il en existe d'autres qui décomposent les azotates que les premiers ont produit. L'azotate de potasse mis dans des liquides de culture : eau d'égout, bouillon de poule, etc., disparaît rapidement du fait des microbes. Dans de bonnes conditions de température et de milieu, les microbes en culture peuvent réduire 1 gramme d'azotate par litre et par jour : cette décomposition a lieu avec dégagement d'azote, formation d'ammoniaque et d'acide carbonique qui reste en dissolution sous forme de bicarbonate MM. Gayon et Dupetit pensent que ce fait peut donner l'explication de certains phénomènes chimiques qui se passent dans le sol sous l'influence des engrais et des eaux.

Ainsi le rôle des microbes apparaît chaque jour plus grand dans la nature par suite de nouvelles découvertes : l'agriculture, l'industrie, la géologie et la chimie doivent compter avec eux, car ils sont les agents actifs d'une foule de phénomènes physiques, chimiques et physiologiques mal expliqués jusqu'ici.

XII

LES MICROBES DESTRUCTEURS DES MATÉRIAUX DE CONSTRUCTION

Les microbes qui détruisent les cadavres et effectuent dans la nature un si grand nombre de transformations diverses, peuvent-ils s'attaquer non seulement aux bois de charpente de nos maisons, comme nous l'avons vu précédemment, mais encore aux matériaux de nature minérale, aux *pierres* qui entrent dans la composition de ces édifices ? Une observation de M. Parize, directeur de la station agronomique de Morlaix, pourrait le faire croire.

Examinant un jour quelques mucédinées qui avaient végété sur une cloison en briques, dans un local fermé, un peu humide, M. Parize remarqua que le revêtement en plâtre présentait des boursouflures : en perçant l'une d'elles, il en sortit une poussière rouge très fine provenant de la pulvérisation de la brique. Au microscope, sous un grossissement de 300 diamètres environ, il vit au milieu de débris schistoïdes, de diatomées et d'algues siliceuses provenant de l'argile primitive des briques, un nombre immense de microbes parfaitement *vivants : micrococcus,* bactéries, amibes et spores d'algues ciliées se mouvant rapidement dans la goutte d'eau qui avait servi à délayer cette poussière. Quelques-uns étaient en voie de bourgeonnement. Ces organismes existaient donc sous un revêtement de 5 à 6 millimètres de plâtre, et même à 30 millimètres au fond d'un trou percé au vilebrequin; mais, dans ce cas, ils étaient moins nombreux (dans la proportion de 100 au lieu de 150 dans le premier cas). Les germes et les spores de l'air et de l'eau peuvent donc se conserver indéfiniment dans un milieu protecteur tel qu'un mur de brique recouvert de plâtre : ils peuvent se nourrir aux dépens de sels ammoniacaux qui se trouvent à l'état gazeux dans l'air et qui sont fixés par l'humidité atmosphérique, et il est probable qu'ils n'empruntent que très peu de chose aux matériaux solides au milieu desquels ils vivent, bien que, par leur multiplication, ils puissent produire leur désagrégation. De là, surtout au point de vue hygiénique, l'utilité de la désinfection des murs des hôpitaux, des casernes, des écuries, etc., par le grattage et le blanchiment.

M. Parize croit en outre que les microbes peuvent jouer dans la nature un certain rôle géologique en désagrégeant les roches schistoïdes qui entrent dans la constitution du sol arable. Mais il s'agit toujours ici de microbes d'origine récente, puisque la température à laquelle on porte l'argile pour en faire des briques (le rouge sombre) tue très certainement tous les microbes et leurs germes. Il n'en est pas de même des microbes de la craie qui auraient une origine très ancienne d'après M. Béchamp.

XIII

LES MICROBES DE LA CRAIE ET DE LA HOUILLE

Les recherches de M. Béchamp tendraient à donner aux microbes, qu'il appelle *microzymas*, ou *petits ferments*, une existence presque indéfinie. On sait que la craie est formée presque entièrement des débris de la coquille calcaire des *Rhizopodes*, protozoaires ou animaux microscopiques qui vivaient en nombre incalculable dans les mers de l'époque secondaire, et qui vivent encore au fond des océans de l'époque actuelle. D'après M. Béchamp, il faut admettre que la matière organique de ces Rhizopodes, ou des microbes qui vivaient au milieu d'eux, est restée *vivante* dans la masse de la craie, car un morceau récemment taillé extrait de la carrière avec toutes les précautions voulues pour le mettre à l'abri des germes de l'air, est susceptible de fournir des microbes qui se multiplient rapidement dans un milieu convenable et produisent des fermentations diverses. Nous avons déjà vu que les germes des bactéries résistent à la sécheresse, à la chaleur, aux influences destructives les plus diverses et peuvent rester sous forme de *spores dormantes* un temps très long et même plusieurs années. Mais l'existence de spores du même genre dans la craie de l'époque secondaire indique une vitalité bien plus surprenante encore. Cependant elle n'aura rien d'inexplicable si l'on suppose que ces microbes ont pu avoir dans la suite des temps des périodes successives d'activité et de repos, et si l'on rapproche ces faits de ceux que présentent les microbes du salpêtre, ceux des eaux minérales, et de ce que nous avons dit des microbes anaérobies qui vivent parfaitement loin de l'oxygène de l'air.

M. Béchamp a été le premier à signaler dans la houille la présence de granulations qui présentent au microscope l'apparence de microbes. Ces microbes seraient beaucoup plus anciens encore que ceux de la craie, mais ils ont perdu toute vitalité : il a été impossible de les faire évoluer dans les liquides de culture et d'en obtenir des fermentations. Mais il n'en a pas toujours été ainsi, et l'on a pu supposer que le phénomène encore si mal connu et si diversement expliqué de la formation de la houille était dû, au moins en partie, au travail physiologique de ces microbes, et rentrait par conséquent dans la classe des fermentations.

XIV

LES MICROBES CHROMOGÈNES

A côté des microbes incolores, tels que sont la plupart de ceux qui nous ont occupé jusqu'ici, il en est d'autres qui sont très remarquables par les couleurs vives et variées dont ils se parent et qui trahissent leur présence aux yeux les moins exercés. Beaucoup de ces microbes attaquent nos matières alimentaires, et à ce titre ils doivent être connus de l'industriel et de l'hygiéniste, car leur action sur l'économie est loin d'être sans danger.

Beaucoup de phénomènes qui ont frappé l'imagination de populations ignorantes et crédules ne sont dus qu'à la présence de ces microbes colorés. En 1819, un cultivateur de Liguara, près Padoue, aperçut avec terreur des taches de sang éparses sur de la bouillie de maïs faite de la veille et renfermée dans son buffet. Le lendemain, des taches semblables apparurent sur le pain, la viande et toutes les matières alimentaires qui se trouvaient dans ce même buffet. On crut naturellement à un miracle, à un avertissement du ciel, jusqu'au moment où l'on se décida à soumettre la cause du prodige à un naturaliste de Padoue, qui y reconnut facilement la présence d'un végétal microscopique qu'Ehremberg retrouva dans des circonstances analogues à Berlin en 1848 et qu'il nomme *Monas prodigiosa*. Tous les microbes à cette époque étaient confondus dans le genre *Monade*. C'est pour les modernes le *Micrococcus prodigiosus*. On l'a vu non seulement sur le pain, mais encore sur des hosties, du lait, de la colle, et en général sur toutes les substances alimentaires ou farineuses exposées à la chaleur humide.

D'après M. Rabenhorst, qui l'a étudié récemment, ce microbe serait très polymorphe et aurait reçu une foule de noms différents : *Palmella mirifica, Zoogalactina imetropha, Bacterium prodigiosum,* qui ne sont que des variétés du *Micrococcus prodigiosus* se modifiant suivant le milieu qui lui sert de support et de nourriture. Cet observateur l'a vu apparaître dans une cave sur de la viande cuite : les cellules sphériques du végétal se montraient au microscope remplies d'une huile rougeâtre qui leur donnait la couleur *fleur de pêcher :* transporté sur de la viande crue, il prit une couleur de fuchsine magnifique imitant des taches de sang. Ce végétal ne se développe que dans l'obscurité, et l'azote nécessaire à sa nourriture doit être emprunté à l'air, surtout quand il se développe sur des matières qui en contiennent peu, comme le pain, les hosties, etc.

Les *pluies de sang* sont également dues à la présence d'un petit végétal qui ne diffère probablement pas de celui qui colore souvent en rouge, à l'automne, les étangs et les bassins de nos jardins. Cette algue microscopique paraît être celle qu'Ehremberg découvrit

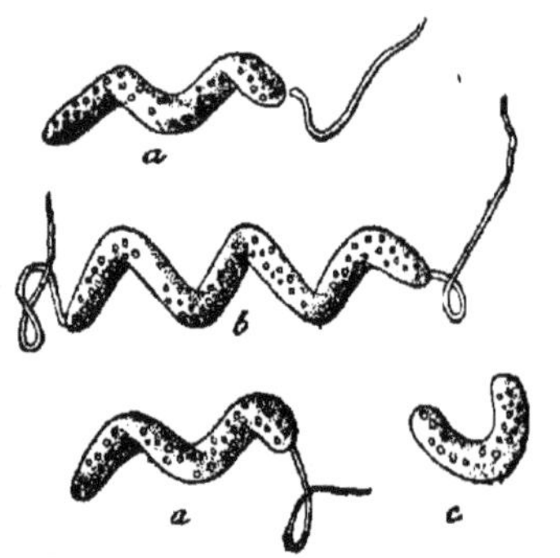

Fig. 65. — *Ophidomonas sanguinea* des eaux stagnantes (à un faible grossissement).

Fig. 66. — *Protococcus nivalis* de la *neige sanglante* (grossi).

en 1836 dans un ruisseau près d'Iéna, et qu'il nomma *Ophidomonas jenensis* ou *sanguinea* (fig. 65). En raison de sa forme, on la range aujourd'hui dans le genre *Spirillum*. Comme beaucoup d'autres végétaux, elle passe facilement du vert au rouge : lorsque l'on voit pendant l'été l'eau de nos bassins couverte d'une végétation verte, personne ne songe à s'en étonner, tant le fait est ordinaire et commun; mais lorsque cette couleur change, souvent en une seule nuit, et passe du vert au rouge, on ne peut s'empêcher d'être surpris de cette teinte inaccoutumée : elle est causée cependant par le même végétal que l'on avait vu *vert* la veille. Qu'un orage se produise et qu'une trombe vienne à pomper l'eau de ces bassins ou de ces étangs teintés en rouge, et à la déverser, comme cela s'observe quelquefois, sous forme de pluie, à une distance plus ou moins grande, on aura le phénomène de la *pluie de sang,* et il sera facile de retrouver dans les gouttes de pluie le microbe rougeâtre qui lui communique cette couleur.

Dans les régions du Nord, la neige est souvent *teinte*

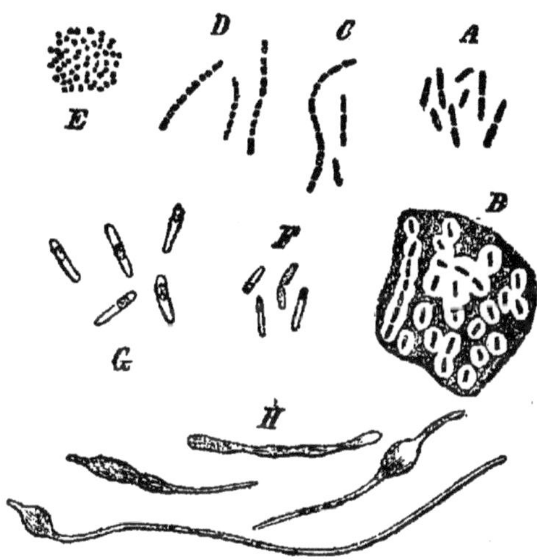

Fig. 67. — *Bacterium cyanogenum*, microbe du lait bleu (d'après Neelsen); il est probable que plusieurs formes différentes sont ici confondues sous ce nom : *B*, zooglée.

de sang par un *Micrococcus* analogue et qui présente le même passage du vert au rouge (fig. 66) : on trouve, en effet, à quelques pas de cette neige sanglante, de la neige teinte en vert, qui, examinée au microscope, montre de petits globules verts, ne différant que par la couleur des globules que l'on trouve dans la neige teinte en rouge.

La variété des couleurs de ces microbes est extrême :

le *Micrococcus aurantiacus* colore en jaune orange le pain et les œufs ; le *M. chlorinus* est d'un vert d'herbe, le *M. cyanus* d'un bleu d'azur magnifique, le *M. violaceus,* violet ou lilas, et le *M. fulvus* a la couleur de la rouille : tous peuvent s'observer sur nos divers aliments. Le *M. candidus* forme sur le fromage de petits tas blanchâtres.

Le genre *Bacterium* fournit aussi son contingent d'espèces colorées : tels sont les *B. xanthinum* et *B. cyanogenum* qui colorent le lait en jaune ou en bleu (fig. 67). Les paysans disent qu'on *a jeté un sort* sur le lait ; mais il est facile de prouver que le développement de ces microbes tient à un lavage insuffisant des vases de fer-blanc où l'on met le lait, car on fait disparaître la coloration en prenant des soins de propreté plus minutieux, en passant les vases à la lessive et à l'eau bouillante.

Le pain présente souvent des végétations microscopiques d'un vert foncé ou d'un jaune orange qui ne peuvent être introduites sans danger dans l'estomac. Dans le premier cas, c'est le *Bacterium æruginosum;* dans le second, le *Micrococcus aurantiacus.* Le pain mal fait et mal cuit de nos cultivateurs, que l'on ne mange souvent que quinze jours et plus après la cuisson, et qui reste pendant ce temps exposé à l'humidité et à la chaleur qui favorisent le développement des microbes, présente souvent la première de ces altérations ; la seconde s'observe surtout sur le pain de troupe, que l'on est obligé de cuire également plusieurs jours à l'avance et de transporter dans des voitures où il est exposé à toutes les intempéries des saisons : M. P. Mégnin a signalé récemment une végétation cryptogamique de ce genre sur du pain qui avait été distribué à la garnison de Vincennes.

Les spores de ces microbes se trouvent dans la farine et résistent à une température de 120 degrés, bien qu'elles périssent à 140 degrés, de sorte que si elles sont détruites dans la croûte dont la température atteint 200 degrés (Payen), elles peuvent très bien résister dans la mie dont la température est beaucoup moins élevée. De là la nécessité de n'employer que des farines parfaitement pures de tous germes.

Le pus des plaies est souvent coloré en bleu par un *micrococcus* aérobie, dont le protoplasma est incolore, mais qui fabrique une matière colorante appelée *pyocyanine* teignant en bleu les linges et la charpie du pansement.

XV

LE MICROBE DE LA CALVITIE

En outre des nombreux champignons parasites du cuir chevelu que nous avons signalés précédemment, les cheveux de l'homme sont attaqués par un véritable microbe qui, d'après les recherches de MM. Gruby, Malassez et George Thin, serait la cause de l'*Alopecia areata,* une des formes de la calvitie. Le parasite a l'apparence d'un *micrococcus,* et pénètre dans l'intérieur même du cheveu qui est creux comme on sait; on ne le voit bien au microscope qu'en rendant le poil transparent par la potasse. Il est probable qu'il pénètre entre le bulbe et le follicule pileux jusqu'à la racine, s'introduit dans le poil et s'y multiplie en remontant peu à peu et désorganisant la substance du cheveu. On a donné à ce microbe le nom de *Bacterium decalvans.*

CHAPITRE IV

LES MICROBES DES MALADIES DE NOS ANIMAUX DOMESTIQUES

I

LE CHARBON OU SANG DE RATE

La première des maladies virulentes et contagieuses dans laquelle on ait reconnu, avec certitude, la présence d'un microbe, est le *charbon* ou *sang de rate* qui attaque la plupart de nos bêtes à cornes, notamment les bœufs et les moutons.

Déjà en 1850, M. Davaine avait signalé dans le sang des animaux morts du charbon la présence de petits bâtonnets; mais ce n'est qu'en 1863, après les premiers travaux de M. Pasteur sur le rôle des microbes dans les fermentations, que M. Davaine soupçonna que ces bâtonnets pouvaient bien être la cause même de la maladie : il inocula du sang charbonneux, et constata ainsi que ce sang, même à très petite dose, reproduisait la maladie au point de provoquer la mort, et les bâtonnets, auxquels il donna le nom de *Bactéridie,* se retrouvaient toujours en quantité prodigieuse dans le sang.

Le microbe auquel M. Davaine avait donné le nom de bactéridie rentre par ses caractères dans le genre *Bacillus :* on le désigne aujourd'hui sous le nom de *Bacillus anthracis* ou *Bacille du charbon* (fig. 68, 69). L'affection, qui peut se rencontrer chez l'homme comme chez les animaux, est caractérisée par l'abattement général, la rougeur et la congestion des yeux, la respiration courte et inégale, la formation d'abcès qui, chez

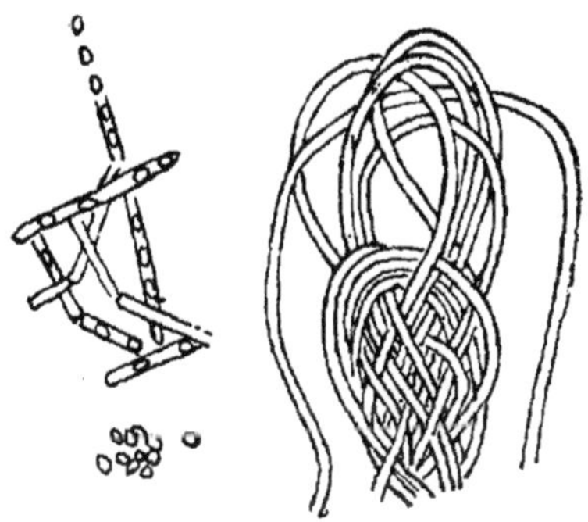

Fig. 68. — Bacille du *charbon* ou *sang de rate* à divers états de développement; bacilles, spores et filaments enroulés (fortement grossi).

l'homme, ont valu à la maladie le nom de *Pustule maligne*. La mort arrive très rapidement, et à l'autopsie on trouve le sang noir, des hémorrhagies intestinales, et la rate plus grosse et plus pesante qu'à l'état normal et comme gorgée de sang, d'où le nom de *sang de rate*. L'affection est généralement inoculée par la piqûre de mouches qui ont absorbé des bactéries en se posant sur les cadavres ou bien par des écorchures accidentelles comme c'est souvent le cas chez les équarrisseurs et les bouchers qui manient et brisent les os des animaux morts du charbon.

L'incubation est très courte. On voit souvent un bœuf,

après avoir travaillé, rentrer à l'étable avec toutes les apparences de la bonne santé. Il mange comme à l'ordinaire, puis se couche sur le flanc et souffle bruyamment, l'œil restant limpide; subitement la tête retombe lourdement; le corps se refroidit; au bout d'une heure l'œil devient fixe : l'animal se relève dans un dernier effort, puis tombe raide mort. La maladie n'a pas duré, dans ce cas, plus d'une heure et demie (L. Empis).

Pour montrer que la maladie est bien causée par le

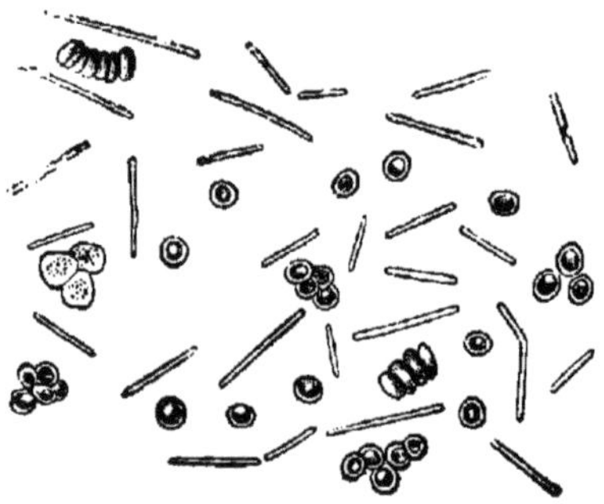

Fig. 69. — Bacilles du *charbon* dans le sang d'un cochon d'Inde, à la suite d'une inoculation : on voit les globules du sang et les bacilles.

Bacillus anthracis, M. Pasteur sema une très petite goutte de sang d'un animal récemment mort du charbon dans un ballon de verre contenant du bouillon de levûre neutralisé par la potasse et préalablement stérilisé de tous les germes. En vingt-quatre heures, le liquide qui était limpide se montra rempli de flocons très légers fournis par des masses de *Bacillus* bien reconnaissables au microscope. Une goutte de ce premier ballon ensemença un second qui se comporta comme le premier; puis une goutte de celui-ci un troisième, et ainsi de suite. Il ne restait ainsi que l'organisme parfaitement débarrassé de tout ce qui lui était étranger dans le sang primitif, car on a calculé qu'après 8 ou 10 cultures semblables, la goutte de sang se trouvait diluée dans un volume de liquide plus grand que le volume de la terre (Chamberland). Or la dixième, la vingtième, la cinquantième culture inoculée à la dose d'une goutte sous la peau d'un mouton amenait la mort par le charbon, avec les mêmes symptômes et les mêmes lésions que la goutte de sang primitive. Le *Bacillus* seul était donc bien la cause de la maladie.

Ces cultures qui ont souvent été répétées depuis par de nombreux observateurs, permettent d'étudier le microbe sous toutes ses formes, et de constater combien il est polymorphe. Au bout de deux jours, la bactérie qui, dans le sang, était courte et cassée, présente des filaments excessivement longs, ou quelquefois même enroulés comme des paquets de cordes. Au bout de huit jours environ, beaucoup de filaments sont remplis de noyaux réfringents, un peu allongés ; bientôt ces noyaux forment des chapelets par suite de la rupture de l'enveloppe du bâtonnet qui leur a donné naissance ; d'autres enfin flottent dans le liquide sous forme de globules isolés. Ces noyaux sont les spores, ou germes du microbe, qui placés dans du bouillon germent, s'allongent et reproduisent de nouveaux bacilles.

Ces spores sont beaucoup plus résistantes que le microbe lui-même. Celui-ci est tué par une température de 60 degrés, par la dessiccation, le vide, l'acide carbonique, l'alcool, l'oxygène comprimé. Les spores, au contraire, résistent à la dessiccation, de sorte qu'elles peuvent flotter dans l'air sous forme de poussière. Elles résistent à une température de 90 à 95 degrés, à l'action du vide, de l'acide carbonique, de l'alcool, de l'oxygène comprimé.

D'où vient que la maladie est si commune dans certaines contrées, sans qu'on puisse invoquer pour cause la piqûre des mouches? En 1873, M. Pasteur, secondé par MM. Chamberland et Roux, entreprit des expériences en vue de découvrir cette cause, dans une ferme des environs de Chartres. On donna à manger à des moutons de l'herbe sur laquelle on avait répandu des germes de bactéridies. Un certain nombre de moutons moururent du charbon; les ganglions et les tissus de l'arrière-gorge étaient surtout tuméfiés comme si l'inoculation s'était faite par les premières voies digestives, et par le moyen de petites plaies siégeant à la surface des muqueuses de la bouche. Pour vérifier le fait, on donna à manger aux moutons des herbes mélangées de chardons, de barbes d'orge et de blé ou d'autres corps piquants, et la mortalité en fut sensiblement augmentée.

Mais où se trouvent, dans la maladie spontanée, les germes charbonneux que les expérimentateurs avaient ici mêlés artificiellement aux aliments? On devait supposer qu'ils existaient dans la terre, et surtout dans le voisinage des fosses où l'on avait enfoui des animaux morts du charbon. On reconnut en effet que ces germes existent au-dessus et autour des cadavres charbonneux, mais qu'ils manquent à une certaine distance des fosses. Il est vrai que la fermentation putride détruit la plupart des bactéries, mais auparavant les gaz qui se dégagent du cadavre en font sortir un certain nombre de microbes qui se dessèchent, produisent des germes, et ceux-ci peuvent rester vivants pendant longtemps dans le sol.

Le mécanisme par lequel ces germes sont ramenés à la surface du sol et jusque sur les herbes dont les moutons se nourrissent, est des plus simples, mais en même temps des plus remarquables. On sait que les vers de terre recherchent de préférence les sols riches en humus, c'est-à-dire en substance organique en décomposition : ils vont chercher leur nourriture autour du cadavre, avalent la terre qui renferme les germes dont nous avons parlé, et la déposent à la surface, après qu'elle a traversé leur canal intestinal, sous forme de tortillons que tout le monde connaît. Les germes n'ont pas perdu leur virulence en traversant l'intestin du vers, et si le mouton les avale avec l'herbe qu'il broute, il pourra contracter la maladie. Les labours peuvent produire le même effet.

Une certaine température est nécessaire pour que les germes se forment : il ne s'en produit pas au-dessous de 12 degrés, et les cadavres enterrés en hiver sont par conséquent moins dangereux que ceux enfouis au printemps et en été : c'est dans cette saison, en effet, que le charbon est surtout fréquent. Cependant les animaux peuvent le contracter même à l'étable en mangeant des fourrages secs mais porteurs de germes de bactéries charbonneuses.

Une expérience faite par M. Pasteur et ses élèves, en 1879, dans le Jura, montre bien que la présence des germes au-dessus des fosses où l'on a enfoui des cadavres, est la principale cause de l'inoculation. Une vingtaine de bœufs ou vaches avaient péri, et plusieurs étaient enfouis dans une prairie où l'on constatait facilement la présence des germes charbonneux sur les fosses. On entoura trois d'entre elles d'un enclos dans l'intérieur duquel on fit parquer quatre moutons. D'autres moutons témoins étaient parqués à quelques mètres des premiers, mais dans des endroits où l'on n'avait pas enfoui d'animaux charbonneux. Au bout de quinze jours, trois des animaux parqués sur les fosses étaient morts du charbon, tandis que tous les moutons témoins continuaient à se bien porter. Ce résultat parle par lui-même.

La pustule maligne, qui n'est autre que le charbon, atteint les bergers, les bouchers, les tanneurs qui manient des viandes ou des peaux d'animaux charbonneux : l'inoculation du *Bacillus* a lieu presque toujours par une blessure ou une écorchure aux mains ou au visage. En Allemagne, on a signalé des cas de mort par le charbon interne, c'est-à-dire dont la voie d'entrée a été la bouche ou le poumon, comme pour les moutons des expériences de M. Pasteur. Cependant l'homme semble moins apte à contracter la maladie que les herbivores, puisque, dans les fermes, on mange souvent la viande des animaux atteints de charbon, et que l'on a sacrifiés alors que le microbe était déjà très développé dans le sang. Peut-être que dans ce cas l'habitude qu'on nos paysans de ne manger que des viandes qui seraient à nos yeux *beaucoup trop cuites*, constitue le principal préservatif en tuant à la fois les bactéries et leurs germes.

II

LA VACCINATION CHARBONNEUSE

La rapidité avec laquelle le charbon se propage à la suite de l'inoculation, rend trop souvent toute espèce de traitement inutile : cependant, lorsque l'on peut reconnaître immédiatement la plaie par laquelle le microbe s'introduit, il faut la cautériser le plus vite possible. Ce moyen réussit assez souvent chez l'homme : on cautérise la pustule au fer rouge, ou bien au bichlorure de mercure et à l'acide thymique, qui sont deux antiseptiques puissants détruisant sûrement la bactéridie. Comme mesure hygiénique, il faut détruire les cadavres charbonneux par le feu, et dans tous les cas les enfouir plus profondément qu'on ne le fait généralement.

Mais le moyen préservatif sur lequel on compte le plus aujourd'hui est la *vaccination* au moyen du virus charbonneux lui-même. M. Pasteur a reconnu que lorsqu'on inocule les animaux avec un liquide de culture contenant des bactéridies dont la virulence a été atténuée par cette culture même poussée jusqu'à la dixième génération, ou plus loin encore, ces animaux ne meurent plus : ils sont malades, il est vrai, mais peu gravement en général, et ce qui est le résultat le plus important de cette pratique, c'est qu'ils sont désormais à l'abri d'une nouvelle atteinte de la maladie : en un mot, ils sont *vaccinés* contre le charbon.

Dans les cultures destinées à obtenir l'atténuation du microbe, c'est l'action de l'oxygène de l'air qui rend la bactéridie moins virulente. Il est nécessaire d'agir à la température de 42 à 43 degrés, quand il s'agit du *Bacillus anthracis*, afin de permettre sa multiplication tout en l'empêchant de produire des germes qui rendraient le liquide trop actif. Au bout de huit jours, le liquide de culture, qui à l'origine tuait 10 moutons sur 10, n'en tue plus que 4 ou 5 ; après 10 ou 12 jours, il n'en tue plus du tout : la maladie est absolument bénigne comme la vaccine humaine dont nous parlerons plus loin. Les bactéridies, une fois atténuées, peuvent être cultivées à une température plus basse (30 à 35 degrés), et ne donnent plus que des germes ayant la même force atténuée que les filaments qui les ont formées (Chamberland).

Le vaccin ainsi obtenu dans le laboratoire de M. Pasteur est aujourd'hui expédié dans le monde entier, et a déjà sauvé de nombreux troupeaux d'une destruction presque certaine. Bien que ce procédé ne soit connu que depuis deux ou trois ans, il a déjà donné de tels résultats que l'on peut estimer à *plusieurs millions* l'économie qu'il a réalisée au profit de l'agriculture.

M. Toussaint emploie, pour préparer un virus-vaccin analogue à celui dont se sert M. Pasteur, un procédé un peu différent. Il porte le sang d'un animal charbonneux à une température de 50 degrés, et le transforme ainsi en vaccin. M. Chauveau avait déjà démontré que la température élevée est le principal agent de l'atténuation et que l'action de l'oxygène de l'air est nulle ou de peu d'importance.

Plus récemment, MM. Chamberland et Roux ont fait des recherches dans le but d'obtenir un vaccin semblable en atténuant le virus primitif par le moyen des substances antiseptiques. Ils ont constaté qu'une solution d'acide phénique au $\frac{1}{600}$ tue les microbes du charbon, tandis qu'ils peuvent vivre et pulluler dans une solution au $\frac{1}{900}$, mais cependant sans donner de germes, et leur virulence s'atténue. Quand la solution au $\frac{1}{600}$ est additionnée d'un bouillon nutritif, le microbe peut également y vivre et y végéter pendant des mois. La condition de l'atténuation étant avant tout *l'absence de germes*, cette condition semble bien réalisée par la culture dans une solution phéniquée au $\frac{1}{900}$, et il est probable que l'on obtiendra ainsi une nouvelle forme de vaccin charbonneux. L'acide sulfurique étendu donne des résultats analogues.

Quoi qu'il en soit, le vaccin préparé par le procédé Pasteur est le seul qui ait encore été expérimenté en grand et qui ait donné des résultats certains aux éleveurs.

Des expériences publiques faites devant des commissions composées des hommes les plus compétents ont démontré, de la façon la plus éclatante, la réalité de son action préservative. Dans l'été de 1881, grâce à l'initiative de la Société d'agriculture de Melun, 25 moutons et 8 vaches ou bœufs furent vaccinés, à Pouilly-le-Fort, puis réinoculés avec du sang provenant d'animaux récemment morts du charbon, en même temps que 25 moutons témoins et 5 vaches non vaccinées. Tous les animaux vaccinés n'éprouvèrent aucun mal, tandis que les 25 moutons témoins périrent en 48 heures, et les 5 vaches furent si malades que les vétérinaires les considérèrent pendant plusieurs jours comme perdues.

L'expérience fut répétée publiquement en septembre 1881 par Thuillier, le regretté collaborateur de M. Pasteur, devant les représentants du gouvernement d'Autriche-Hongrie, puis en 1882, près de Berlin, devant ceux du gouvernement allemand, et toujours avec le même succès. Au mois d'avril 1882, plus de 130,000 moutons et 2,000 bœufs ou vaches avaient été vaccinés, et depuis cette époque les demandes de vaccin affluent de tous côtés au laboratoire de M. Pasteur.

III

LE CHOLÉRA DES POULES

La maladie des oiseaux de basse-cour que l'on désigne vulgairement sous le nom de *choléra,* est causée par la présence dans le sang d'un petit *Micrococcus* ou Bactérie en forme de 8 de chiffre, très différent par conséquent du *Bacillus anthracis*, mais comme lui *aérobie.* On peut le cultiver dans du bouillon de poule neutralisé par la potasse, tandis qu'il meurt rapidement dans le bouillon de levûre qui convient si bien au bacille du charbon.

On peut aussi atténuer par la culture le microbe de cette maladie, et l'on y arrive même plus facilement que pour le charbon, attendu qu'il n'est pas besoin d'élever la température comme pour ce dernier, la bactérie du choléra des poules ne donnant pas de germes dans les cultures. M. Pasteur a pu préparer ainsi un virus-vaccin très convenable pour mettre les poules à l'abri des atteintes ultérieures de cette maladie.

IV

LE ROUGET DES PORCS

La maladie désignée dans le midi de la France sous le nom de *Rouget, Rouge* ou *Mal rouge* des porcs a été récemment étudiée par M. H. J. Detmers aux États-Unis, où elle sévit également, et par M. Pasteur dans le département du Vaucluse : c'est une sorte de *pneumo-entérite.*

Cette maladie serait causée, d'après eux, par un microbe très ténu, en forme de 8 de chiffre comme celui du choléra des poules, mais plus petit. — Pour d'autres, c'est un *Bacillus* que le Dr Klein a rencontré, chez les porcs atteints de cette affection, dès l'année 1878. Malgré

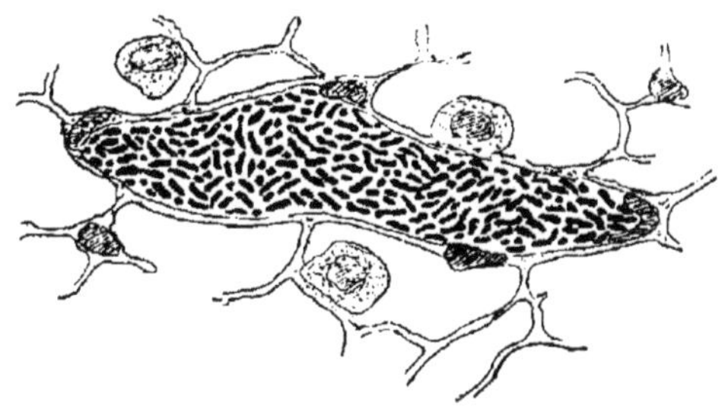

Fig. 70. — *Rouget* du porc : coupe d'un ganglion lymphatique montrant un vaisseau sanguin rempli de microbes (fortement grossi). (D'après Klein).

la contradiction qui paraît exister entre ces divers travaux, il est probable qu'il n'y a là que deux formes d'un même microbe, car dans les cultures de Klein son bacille ressemble d'abord au *Bacterium termo* (en 8), avant de s'allonger en bâtonnets.

M. Pasteur a pu faire des cultures du microbe en 8 de chiffre. Il a réussi à l'inoculer sous une forme bénigne, et l'animal s'est montré ensuite réfractaire à la maladie mortelle. On peut donc espérer que, dans un avenir prochain, ce nouveau vaccin, — le microbe atténué, — deviendra la sauvegarde des porcheries.

V

DE QUELQUES AUTRES MALADIES PROPRES AUX ANIMAUX DOMESTIQUES

On a désigné sous le nom de *fièvre typhoïde des chevaux* une épizootie qui a sévi particulièrement à Paris en 1881, et qui a fait perdre à la Compagnie générale des omnibus plus de 1,500 chevaux. Cette maladie est aussi produite par un microbe que M. Pasteur a pu inoculer à d'autres animaux (lapins), en se servant de la sérosité écumeuse sortant des naseaux des chevaux atteints de cette affection. Les lapins moururent avec tous les symptômes et les lésions qui caractérisent la maladie.

L'atténuation de ce microbe par la culture est très difficile à obtenir, l'action de l'air le tuant brusquement au bout d'un certain temps. M. Pasteur est cependant arrivé à ce résultat en usant d'un artifice : quand le liquide de culture se montre stérile par suite de la mort du microbe, il reprend, comme culture mère d'une nouvelle série de cultures quotidiennes, la culture faite la veille de la mort de la première culture mère. Il a pu ainsi obtenir un véritable vaccin qui a réussi dans les inoculations sur les lapins, et il n'est pas douteux que le même résultat ne puisse être obtenu sur les chevaux.

Il existe encore chez les animaux domestiques un grand nombre d'autres affections contagieuses qui sont probablement des maladies à microbes : telle est la *péripneumonie* des bêtes à cornes. Il est même probable que cette maladie est une des premières chez lesquelles on ait essayé l'inoculation comme moyen préservatif, suivant la méthode de Wilhelm (de Hasselt). Cette méthode consiste à faire sous la queue une incision avec un scalpel couvert de mucus purulent ou de sang pris dans le poumon d'un animal mort de cette affection : d'autres fois on emploie la sérosité prise dans l'incision faite à la partie tuméfiée de la queue d'un animal inoculé quelques jours auparavant. — Il en résulte de la fièvre, de la perte d'appétit pendant 8 à 25 jours, mais l'animal est désormais préservé contre toute atteinte de la maladie.

La *peste bovine* ou typhus contagieux des bêtes à cornes est également attribuée à la présence d'un microbe encore mal connu.

La *septicémie expérimentale* mérite une mention spéciale, car elle a été trop souvent confondue avec le *sang*

Fig. 71. — *Vibrion septique* (bacille de l'œdème malin), d'après Koch *a*, provenant de la rate du cochon d'Inde ; *b*, du poumon d'une souris.

de rate et on l'a provoquée maladroitement en croyant vacciner des animaux suivant le procédé de M. Pasteur : cet accident arrive *lorsqu'on attend trop longtemps* (24 heures) *après la mort de l'animal pour lui prendre le sang destiné aux cultures vaccinales*. A ce moment, le sang ne contient plus le *Bacillus anthracis*, mais à la place un autre microbe qui est le *Vibrio septicus* (fig. 71), bien différent par sa forme, ses mœurs et ses propriétés, du microbe du charbon. Celui-ci est droit, immobile : le vibrion septique est sinueux, contourné et mobile. De plus, il ne peut vivre au contact de l'air, il est *anaérobie*, mais il vit parfaitement dans le vide ou dans l'acide carbonique : le *Bacillus anthracis* étant au contraire *aérobie*, on conçoit facilement pourquoi les deux microbes ne peuvent jamais exister simultanément dans le sang ou dans un même liquide de culture.

L'inoculation de ce nouveau microbe n'en est pas moins mortelle ; elle agit même plus rapidement que celle du charbon ; mais les lésions sont différentes, la rate est normale tandis que le foie est décoloré.

Le vibrion septique n'existe qu'en très petite quantité dans le sang, de sorte qu'il a pu échapper à beaucoup d'observateurs. Par contre, on le trouve en nombre immense dans les muscles, la sérosité des intestins, et d'autres organes. Il est très commun dans l'intestin, et il est probable que c'est lui qui commence la putréfaction cadavérique.

VI

LA RAGE

La rage est une maladie du chien, qui malheureusement se communique, par la morsure et l'inoculation de la salive, à l'homme et aux autres animaux domestiques. On ne connaît pas d'une façon précise le microbe qui est la cause de cette maladie, mais les recherches de M. Pasteur, qui sont toutes récentes, ont déjà fait faire un grand pas à l'histoire encore trop obscure de cette maladie.

Disons d'abord qu'il ne faut pas confondre avec le microbe *hypothétique* de la rage (que personne n'a encore vu), le *microbe de la salive* de l'homme dont nous dirons quelques mots dans le chapitre suivant, et qui se trouve dans la bouche *même des personnes en bonne santé*.

Voici les conclusions auxquelles M. Pasteur est arrivé à la suite de ses recherches sur le virus rabique :

Dans la salive des animaux et des hommes atteints de la rage, le virus rabique se trouvant associé à des microbes divers, l'inoculation de cette salive peut donner lieu à trois genres de mort : la mort par le *microbe de la salive;* la mort par développement exagéré du pus; enfin la mort par la rage.

Le cerveau et, plus particulièrement, le *bulbe rachidien* des personnes et des animaux morts de la rage est toujours virulent jusqu'à ce que la putréfaction l'ait envahi. Il en est de même de la moelle épinière. Le virus se localise donc essentiellement sur les centres nerveux.

On développe la rage rapidement et sûrement en inoculant de la salive ou du sang rabiques à la surface du cerveau, dans la cavité arachnoïdienne, au moyen d'une trépanation des os du crâne. On supprime ainsi la longue incubation qui suit la simple inoculation dans le sang d'un point quelconque du corps par une morsure ou par injection intra-veineuse. Il est probable que dans ce cas c'est la moelle qui est la première atteinte par le virus introduit dans le sang, qui se fixe et se multiplie dans ses tissus.

En règle générale, l'inoculation non suivie de mort ne préserve pas d'une nouvelle atteinte. Cependant un chien, inoculé en 1881, après avoir eu les premiers symptômes de la maladie dont tous les autres sont morts, non seulement a guéri, mais encore, réinoculé en 1882, à deux reprises, par trépanation, n'a pu prendre la rage. Actuellement M. Pasteur possède quatre chiens qui sont tout à fait garantis contre la rage, quel que soit le mode d'inoculation et l'intensité de la virulence de la matière rabique. Tous les chiens témoins, inoculés en même temps, meurent au contraire de la rage. Plus récemment (1884), M. Pasteur a trouvé le moyen d'atténuer ce virus. Pour cela, il inocule un fragment de cervelle d'un chien enragé dans le cerveau d'un lapin, fait passer le virus provenant du lapin par l'organisme du singe où il s'atténue et devient un vaccin pour le chien qui est préservé. Il y a donc là déjà un premier pas dans la voie de l'extinction de cette cruelle maladie.

VII

LA MORVE

Voici encore une maladie qui est très facilement transmissible du cheval à l'homme. La *morve* ou *farcin* est causée par la présence d'une bactérie signalée dès 1868 par MM. Christot et Kiener, et qui a été récemment étudiée par MM. Schütz et Loefler, de Berlin. Ce microbe se présente sous forme de bâtonnets très fins (*Bacillus*) dans le poumon, le foie, la rate, les fosses nasales. Babès et Havas l'ont trouvé chez l'homme en 1881. Des expériences de cultures ont été faites simultanément en France et en Allemagne et ont donné des résultats identiques.

MM. Bouchard, Capitan et Charrin ont fait leurs cultures dans des solutions neutralisées d'extrait de viande maintenues à l'étuve à 37 degrés. A l'aide d'ensemencements successifs, ils ont obtenu la pullulation du microbe pur de tout mélange, et ne présentant plus trace du *liquide* primitif, et cela dans des vases à l'abri des germes de l'air : on a pu pousser les cultures jusqu'à la huitième génération.

Les ânes et les chevaux inoculés avec le liquide rempli de microbes provenant de ces cultures ont succombé avec les symptômes et les lésions caractéristiques de la morve (tubercules morveux dans la rate, le poumon, etc.). D'autres animaux, chats, cobayes, etc., inoculés de la même manière, meurent avec des tubercules morveux dans les ganglions lymphatiques et divers organes.

De ces expériences résulte cette conclusion que la morve est une maladie à microbe, et que ce microbe, qui se reproduit toujours avec sa forme et ses dimensions caractéristiques dans les divers liquides de culture employés, est inoculable aux solipèdes, à d'autres animaux et vraisemblablement à l'homme lui-même ; enfin que ce microbe est la cause essentielle de la maladie.

VIII

LA PÉBRINE ET LA FLACHERIE, DEUX MALADIES DES VERS A SOIE

Nous avons déjà parlé de la *Muscardine,* maladie des vers à soie causée par un champignon microscopique : il en est deux autres qui sont causées par des microbes fort distincts, dont nous dirons ici quelques mots.

Pébrine ou Guttine. — Dans les magnaneries où règne cette maladie, on voit les vers, au sortir de l'œuf (ou de la *graine*, suivant l'expression technique), se développer lentement et irrégulièrement, de manière à présenter bientôt les tailles les plus diverses. Beaucoup périssent dès le premier âge, et ceux qui dépassent la quatrième mue se rapetissent (vers *restés petits*), semblent se ratatiner sur eux-mêmes, peuvent à peine monter aux bruyères pour filer leur cocon, et finalement ne donnent qu'une récolte insignifiante.

M. de Quatrefages, ayant examiné les vers morts de cette maladie, reconnut l'existence, dans l'intérieur du corps et sur la peau, de taches très petites qu'il compara à un semis de *poivre noir*, d'où le nom de Pébrine. Ces taches, qui se présentent au microscope sous forme de petites granulations mobiles à la manière des bactéries, furent appelées par Cornalia *corpuscules vibrants* en raison de leurs mouvements. Enfin MM. Osimo et Vittadini constatèrent que ces corpuscules existaient déjà dans la graine, et que par conséquent on pouvait se mettre à l'abri de l'épidémie en n'élevant que des œufs parfaitement sains, ce dont on pouvait s'assurer par l'examen microscopique.

C'est vers cette époque (1865) que M. Pasteur entreprit l'étude plus complète de la pébrine, mais c'est M. Béchamp qui fut le premier à déclarer que la maladie était parasitaire, comparable sous ce rapport à la Muscardine, et causée par l'invasion d'un microbe (ou *microzyma*, pour employer le nom adopté par M. Béchamp), dont le germe ou spore vient de l'air, attaque d'abord le ver par le dehors, puis pullule dans son intérieur et se développe avec lui, de telle sorte que le papillon infesté ne peut pondre ses œufs sans y déposer en même temps des spores de ce microbe, qui attaque ainsi le jeune ver dès sa naissance. Bientôt après M. Pasteur fut conduit par ses propres recherches à adopter cette manière de voir.

On a longtemps considéré le microbe de la pébrine comme une véritable bactérie, décrite successivement sous les noms de *Bacterium bombycis*, *Nosema bombycis* (fig. 72), *Panistophyton ovale;* les recherches récentes de M. Balbiani tendent à prouver qu'on doit le rapporter à un autre groupe, beaucoup plus voisin

Fig. 72. — *Nosema bombycis*, microbe de la Pébrine (gross. 500 fois).

des animaux, et qu'on désigne sous le nom de *Sporozoaires*.

Les Sporozoaires. — Ces protistes, que beaucoup de naturalistes rangent encore parmi les végétaux, diffèrent surtout des bactéries par leur mode d'accroissement et de reproduction qui les rapproche des protozoaires parasites désignés sous le nom de *Psorospermies*, *Coccidies* et *Grégarines*.

Chez les Sporozoaires on n'observe pas l'accroissement par division cellulaire, ou *scissiparité*, qui est la règle dans toutes les bactéries : cette différence est fondamentale. Les Sporozoaires se multiplient par formation libre au sein d'une masse de substance sarcodique (protoplasma), résultant de l'enkystement des corpuscules primitifs (cellules mères). On voit se former, dans l'intérieur de la cellule mère, des spores nombreuses qui ont l'apparence des *pseudonavicelles* ou spores des Grégarines et des Psorospermies (parasites des vertébrés). M. Balbiani forme, pour ces organismes qui se retrouvent chez beaucoup d'insectes, un petit groupe qu'ils appellent *Microsporidies*.

Les spores mûres sont les *corpuscules vibrants* de Cornalia ; elles ressemblent du reste beaucoup aux spores de certains *Bacillus* (*B. amylobacter*, par exemple), et leur germination s'opère aussi par perforation de la spore à une de ses extrémités, et issue du plasma intérieur ; mais celui-ci, au lieu de sortir sous forme de bâtonnet (*Bacillus*), s'échappe sous celle d'une petite masse amiboïde, à mouvements sarcodiques, ce qui ne s'observe jamais dans aucune bactérie (Balbiani).

Les autres espèces de vers à soie récemment introduites, notamment le bombyx du chêne de la Chine (*Attacus Pernyi*), sont attaquées par des Microsporidies analogues à celle de la pébrine.

M. Pasteur a indiqué les moyens de se prémunir contre les ravages de cette maladie. « Voulez-vous savoir, dit-il aux éducateurs, si un lot de cocons vous donnera de la bonne graine ? Séparez-en une portion que vous chaufferez de façon à accélérer de 4 à 5 jours l'éclosion des papillons, et examinez au microscope s'ils ne contiennent pas des corpuscules de pébrine. S'ils en contiennent, envoyez tous les cocons à la filature ; faites les grainer au contraire s'ils ne sont pas malades : la graine en sera bonne et l'éducation réussira. En un mot, partez de graines absolument saines, provenant de parents absolument purs, et élevez-les dans les conditions de propreté et d'isolement tels que l'infection ne puisse s'y répandre. »

Lorsque la maladie s'est développée, on a conseillé les fumigations d'acide sulfureux, ou mieux encore de créosote ou d'acide phénique que les vers supportent très bien (Béchamp), et qui entravent le développement des Microsporidies ; ces fumigations empêchent également la putréfaction des litières qui doivent rester sèches dans une éducation bien conduite.

La Flacherie ou maladie des morts-flats. — Confondue à tort avec la pébrine, la flacherie produit encore plus de dégâts que cette dernière dans les magnaneries. Ses symptômes sont étranges. L'éducation des vers marche souvent régulièrement jusqu'à la quatrième mue, et le succès semble assuré, lorsque tout à coup les vers cessent de manger, fuient les feuilles, sont saisis de torpeur et périssent en conservant si bien l'apparence de la vie qu'il faut les toucher pour s'assurer qu'ils sont morts : c'est sous cette forme qu'on les appelle *morts-flats*. Quelques jours et même quelques heures suffisent à transformer en un charnier infect la plus belle chambrée.

M. Pasteur, ayant examiné ces morts-flats, trouva les feuilles qui remplissaient leur estomac et leur intestin remplies de bactéries en tout semblables à celles qui se développent lorsqu'on broie de ces mêmes feuilles avec de l'eau et qu'on les laisse se putréfier dans un verre (fig. 73). Chez le ver bien portant, *et qui digère bien*, on ne trouve jamais de ces bactéries : il est donc évident que la maladie a son point de départ dans une *mauvaise digestion*, qui devient rapidement funeste chez des animaux qui consomment des quantités énormes de nourriture, et ne font que manger du matin au soir. Les ferments digestifs sont insuffisants pour détruire les bactéries des feuilles ou neutraliser leur action nuisible.

Ces bactéries sont bien réellement la cause de la maladie, car si, prenant des vers sains, on leur fait manger des feuilles prises dans l'intestin des vers malades, même en très petite quantité, on les voit bientôt périr morts-flats.

La maladie est donc essentiellement contagieuse : aussi, pour empêcher les vers malades de contaminer les vers sains en salissant par leurs déjections humides les

Fig. 73. — *Micrococcus bombycis* (d'après Cohn), microbe de la *Flacherie* (gross. 600 fois).

feuilles que ceux-ci vont manger, faut-il, comme pour la pébrine du reste, tenir ces vers aussi espacés que possible.

En outre, il faut aussi choisir de bonnes graines, car on a constaté que certains lots de ces graines sont plus exposés que d'autres à la flacherie ; et bien que l'affection ne commence pas dans l'œuf, comme pour la pébrine, on retrouve ici la même question d'hérédité : on conçoit, par exemple, qu'un papillon venant d'une chenille atteinte de flacherie bien qu'elle n'en soit pas morte, ne donne que des graines peu vivaces d'où sortiront des vers prédisposés, par la faiblesse de leur tempérament, à contracter la maladie.

CHAPITRE V

LES MICROBES DES MALADIES DE L'HOMME

I

LES MICROBES DE L'AIR, DU SOL ET DES EAUX

Il est généralement admis que la très grande majorité des maladies épidémiques et contagieuses qui attaquent l'homme et les animaux ont pour cause l'introduction dans l'organisme de certaines espèces de microbes. Mais par où s'introduisent ces microbes, et où sont-ils avant d'envahir notre corps? Il est facile de s'assurer que ces microbes existent en nombre immense, — eux ou leurs spores, — dans l'air que nous respirons, dans l'eau que nous buvons, dans le sol que nous foulons et d'où s'élève, dès qu'il se dessèche, une fine poussière chargée de germes de toute espèce, qui pénètrent avec l'air dans notre bouche et dans nos poumons.

On a longtemps ignoré presque complètement les conditions d'existence de ces microbes lorsqu'ils sont dans le sol ou dans l'eau. Les recherches récentes d'un botaniste allemand, M. Zopf, tendent à faire admettre qu'il existe chez les algues inférieures désignées sous le nom de Bactéries ou de *Schizophytes* un dimorphisme de mœurs et d'habitat fort remarquable. Chez les *Beggiatoa* des eaux sulfureuses, par exemple, chez les *Cladothrix* qui forment une pellicule blanchâtre à la surface des liquides en putréfaction, M. Zopf a retrouvé dans certaines circonstances toutes les formes que l'on désigne sous le nom de *Micrococcus,* de *Bacillus,* de *Leptothrix* et de Bactéries. c'est-à-dire de microbes proprement dits, y compris ceux qui sont les agents producteurs des maladies contagieuses.

Tant que ces algues rencontrent dans l'eau, ou dans le *sol humide,* les conditions d'existence favorables à leur développement, elles y vivent et s'y multiplient. Mais que ce sol vienne à se dessécher, qu'une rivière rentre dans son lit après une inondation, qu'un marais disparaisse par l'évaporation de ses eaux, toutes ces algues donneront des *spores dormantes* destinées à assurer leur conservation. Nous avons dit comment se forment ces spores, par concentration du protoplasma dans l'intérieur de chaque cellule : sous cette forme qui leur donne un très petit volume et une grande légèreté *dès qu'elles sont desséchées, et seulement alors,* ces spores sont emportées par le moindre souffle de vent comme une fine poussière qui flotte au loin et constituent ce qu'on appelle les *germes de l'air.*

Que ces germes rencontrent sur leur chemin un milieu favorable, c'est-à-dire à la fois humide et tiède, comme est la bouche ou le poumon de l'homme, ils s'y fixeront et s'y développeront immédiatement sous forme de *Micrococcus* d'abord, puis sous celle de *Bacterium,* de *Bacillus* ou de *Leptothrix,* suivant l'espèce à laquelle appartient la spore en question.

Les Schizophytes peuvent donc avoir deux genres de vie très différents que l'on peut comparer à l'*heterœcie* (changement d'habitat) et au dimorphisme des champignons que nous avons étudiés sous le nom d'*Ascomycètes* et de *Basidiomycètes*. Seulement les Schizophytes, bien que se nourrissant, à la manière des champignons, de matières organiques déjà élaborées, ne sont pas de véritables parasites dans la première phase de leur existence où elles vivent librement dans l'eau ou dans le sol humide ; mais elles le deviennent quand elles pénètrent dans le sang et les tissus de l'homme et des animaux, et y vivent nécessairement *aux dépens de leur substance*, en véritables parasites.

On comprend d'après cela comment les marais à demi desséchés, les prairies qu'une rivière vient de laisser à découvert pour rentrer dans son lit, les grandes fouilles du sol nécessaires pour les tranchées de chemin de fer, etc., deviennent la source d'un grand nombre de maladies épidémiques ou contagieuses. C'est que, sur tous ces points, l'eau en se retirant a laissé *à sec* des Schizophytes, des microbes, qui se transforment bientôt en *spores dormantes*, se répandent dans l'air et s'introduisent dans la bouche et les poumons des hommes qui habitent près de ces rivières, de ces marais, ou qui sont employés aux terrassements que nécessitent ces tranchées. Le sol qui n'a pas été remué depuis longtemps est rempli de spores dormantes que les pluies y ont entraînées à une profondeur plus ou moins grande et qui peuvent conserver leur vitalité pendant de longues années, attendant un milieu favorable qui leur permette de se développer de nouveau.

La connaissance des germes de l'air, des microbes du

sol et des eaux, est donc devenue indispensable au médecin et à l'hygiéniste qui se préoccupent de déterminer exactement la cause des grandes épidémies, afin de les prévoir et de se prémunir contre elles, s'il est possible. C'est là une nouvelle branche de la météorologie que l'on a appelé la *micrographie atmosphérique*, car elle nécessite avant tout l'emploi du microscope.

Les Microbes de l'atmosphère. — Il existe actuellement, à l'observatoire de Montsouris, à Paris, un laboratoire spécial dirigé par M. le docteur P. Miquel, et dont le but est d'étudier les organismes vivants de l'air, d'en établir la statistique suivant le temps et les saisons, et d'en tirer des conclusions générales au point de vue de l'état hygiénique de l'atmosphère plus ou moins chargée de microbes et de spores facteurs de maladies. Ce laboratoire est pourvu de tous les appareils indispensables à ce genre de recherches.

Le premier de ces appareils est celui qui sert à recueillir les organismes vivants que l'on trouve toujours mêlés, comme on le conçoit, à une grande quantité de poussières inertes (fig. 74 et 75). Cet appareil est fondé sur le principe de l'*aéroscope* inventé par Pouchet pour examiner les poussières de l'air. C'est un cylindre de petite dimension dans lequel on produit un courant d'air au moyen d'un aspirateur par écoulement de l'eau, semblable à ceux que l'on voit dans tous les laboratoires de physique et de chimie. Une lamelle de verre enduite de glycérine, placée à la partie inférieure du cylindre sur le trajet de ce courant d'air, arrête toutes les poussières, de quelque nature qu'elles soient. — L'appareil employé par M. Miquel à Montsouris n'est qu'une modification de l'appareil de Pouchet, destinée à le rendre plus parfait. Il ne reste plus qu'à porter la lame de verre sous l'objectif du microscope pour examiner les poussières qui s'y trouvent fixées.

Grâce à ce procédé, M. Miquel a pu déterminer les lois qui régissent l'apparition des microbes dans l'atmosphère, et il a pu compter leur nombre dans un volume d'air donné. Pour ce qui a rapport aux spores de champignons et d'algues telles que *Penicillium, Protococcus, Chlorococcus*, etc., qui vivent dans nos maisons

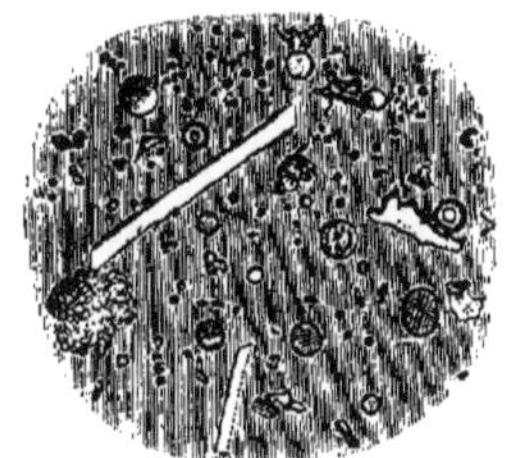

Fig. 74 et 75. — Microbes et spores de la poussière atmosphérique, mélangés à des particules amorphes et recueillis au moyen de l'*aéroscope*.

(moisissures) et sur nos toits, nos murs et sur la terre humide (algues), voici les résultats auxquels il est arrivé pour la localité où il opérait, c'est-à-dire à Montsouris.

Faible en janvier et février, le nombre des spores des moisissures diminue en mars et s'élève en avril, mais surtout en mai et en juin, mois où a lieu le maximum. La décroissance est lente jusqu'en octobre, s'accentue en novembre, et le minimum s'observe en décembre. L'influence des pluies et de l'humidité de l'air est ici très sensible. Ainsi, pendant l'hiver, on ne compte guère que 7,000 spores *en moyenne* par mètre cube d'air, tandis qu'en juin on en trouve jusqu'à 35,000.

En été, cependant, alors que la température est très

élevée, on trouve le nombre des spores très minime : c'est qu'alors, *malgré la chaleur, l'air est très humide* et que les spores se fixent sur le sol, les plantes et tous les objets, au lieu de flotter dans l'air. De même, en hiver, les temps froids, étant généralement plus secs, élèvent le nombre des germes transportés par l'air.

En été, les orages ne purifient l'atmosphère que pour un temps très court : 15 à 18 heures après la pluie les germes réapparaissent, et cinq à dix fois plus nombreux. Il semble que l'orage donne une poussée énergique à la reproduction des moisissures.

Si l'on passe maintenant aux microbes proprement dits, aux bactéries causes des maladies virulentes, leur recherche est plus difficile en raison de leur petite taille et de leur grande transparence. Au moyen d'un artifice on arrive cependant à déceler leur présence et à les compter avec exactitude : cet artifice consiste à les colorer par divers procédés, dont nous dirons quelques mots à propos de l'étude micrographique des eaux potables. M. Miquel emploie surtout et de préférence les procédés de filtration de l'air inventés par M. Pasteur, et qui consistent à faire passer l'air et l'eau atmosphériques dans des liqueurs favorables à la nutrition des microbes et préalablement stérilisées.

Ballons stérilisés. — M. Pasteur a montré que l'air peut être privé de tous les germes par son passage à travers un tube capillaire contourné sur lui-même. Il prend un ballon de verre et en étire le col de manière à former une effilure très longue que l'on recourbe de diverses manières (fig. 76). On expulse l'air contenu dans le ballon, et avec lui les germes qu'il peut contenir en le soumettant à une ébullition prolongée ; puis on le laisse refroidir lentement : on dit alors que le ballon est stérilisé, et l'on peut y introduire *à chaud* un liquide de culture. On s'assure que ce liquide est lui-même stérilisé, et n'a introduit aucun germe ou microbe, en le mettant en observation pendant quelques jours dans une étuve maintenue à environ 36 degrés. Ces ballons de cultures sont alors propres à recevoir l'air avec les spores qu'il contient et qu'il s'agit d'étudier.

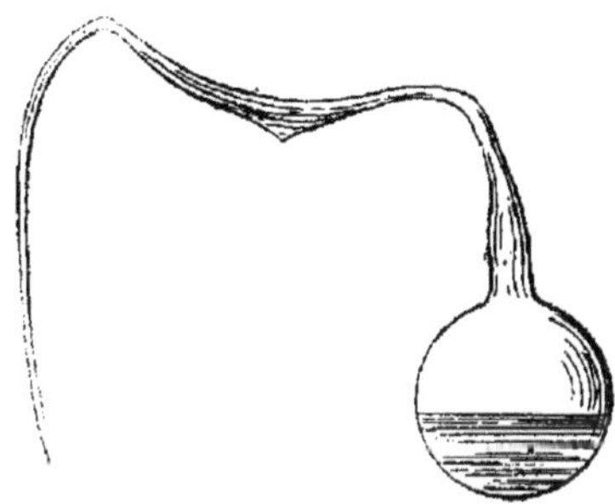

Fig. 76. — Ballon à tube recourbé de M. Pasteur, contenant un liquide de culture stérilisé.

Liquides de culture. — Les liquides de culture sont assez variés : solution minérale de Pasteur, infusion de foin ou de navet, urine neutre, bouillon de poulet, de bœuf, etc. Ils doivent être portés, au bain-marie, à une température de 150 à 180 degrés, car il est des spores qui résistent à l'ébullition même prolongée, c'est-à-dire à une température de 100 degrés, et sont encore vivantes et susceptibles de germer et de pulluler dans le liquide.

Les liquides de culture peuvent encore être stérilisés, sans l'emploi de la chaleur qui les altère plus ou moins, en les filtrant à travers une substance poreuse : vases en biscuit, mélange de plâtre et d'amiante, etc. Un appareil plus perfectionné employé par M. Miquel consiste en un filtre de papier très épais à travers lequel on fait passer le liquide avec le secours du vide et des fortes pressions employés simultanément.

On emploie aussi très souvent et de préférence pour la culture artificielle des microbes, des substances solides ou demi-liquides telles que la gélatine, des tranches de pomme de terre, de carotte, d'œufs durs, etc., diversement préparés et stérilisés à l'avance.

Nous ne pouvons décrire ici, dans tous leurs détails, les procédés mis en usage et les calculs nécessaires pour éviter toute erreur. Nous nous contenterons de donner les résultats obtenus par M. Miquel.

Il y a en moyenne 80 bactéries dans un mètre cube d'air à Montsouris. Sur cent de ces bactéries on compte 66 *Micrococcus*, 21 *Bacterium*, 13 *Bacillus*. La proportion est un peu différente dans l'eau de pluie : on y compte 28 *Micrococcus*, 9 *Bacterium* et 63 *Bacillus*. Il est à remarquer qu'au début d'un orage la pluie en renferme une assez grande quantité (15 environ par centimètre cube d'eau); puis cette quantité diminue, « mais, dit M. Miquel, au bout de deux ou trois jours d'un temps humide et pluvieux, cette eau météorique renferme souvent plus de bactéries qu'au début de la période pluvieuse. L'atmosphère étant alors d'une pureté excessive, il semblerait que les bactéries puissent vivre et se multiplier au sein des nuages, ou bien que ces nuages puissent se charger, dans leur course à travers l'espace, d'un contingent de germes très variable. »

Le maximum des germes de l'air s'observe en automne, le minimum en hiver : ainsi on compte 50 bactéries en décembre et janvier, 33 seulement en février, 105 en mai, 50 en juin et 170 en octobre.

A l'inverse de ce qui a lieu pour les moisissures, le chiffre des bactéries, faible en temps de pluie, s'élève quand toute humidité a disparu de la surface du sol. *L'action de la sécheresse l'emporte sur celle de la température.* C'est ce qui explique la rareté des bactéries après les grandes pluies du printemps (février, avril, juin). Cependant les longues périodes de sécheresse leur sont défavorables.

Les expériences de M. Miquel le portent à admettre que la rosée, l'eau évaporée du sol, n'est jamais chargée de spores. Au contraire, les poussières sèches des lieux habités et surtout celle des hôpitaux sont chargées de microbes. Au centre de Paris, rue de Rivoli, par exemple, l'atmosphère est de 9 à 10 fois plus chargée de microbes qu'au voisinage des fortifications. A l'observatoire de Montsouris, situé *au sud de Paris,* les vents du nord en apportent beaucoup plus que les vents du sud. Le vent le plus impur arrive des collines de la Villette et de Belleville, quartiers agglomérés et populeux où se trouvent en outre des cimetières, des abattoirs, etc.

On a constaté depuis longtemps que l'air est beaucoup plus pur sur les hautes montagnes, ou bien en mer, que dans les plaines et surtout au voisinage des lieux habités. Si l'on porte des ballons de verre où le vide a été fait d'avance, et qui ont été stérilisés par la chaleur, à une grande altitude dans les Alpes ou les Pyrénées et qu'on les remplisse de l'air qui s'y trouve, on aura beaucoup de peine à y constater quelques rares microbes, que l'observateur a peut-être transportés avec lui. De même, au sommet du Panthéon, un mètre cube d'air ne contient que 28 microbes, tandis qu'on en trouve 45 au parc de Montsouris et 462 au centre de Paris.

Les microbes des eaux courantes et des eaux potables. — L'eau, quelle que soit sa provenance, contient beaucoup plus de microbes que l'air. Les eaux de source elles-mêmes, prises à leur sortie du sol, en contiennent, ce qui prouve qu'il en existe dans l'intérieur de la terre. Voici quelques chiffres, empruntés à M. Miquel, et qui donneront une idée de la quantité de microbes que contiennent les eaux, à Paris, suivant leur provenance :

Provenance des eaux.	Nombre de microbes par litre.
Vapeur condensée de l'atmosphère	900
Eau du drain d'Asnières	48,000
Eau de pluie	64,000
Eau de la Vanne (bassin de Montrouge)	248,000
Eau de la Seine (puisée à Bercy, en amont de Paris)	4,800,000
Eau de la Seine (puisée à Asnières, en aval de Paris)	12,800,000
Eau d'égout (puisée à Clichy)	80,000,000

Ces chiffres sont des minima : ainsi l'eau d'égout devenue stagnante se putréfierait et, par la prolifération des germes, les microbes y deviendraient en quelques jours *plus de mille fois* plus nombreux.

M. Certes, en France, et M. Maggi, en Italie, se sont occupés dans ces derniers temps de l'analyse micrographique des eaux potables. C'est par le moyen de réactifs colorants que ces deux observateurs décèlent la présence des microbes dans l'eau qu'il s'agit d'examiner. Le plus employé de ces réactifs est l'*acide osmique* employé en solution à 1,5 d'acide pour 100 d'eau distillée (Certes). L'acide osmique tue les microbes sans les déformer et les précipite au fond du verre d'expérience où il est facile de les recueillir. Un centimètre cube de la solution suffit pour 30 à 40 centimètres cubes d'eau : on laisse déposer, on décante le liquide qui surnage et on examine au microscope le dépôt trouble et foncé qui s'est formé au fond du vase et où se trouvent réunis tous les organismes dispersés auparavant dans la masse du liquide. Le seul inconvénient de ce réactif est le prix assez élevé de l'acide osmique, qui mérite d'être pris en considération lorsque l'on a à faire des recherches étendues et comparatives comme c'est le cas dans la pratique. M. Maggi a obtenu des résultats analogues avec le chlorure de palladium et M. Certes avec la glycérine iodée et les solutions alcooliques de cyanine, de gentiane, etc.; mais aucun de ces réactifs ne vaut l'acide osmique (Certes), dont l'effet est plus précis, plus constant et plus durable.

Les microbes du sol. — La présence des microbes dans le sol a été mise en évidence par les recherches de M. Pasteur, et de ses collaborateurs MM. Chamberland et Roux, sur la maladie charbonneuse, recherches dont nous avons déjà parlé. Ayant recueilli la terre dans le voisinage des fosses où l'on avait enfoui des animaux morts du charbon, ces observateurs trouvèrent aussi bien celle des profondeurs que celle de la surface, remplie non seulement de bactéridies (*Bacillus anthracis*), mais encore d'une foule d'autres microbes ou germes plus ou moins dangereux et pouvant produire, par inoculation à des animaux, des maladies plus ou moins dangereuses. — Voulant se procurer de la terre à un état de division plus parfaite, M. Pasteur eut l'idée de recueillir les déjections que les vers de terre viennent déposer à la surface, et qui sont presque exclusivement formées d'une argile riche en humus (terre végétale), que les vers avalent pour s'en nourrir. Cette terre après avoir traversé le canal intestinal du ver contenait encore des microbes qui n'avaient nullement perdu leur virulence. — Enfin nous avons déjà dit que les eaux de sources, au sortir du sol, contiennent déjà des microbes qu'elles ont entraînés en filtrant à travers les couches géologiques, et nous avons signalé précédemment les microbes *vivants* de la craie, remontant à l'époque secondaire, d'après M. Béchamp.

La théorie tellurique et la théorie diblastique. — On comprend, d'après cela, comment l'on a pu édifier une théorie qui attribue la plupart des maladies épidémiques à l'influence des microbes du sol qui peuvent, à un moment donné, envahir le corps de l'homme en pénétrant d'abord dans ses poumons et son canal digestif, puis de là dans le sang.

Deux savants allemands, Pettenkofer et Nægeli, se sont faits les promoteurs de cette théorie *tellurique* (*qui a son origine dans le sol*) des maladies, et beaucoup de faits viennent la confirmer. C'est ainsi que la fièvre intermittente, la *malaria,* ne sévit dans les pays de marais que lorsque ces marais *se dessèchent en partie*, surtout pendant l'été. Pour assainir ces marais, il faut les dessécher et les combler complètement et surtout *les transformer en terres cultivées*. De même les vallées de nos fleuves ne deviennent dangereuses qu'au moment où le cours d'eau rentre dans son lit, laissant à découvert les prairies voisines transformées en véritables marais qui se dessèchent lentement, livrant à l'air une foule de spores provenant des schizophytes que l'eau y a déposées. Enfin les grandes fouilles du sol répandent dans l'atmosphère les spores dormantes que les pluies y avaient entraînées et qui s'y étaient desséchées.

Dans bien des cas, l'intervention de *deux microbes* de nature différente a dû être invoquée pour expliquer la nature et la marche des grandes épidémies (choléra, fièvre jaune, fièvre typhoïde, etc.). C'est ce que M. Nægeli appelle la *théorie diblastique* (ou *à deux agents producteurs* des maladies). Ainsi le microbe de la *malaria* ou fièvre intermittente, qui n'est pas contagieux, prédispose souvent le malade à subir l'atteinte d'un autre microbe contagieux d'homme à homme, comme celui du choléra ou celui de la fièvre typhoïde. Les deux microbes peuvent vivre simultanément dans l'économie, et leurs deux actions s'additionnent pour affaiblir l'organisme aux dépens duquel ils vivent et pullulent. Des faits nombreux peuvent être cités à l'appui de cette théorie; en voici quelques exemples :

« Dans l'été et l'automne de 1873, la ville de Spire fut visitée par le choléra, qui se borna à la partie basse de la ville, sur les bords du Speierbach. Dans l'hospice des vieillards, situé dans la partie haute de la ville restée exempte du choléra, 24 des 200 pensionnaires que renfermait l'hospice, devinrent malades du choléra. Or, 33 de ces hommes, et des plus valides, avaient été employés à récolter des pommes de terre pourries dans un champ très bas, peu au-dessus de la nappe d'eau souterraine (une sablière abandonnée). Ils n'avaient pas bu d'eau dans ce champ et n'avaient pas traversé la partie de la ville visitée par l'épidémie : 20 de ces 33 hommes eurent le choléra, et 4 autres seulement, dans tout l'hospice, contractèrent la même maladie (Nægeli) ».

Des observations faites à bord des navires anglais transportant des troupes dans l'Inde donnent des résultats analogues. « Des détachements égaux de deux régiments sont embarqués sur un même transport à vapeur.

Le choléra se déclare quelques jours après le départ et enlève beaucoup de soldats; mais tous appartiennent à un seul des deux régiments et viennent d'un camp où le choléra se déclare avec violence peu après leur départ. Au contraire, le détachement de l'autre régiment, venant d'un endroit exempt de choléra, est entièrement épargné. » L'influence de la localité, du sol, est ici évidente : elle seule a été l'agent essentiel de la maladie, puisque la contagion n'a pu se faire, à bord du navire (localité généralement saine), ni par le contact des hommes, ni par celui de leurs vêtements et de leurs bagages qui se trouvaient confondus. Le microbe du choléra, seul apporté à bord du navire, n'a pu agir que sur le détachement *miasmatiquement* prédisposé (Nægeli) par un séjour antérieur dans une localité insalubre (microbe de *malaria*).

Miasmes et microbes. — Ceci nous amène à dire quelques mots de ce terme de *miasme,* si souvent employé autrefois, et qui n'a plus de sens aujourd'hui. Avant que l'on connût l'existence des microbes et celle des germes de l'air, on désignait sous le nom de *miasmes* les principes inconnus et mystérieux que l'on croyait être la cause des maladies virulentes et contagieuses : ces miasmes étaient généralement considérés comme des gaz. Aujourd'hui qu'il est prouvé que cette cause réside dans des particules solides et vivantes (les microbes et leurs germes), on abandonne de plus en plus cette expression de miasmes, ou bien l'on s'en sert pour désigner les germes de l'air. Ainsi, pour M. Nægeli, il est évident que le mot de miasme est synonyme ici de microbes ou de germes atmosphériques.

La question des fosses d'aisance. — Il suit de là

que l'on ne peut plus appliquer qu'abusivement l'expression de miasmes aux véritables gaz, dont quelques-uns exercent une action délétère sur l'économie humaine. Tels sont l'hydrogène sulfuré et le sulfhydrate d'ammoniaque qui se dégagent des fosses d'aisance et produisent la maladie qu'on appelle le *plomb* chez les vidangeurs. Ces gaz sont délétères pour les microbes comme pour l'homme : les microbes ne peuvent donc coexister avec eux dans les fosses, et leur action mitigée explique peut-être pourquoi les vidangeurs semblent à l'abri de la plupart des maladies contagieuses.

Le public est beaucoup trop porté, en temps d'épidémie, à accuser les fosses d'aisance dont les émanations, dans les circonstances ordinaires, ne sont offensives que pour l'odorat. Lorsque les fosses, de même que les égouts, sont bien construites, elles ne présentent aucun danger. Mais il faut que l'eau coule en quantité suffisante dans les unes et dans les autres, pour *recouvrir toujours les matières solides.* Nous savons en effet que s'il s'y trouve des microbes, ces microbes ne seront dangereux que lorsqu'ils seront assez desséchés pour flotter dans l'air.

Dans une épidémie, par exemple en temps de fièvre typhoïde, les linges de corps et de literie salis par les malades sont beaucoup plus dangereux que les fosses d'aisance qui renferment cependant une quantité bien plus considérable de microbes. Ce sont donc ces linges, ainsi que les logements et les meubles contaminés, qui doivent être immédiatement désinfectés par les moyens que les commissions sanitaires ont portés à la connaissance du public.

Le système de *tout à l'égout*, qui tend à être appliqué

aujourd'hui dans toutes les grandes villes, et qui a rencontré tant d'opposition, est certainement excellent, pourvu qu'il soit bien conçu et bien appliqué. Les vidanges, de même que les corps morts, doivent être éloignés le plus tôt possible des habitations des vivants : il est aussi contraire à la salubrité publique de garder au sein des villes des fosses qui se remplissent lentement pendant des années, que d'y installer des cimetières : on peut laisser emporter *toutes les vidanges* par l'égout, pourvu que l'eau y coule assez abondamment pour *entraîner* et *recouvrir* complètement toutes les matières solides. Celles-ci se déposent dans des endroits appelés *dépotoirs*, qui doivent nécessairement être éloignés des grandes agglomérations humaines. Là, ces matières, étendues sur une grande surface, se dessèchent à l'air, *dont l'oxygène est*, comme l'a montré M. Pasteur, *le grand purificateur des microbes*.

A Paris, les eaux d'égout provenant du grand collecteur sont déversées, en partie, dans la presqu'île de Gennevilliers, où, réparties dans des rigoles, elles servent d'engrais aux cultures maraîchères ; après le filtrage à travers les terres cultivées, l'eau s'écoule en un ruisseau limpide.

Un rapport récent de M. le docteur Cornilleau, qui exerce à Gennevilliers, prouve surabondamment le peu de danger de ces vidanges, pour les habitants de la presqu'île. Pendant l'épidémie de fièvre typhoïde qui a sévi en 1882 à Paris, il n'y eut dans toute la commune de Gennevilliers que deux cas de fièvre typhoïde, *et ces deux malades venaient de l'intérieur de Paris!*

II

LES MICROBES DE LA BOUCHE ET DU CANAL DIGESTIF DE L'HOMME EN BONNE SANTÉ

Les microbes étant répandus à profusion dans l'air, on conçoit facilement que l'on en trouve dans la bouche de l'homme et de là dans toutes les parties de son tube digestif (fig. 77 et 78). Ils y sont généralement inoffensifs, tant que l'épiderme de la muqueuse qui revêt le canal

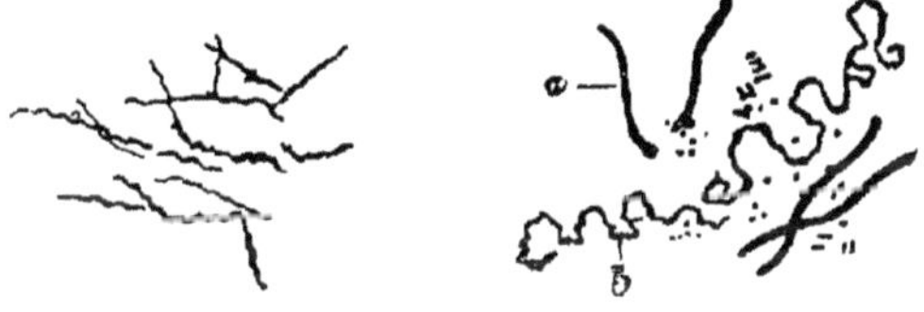

Fig. 77 et 78. — *Spirochæte buccalis* et *Sp. plicatilis*, *b* (mêlé à des *Vibrio rugula*, *a*), microbes trouvés dans la bouche de l'homme en bonne santé.

intestinal est intact. M. Pasteur a montré que le sang de l'homme n'en contient pas dans l'état de santé [1], mais que la moindre lésion de la muqueuse suffit pour qu'ils s'introduisent dans le torrent circulatoire. La démonstration de ce fait résulte des expériences faites à Pouilly-le-Fort sur des moutons auxquels on inoculait le microbe du sang de rate par le moyen des aliments : la mortalité de ces animaux était notablement augmentée lorsqu'on mêlait à leurs fourrages des chardons, des

1. Il n'en est pas de même des poissons. MM. Ch. Richet et L. Ollivier ont montré que l'on trouve normalement des microbes dans le sang des poissons de mer, sans que leur santé en soit altérée.

graminées à épillets barbus ou à feuilles coupantes susceptibles de produire dans la bouche de petites plaies dont chacune était une porte ouverte au microbe. Tant que ces microbes sont peu nombreux, ils sont rapidement détruits dans le sang; mais s'ils sont en quantité considérable, l'organisme est impuissant à les détruire, et ils entrent bientôt en concurrence avec les globules du sang : de là les désordres les plus graves.

M. Miquel estime à 300,000 par jour et à *cent millions*

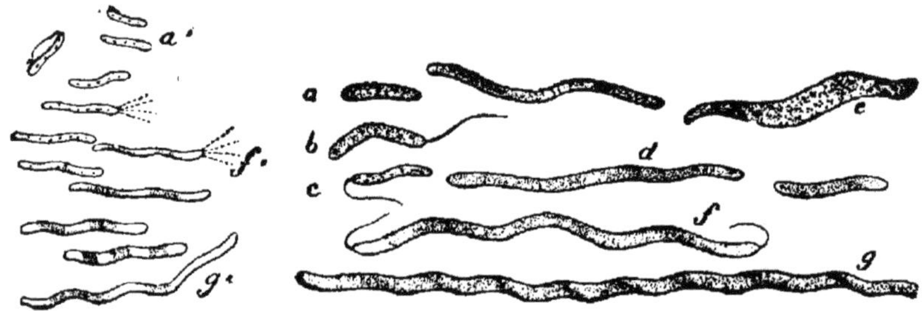

Fig. 79. — *Vibrio rugula* (d'après Warming) à divers états de développement : *b*, *c*, *f*, individus portant des cils vibratiles (*flagellum*); *f'*, spores ciliées. On le trouve dans la bouche et l'intestin de l'homme.

par an le nombre des spores introduites dans l'économie, par la respiration, *dans l'état de santé le plus parfait.* On conçoit avec quelle facilité ces germes, toujours présents, peuvent devenir la source des maladies, dont le muguet de la bouche des jeunes enfants, des malades et des mourants, est une des moins redoutables.

« Lorsque j'étais occupé de l'examen microscopique des eaux troubles des ruisseaux, à la Nouvelle-Orléans, en 1880, — dit M. le Dr Sternberg, de l'armée des États-Unis, — je trouvais souvent dans ma propre bouche presque tous les organismes présents dans les liquides en putréfaction que j'examinais, tels que : *Bacterium termo, Bacillus subtilis* (fig. 80), *Spirillum undula*, et une grande variété de petites formes sphériques et de bâtonnets difficiles à classer autrement que sous le nom général de *Micrococci* et de *Bacteria*. — Un autre organisme que j'ai souvent trouvé dans des échantillons de salive provenant de bouches saines, est une espèce de *Sarcina*, peut-être identique à *S. ventriculi*. »

Mais l'organisme le plus fréquent dans la bouche de

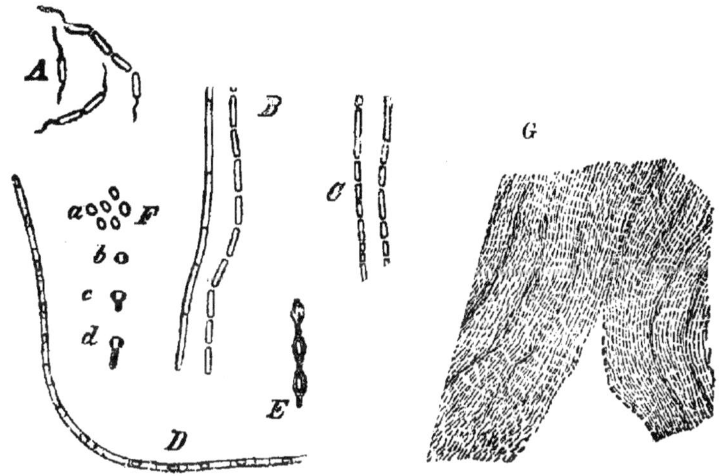

Fig. 80. — *Bacterium* (*Bacilus*) *subtilis* (d'après Zopf), à divers états : A, bâtonnets avec cils; E, F, spores; G, zooglée. Dans les infusions de foin et la bouche de l'homme. (Fort. grossi.)

l'homme, celui qui attire tout d'abord l'attention en raison de sa grande taille et de son abondance, c'est le *Leptothrix buccalis*. Jamais il ne manque dans la matière raclée à la surface de la langue ou retirée d'entre les dents, et les personnes même qui font un usage fréquent de la brosse à dents n'en sont pas complètement exemptes. Seulement il se montre alors sous forme de courtes baguettes éparses, tandis que dans d'autres cas il présente une végétation vigoureuse dont les tiges touffues abondent dans la salive où on les trouve souvent implantées sur des cellules épithéliales détachées par le raclage.

M. Sternberg compare la bouche de l'homme à un appareil de culture, dans lequel les germes des microbes trouvent naturellement la température constante et l'humidité nécessaires à leur développement, conditions que l'on ne peut réaliser qu'artificiellement dans les laboratoires de physiologie.

III

LE MICROBE VIRULENT DE LA SALIVE DE L'HOMME SAIN

MM. Pasteur et Vulpian en France, et Sternberg en Amérique, ont découvert, presque en même temps, que la salive de l'homme pouvait devenir virulente, dans certaines circonstances encore mal connues, et que cette virulence était due à la présence du *Micrococcus* normal de cette salive, microbe bien distinct de celui de la rage dont nous avons précédemment parlé.

Tout ce que l'on sait de ce *Micrococcus*, c'est qu'il est très commun dans la salive de l'homme bien portant, et que cette salive possède *chez certains individus* une virulence exceptionnelle. Injectée sous la peau de lapins en bonne santé, elle y détermine les accidents les plus graves, souvent même la mort de l'animal. Ces accidents sont bien dus à la présence du microcoque, car cette salive reste inoffensive dès qu'elle est privée de ces organismes!

M. Sternberg nous apprend que sa propre salive est

précisément de celles qui possèdent cette curieuse et redoutable propriété. Quant à la cause de la virulence, il l'attribue à la nourriture plus abondante que rencontre ce microbe dans la bouche de certaines personnes, où par suite il se développe avec plus d'énergie. « Dans mon cas personnel, dit-il, il y a et il y a toujours eu une très abondante sécrétion de salive... Mes expériences de culture m'ont fait voir que ce micrococcus particulier doit se multiplier très rapidement et qu'en vertu de cette faculté, il a pendant un certain temps l'avantage sur le *Bacterium termo* dont la présence en nombre un peu considérable semble lui être fatale... Dans mes flacons de culture, une petite goutte de sang d'un lapin infesté donnait naissance en quelques heures à un tel nombre de microbes, que le liquide contenu dans le flacon était complètement envahi et que la nourriture indispensable pour tout développement ultérieur faisait défaut. »

Ainsi donc, c'est à l'énergie vitale et reproductrice de ce microbe, à la rapidité avec laquelle il pullule en peu de temps, qu'il faut attribuer, jusqu'à nouvel ordre, sa virulence exceptionnelle.

IV

LE MICROBE DE LA CARIE DENTAIRE

D'après les travaux récents de Miller (1884), la carie des dents serait due en grande partie au développement d'une ou de plusieurs espèces de bactéries. La présence des acides, introduits dans la bouche ou qui s'y développent dans certaines maladies (aphtes, muguet, etc.)

qui sont elles-mêmes sous la dépendance d'un microbe, paraît être la cause prédisposante de cette affection. Ces

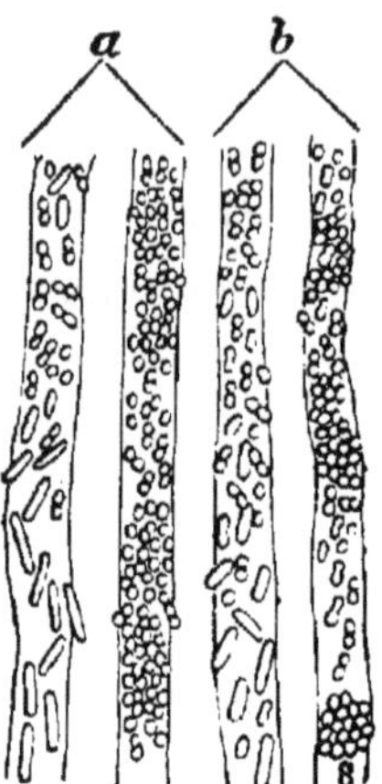

Fig. 81. — Bactérie de la carie dentaire dans les canalicules de l'ivoire ; *a*, carie artificielle ; *b*, carie spontanée.

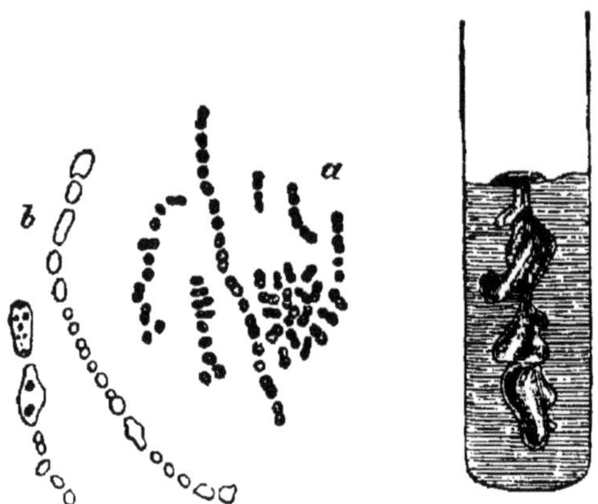

Fig. 82. — Bactérie de la carie dentaire : *a*, *b*, différentes formes de culture obtenues dans la gélatine *c*.

acides commencent par ramollir la dentine, dépouillée en quelque point superficiel de sa couche d'émail, et c'est par là que les bactéries pénètrent. On peut expérimentalement rendre la salive acide en la mélangeant pendant quatre heures, à la température de 20 degrés, avec du sucre et de l'amidon (Cornil). De là le danger des dragées et des autres sucreries accusées depuis longtemps, avec raison, d'être la cause de la destruction précoce des dents chez les personnes qui en font abus et surtout chez les enfants.

Le microbe que Miller a trouvé le plus ordinairement dans les dents cariées est très polymorphe : *micrococcus, bacterium,* chaînes et filaments ne sont que les divers états d'un même végétal qui produit aussi la fermentation acide de la bouche et la formation de l'acide lactique. A l'intérieur des canalicules de la dentine (ou ivoire) on trouve sur une coupe examinée au microscope tous les intermédiaires entre le *micrococcus* isolé et les filaments (fig. 81, 82). Miller a pu reproduire artificiellement cette affection sur des dents saines.

D'après ses expériences, le meilleur dentifrice destructeur de microbes serait une solution de sublimé (bichlorure de mercure) à 1 pour 1000, que l'on peut atténuer dans quatre parties d'eau pure.

V

MICROBES DES FIÈVRES INTERMITTENTES OU FIÈVRES DE MARAIS

Nous disons « microbes » au pluriel, parce qu'il est à peu près certain que les différents types de fièvres intermittentes (fièvres tierces, quartes, etc.) ont pour agents producteurs des microbes différents ; en outre, il est probable que ces microbes varient suivant les localités : ainsi, celui de la fièvre intermittente de France ne serait pas le même que celui de la fièvre des marais Pontins d'Italie (*malaria*), et les fièvres d'Afrique seraient produites par un organisme encore différent.

Les fièvres intermittentes sont la première maladie *interne* dont on ait soupçonné la nature parasitaire végétale : on ne connaissait auparavant que les parasites de la peau, et les *entozoaires* et *épizoaires* (vers intestinaux, poux, acariens, etc.), qui sont des animaux. C'est en 1869 que le Dr Salisbury, de Cleveland, aux États-Unis, entreprit des recherches suivies[1] qui le conduisirent à reconnaître que la fièvre intermittente des vallées marécageuses de l'Ohio et du Mississipi devait être attribuée à la présence dans l'organisme d'une algue filamenteuse qu'il rapproche du genre *Palmella*. Les spores de cette algue se rencontraient constamment dans les crachats et dans la salive des personnes atteintes de fièvre intermittente. En exposant, pendant la nuit, de petites lames de verre au-dessus des prairies marécageuses, M. Salisbury put recueillir ces mêmes spores qui venaient se fixer à la face inférieure de ces plaques de verre où on les trouvait nageant dans les gouttes de rosée qui s'y étaient condensées[2]. Lorsqu'on traversait le soir ces prairies tourbeuses, on éprouvait dans la gorge une sensation de sécheresse particulière, et l'on constatait bientôt la présence dans les crachats des spores de *Palmella*. Enfin la

1. *Revue des Cours scientifiques*, 6 novembre 1869, t. VI, p. 769.

2. Rappelons ici, comme nous l'avons déjà dit, que la présence de ces spores dans l'air est *tout à fait indépendante* de celle de la vapeur d'eau qui constitue la rosée : en d'autres termes, ce n'est pas la vapeur d'eau qui transporte ces spores, *qui doivent être au contraire parfaitement sèches pour pouvoir flotter dans l'air* et qui se fixent sur tout objet humide.

terre recueillie dans ces mêmes prairies était remplie des mêmes organismes.

C'est lorsque les marais *commencent à se dessécher* que les spores se produisent en abondance et que les fièvres intermittentes apparaissent. « En 1862, dit M. Salisbury, le temps fut très humide jusque vers le 1er juillet, mais pendant les mois de juillet, août et septembre, il n'y eut pour ainsi dire pas de pluie. Les sources et les cours d'eau furent presque taris ; les marais, les terrains humides se desséchèrent, la végétation s'arrêta presque entièrement, et toute la contrée offrit les signes d'une extrême aridité. Peu après le début de cette sécheresse, la fièvre intermittente fit son apparition dans tous les districts malsains, et prit une si rapide extension pendant les mois de juillet et d'août, qu'elle atteignit presque chaque famille vivant dans les terrains marécageux...

« Au sud-est de la ville de Lancaster s'étend, le long du canal, une prairie basse et tourbeuse, et les vallées voisines sont basses et humides. Le 3e quartier de la ville, attenant à cette prairie, et toute la partie qui ne s'élève pas au-dessus d'une ligne située à 35 ou 40 pieds de la surface de la prairie, ont toujours été un terrain fertile pour les accès intermittents. Les personnes qui habitent tout près du marécage sont tous les ans exposées aux fièvres, de mai en novembre. Août et septembre sont ordinairement les mois pendant lesquels les fièvres sont les plus graves. »

Nous avons dit que l'humidité de l'air ne contribuait nullement au transport des microbes et de leurs spores par le vent, mais il n'en est pas de même des brouillards, dans ce sens que les spores s'y trouvent en grand nombre. On sait que les brouillards sont formés par de petits globules microscopiques d'eau, qui flottent dans l'atmosphère, et dont la vapeur de notre haleine, visible seulement en hiver par les temps froids, peut nous donner une idée. Ces globules d'eau flottent dans l'air *au même titre que les spores et toutes les poussières quelles qu'elles soient,* par conséquent *sans mouiller* ces spores, et sans se mouiller entre eux, puisque dès que ce fait a lieu, le brouillard cesse d'exister : il se condense et tombe sous forme de pluie plus ou moins fine. Il existe un certain rapport, constaté par M. Salisbury, entre les brouillards et les fièvres intermittentes : c'est ce qui explique pourquoi l'on contracte ces fièvres surtout le soir et le matin, moment où, en été, il flotte toujours un brouillard plus ou moins bas au-dessus des prairies marécageuses. Dans une ferme des environs de Lancaster, le fermier et sa femme qui couchaient au premier étage furent atteints de fièvre tierce, tandis que leurs sept enfants, couchant au second étage, furent épargnés. M. Salisbury constata que tous les matins il se produisait un brouillard provenant d'un réservoir d'eau récemment creusé : ce brouillard s'étendait jusqu'à la maison, s'élevait jusqu'aux deux tiers du premier étage, *mais sans atteindre le second,* et pénétrait dans la chambre à coucher des parents par la fenêtre ouverte. Cette vapeur avait la même odeur que les prairies marécageuses couvertes d'algues à fièvre (*Palmella febrilis*) et déterminait le même dessèchement fébrile de la gorge et de l'isthme du gosier. Cette vapeur se dissipait peu après le lever du soleil et avant que les enfants fussent levés et descendus de leur chambre.

M. Salisbury constata également le polymorphisme des *Palmellæ,* polymorphisme qui s'accorde avec les observations récentes d'un botaniste exercé, M. Zopf, et qui explique comment une algue aquatique peut vivre dans le sang de l'homme sous forme de *Bacillus* ou de *Spirillum*.

Plus récemment (1879) les fièvres de marais (*malaria*), si communes en Sicile comme dans la campagne autour de Rome, ont été étudiées au même point de vue par les Drs Tommasi Crudeli, Cuboni, Cecci et d'autres encore, qui attribuent l'infection maremmatique à un parasite végétal qu'ils nomment *Bacillus malariæ*. Ce *Bacillus* se rencontre en abondance pendant la *période d'invasion*

Fig. 83. — Bacille de la malaria (d'après Klebs et Cecci).

dans le sang des malades, tandis qu'on n'y trouve plus que des spores pendant la *période d'acmé* qui termine chaque accès de fièvre. Le même organisme microscopique se trouve dans tous les terrains à *malaria* de la campagne Romaine, et l'on a pu le cultiver artificiellement : on ne le trouve pas dans les terres salubres de la Lombardie. Dans les couches d'air qui flottent au-dessus des terrains à malaria, en été, ce microbe est si commun qu'on le trouve en abondance dans la sueur du front et des mains (fig. 83).

Non seulement on a pu cultiver cet organisme, mais on a pu l'inoculer à des lapins et à des chiens et reproduire ainsi la fièvre palustre chez ces animaux[1]. Les

1. On croit généralement, en France, que les animaux, et notamment

lésions que l'on constate à l'autopsie sont les mêmes que chez l'homme et montrent que le siège d'élection du microbe est dans la rate et la moelle des os. (Tommasi Crudeli et Cuboni.)

Le fait que dans le sang on trouve successivement le *Bacillus* et ses spores, donnerait l'explication de la forme intermittente à type tierce, quarte, etc., des différentes variétés de fièvres de marais, l'évolution complète du végétal exigeant suivant les variétés, — et peut-être suivant l'espèce du Schizophyte, — tantôt 48 et tantôt 72 heures, et l'accès correspondant toujours à la période d'activité la plus grande du *Bacillus,* celle qui précède l'émission des spores.

De leur côté, deux médecins militaires, MM. Laveran et Richard, ont étudié la nature parasitaire des fièvres intermittentes d'Algérie[1]. L'organisme qu'ils ont constamment trouvé dans le sang des malades atteints d'impaludisme, se présente sous plusieurs aspects différents, mais paraît s'attaquer tout particulièrement au globule rouge, dans lequel, suivant l'expression de M. Laveran, il s'enkysterait « comme un charançon dans un grain de blé ». Cet observateur le rapproche des algues du genre *Oscillaria* (fig. 84).

Les différentes formes qu'affecte cet organisme ne sont que les phases successives de son développement, et n'ont pas encore été étudiées par un botaniste compétent qui pourrait seul indiquer, d'une façon précise, leur véritable nature. Quoi qu'il en soit, à une certaine

les herbivores, ne peuvent contracter la fièvre intermittente. Cette opinion est erronée : on sait, en Italie, que les bestiaux, *lorsqu'ils ne sont pas acclimatés aux terrains marécageux,* contractent cette fièvre, et qu'on les guérit par le sulfate de quinine.

1. *Revue scientifique*, 29 avril 1882, p. 527; — 27 janvier 1883, p. 113.

période de son existence le parasite s'accole au globule rouge et se nourrit à ses dépens, car celui-ci pâlit, perd sa matière colorante et disparaît laissant comme résidu un petit grain de pigment qui représente l'hémoglobine absorbée par le parasite. De ce parasite ainsi enkysté naissent un ou plusieurs filaments mobiles, semblables à des *Vibrions* et qui devenus libres se meuvent très rapidement dans le sang. M. Laveran dit avoir retrouvé le même organisme chez les malades atteints de la *malaria* à Rome, et M. Richard dans le sang d'un matelot arrivant de Chine où il avait contracté des fièvres d'accès. L'emploi du microscope permet le diagnostic certain de la maladie.

Les corps sphériques (la forme enkystée du microbe) annoncent l'imminence de l'accès : le médecin doit se hâter de donner le sulfate de quinine. « La pullulation de ces corps, dit M. Richard, doit être extrêmement active : par exemple dans les accès tierces, on ne les retrouve pas dans les jours d'apyrexie (intervalle des accès) ; à mesure que l'accès s'approche, ils se montrent en nombre croissant, et leur maximum correspond au début de l'ascension thermique : à partir de ce moment leurs instants sont comptés, la chaleur fébrile leur est fatale et enraye net leur développement : telle est l'explication de l'intermittence ; ils produisent la fièvre, la fièvre les tue et tombe à son tour ; à la faveur de l'apyrexie, ils repullulent, rallument la fièvre et ainsi de suite. » Il y a donc une série successive d'*auto-infections* de l'organisme par lui-même, si l'on n'arrête pas le développement du parasite au moyen du sulfate de quinine. « Les parasites du typhus et de la fièvre typhoïde ne sont pas entravés par une température de 40 et même

42 degrés, d'où le caractère de continuité de la fièvre dans ces affections. »

M. Cornil a critiqué, non sans raison, la description et les figures données par M. Laveran de son parasite de

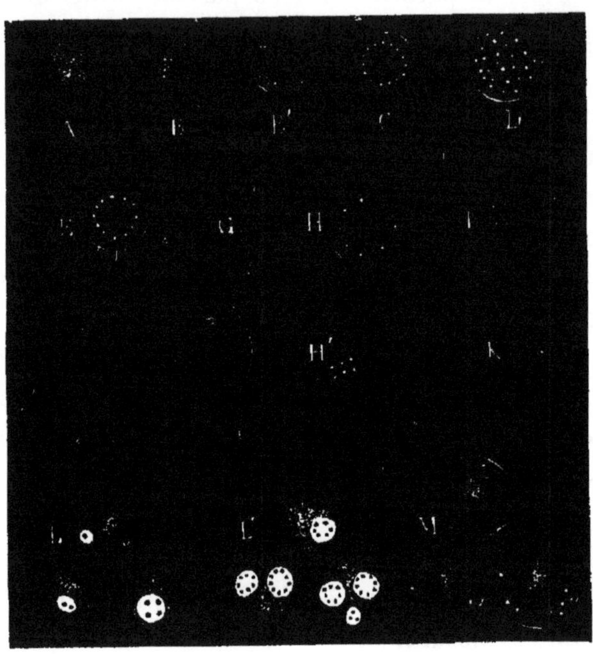

Fig. 84. — Parasite de la fièvre intermittente, d'après Laveran : A, hématie normale ; BB', corps n° 1 ; C, corps n° 2 immobile ; D, corps n° 2 renfermant des grains pigmentés mobiles ; E, corps n° 2 muni de filaments mobiles ; G, filament mobile libre ; HH', corps n° 3 ; IK, corps n° 2 de petit volume. rosés et agglomérés ; LL', hématies auxquelles sont accolés des corps n° 2 de petit volume ; M, leucocytes mélanifères ; les noyaux sont rendus très apparents par le carmin.

l'impaludisme (fig. 84). Il est bien difficile d'y reconnaître un organisme appartenant réellement au règne végétal ou au règne animal. La forme des filaments qu'il dit avoir vu sortir des prétendus corps enkystés les rapproche de ceux que G. von Hoffmann a vus et dessinés dans le sang à l'état normal et dans diverses maladies, et qui ne sont probablement que des expansions de protoplasma extravasé des globules rouges à une température de 40 degrés. Les corps enkystés ne sont aussi, selon toute apparence, que des globules de sang plus ou moins altérés.

Il ne reste donc plus que les granulations pigmentées enkystées dans les globules rouges et blancs, granulations qui ont été vues également par d'autres observateurs, notamment par Marchiafava et Celli. Mais les expériences instituées pour démontrer que ces granulations sont des microbes n'ont pas encore donné de résultat certain.

En résumé, dit M. Cornil, « comme on ne trouve de bactéries ni dans les organes internes, ni dans le sang des malades qui succombent à la fièvre intermittente, on est tenté de supposer que l'agent virulent siège à la surface des muqueuses, de la muqueuse du tube digestif par exemple, et que des poisons chimiques nés sous l'influence des micro-organismes pénètrent de là dans le sang. Ils agiraient ensuite sur les globules rouges du sang. »

Rappelons en terminant qu'un grand nombre de fièvres continues, surtout celles des pays chauds, semblent compliquées par la présence de deux éléments parasitaires, comme nous l'avons dit en exposant la *théorie diblastique* de Nægeli. Au microbe palustre, provenant du sol, vient s'en ajouter un autre dont l'origine immédiate est dans la contagion directe, ou dans une autre influence tellurique (ou atmosphérique) locale.

V

LA FIÈVRE RÉCURRENTE ET LA FIÈVRE JAUNE

Nous rapprochons ici ces deux maladies, simplement parce qu'elles ont été très rarement observées en France. La *fièvre récurrente* ou *typhus à rechute* est une maladie que l'on a observée en Allemagne, en Russie, en Irlande et dans l'Inde où elle porte le nom de *fièvre des jungles.* Dans tous ces pays, elle paraît avoir pour causes prédisposantes la misère, la disette et la faim. C'est une de celles où l'on a constaté de la façon la plus nette et la plus incontestable la présence de microbes dans le sang chez l'homme. C'est en 1868 que cette découverte fut faite par Virchow et le Dr Obermeier, mais rien ne fut publié sur ce sujet avant 1873.

La maladie, par ses symptômes, ressemble beaucoup à la fièvre typhoïde. Le microbe que l'on trouve constamment dans le sang et qui la caractérise nettement, est un *Spirillum* ou *Spirochæte* (*Sp. Obermeieri*), c'est-à-dire un organisme filamenteux plusieurs fois contourné en spirale, et animé de mouvements très vifs (fig. 51, *m, o*) : c'est par milliers qu'on voit ces spirilles se mouvoir au milieu des globules du sang sur le porte-objet du microscope.

Les difficultés que les premiers observateurs éprouvèrent dans leurs tentatives pour inoculer la maladie à l'homme ou aux animaux, et le fait que dans certains cas les microbes paraissent manquer dans le sang des malades présentant les symptômes de cette affection, ont fait mettre en doute la relation qui existe entre la maladie et son microbe producteur. C'est que l'on ne se rendait pas bien compte des conditions d'existence du végétal dans l'organisme : Albrecht a montré récemment (1880) que du sang ne contenant en apparence aucun spirille, mais maintenu dans un vase de culture à l'abri des germes de l'air pendant quelques jours, se remplissait au bout de ce temps de ces organismes, preuve que des spores y préexistaient. Le même observateur put démontrer ses spores, qui ne sont visibles qu'à un grossissement de 1,000 diamètres, et qui succèdent aux spirilles pendant la période de rémission. Enfin on est arrivé à inoculer avec succès la maladie sur un singe, à Bombay; au bout de cinq jours on trouvait des spirilles dans le sang de l'animal.

La *fièvre jaune* n'a pas encore été étudiée suffisamment dans les pays où elle sévit, mais on ne peut guère douter qu'elle ne soit également produite par un schizophyte particulier. Originaire, paraît-il, de l'Amérique du Nord, probablement du delta du Mississipi, cette maladie s'est répandue par les relations maritimes sur toute la zone intertropicale du globe. Les foyers d'infection sont toujours au bord de la mer, à l'embouchure des grands fleuves, ce qui ferait croire que le microbe producteur se plaît, à l'état libre, dans les marais formés par *le mélange de l'eau douce et de l'eau salée.*

Les médecins de Rio-de-Janeiro, notamment le Dr Domingos Freire, ont décrit et figuré récemment de prétendus microbes observés par eux dans les déjections des malades atteints de la fièvre jaune. Mais ces dessins sont pour la plupart de pure fantaisie ou trahissent une grande inexpérience dans les procédés de recherche et les examens microscopiques : c'est ainsi que l'on a figuré, comme des microbes, jusqu'à des *bulles d'air* maladroitement interposées dans des préparations auxquelles leur auteur a cru devoir faire les honneurs d'une reproduction photographique ! Grâce à la précision de ce procédé, qui ne laisse aucune prise à l'imagination

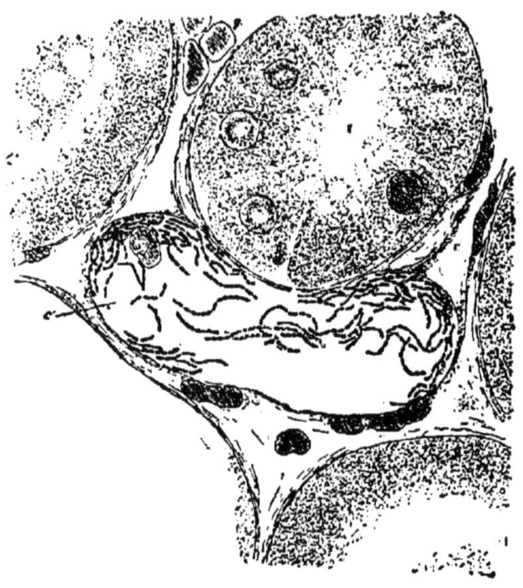

Fig. 85. — Coupe du rein dans la fièvre jaune (d'après Babès), montrant un vaisseau capillaire, *c*, rempli de microcoques en chapelets.

ou à la fantaisie, il est impossible de garder aucun doute sur l'erreur grossière commise par l'observateur.

Quant aux tentatives de vaccinations faites par le Dr Freire, les statistiques fournies par lui-même sont loin d'être favorables à son procédé : elles prouveraient, en effet, que la vaccination a augmenté le chiffre des décès dans la proportion de 19 pour 100 !

Des recherches beaucoup plus scientifiques ont été entreprises par M. Cornil, à Paris, sur des préparations anatomiques conservées dans l'alcool et qui lui avaient été envoyées du Brésil. Dans le foie et le rein de malades morts de la fièvre jaune, il a trouvé des chapelets de microcoques ou de bactéries (fig. 85) visibles seulement à un très fort grossissement (plus de 1,000 fois). Mais leur présence n'est pas constante et par conséquent il n'est pas certain qu'ils soient la cause de la maladie. Les symptômes et les lésions de la fièvre donnent lieu de penser que le — ou les parasites (car ils peuvent être plusieurs, d'après la théorie de Nægeli) siègent dans le tube digestif. De nouvelles recherches suivies, dans les pays à fièvre jaune, et conduites avec plus de méthode qu'on ne l'a fait jusqu'ici, sont nécessaires pour élucider cette question.

VI

LA FIÈVRE TYPHOÏDE ET LE TYPHUS

On peut rapprocher ces deux maladies en raison de la prédominance des symptômes qu'elles présentent du côté du tube digestif.

C'est ici que l'encombrement, l'agglomération humaine et le *miasme humain* qui en résulte jouent le principal rôle, étant admis d'ailleurs, comme nous l'avons dit, que ce miasme est un microbe. On ne niera pas pour cela l'influence des conditions prédisposantes, de ce que l'on a appelé la *réceptivité* pour la maladie. Ces conditions défavorables sont les fatigues physiques, la mauvaise nourriture, le jeune âge, les chagrins, toutes conditions qui se rencontrent avec le miasme humain, résultat de l'agglomération, dans les casernes où sévit la fièvre typhoïde, dans les camps où sévit le typhus, dans les habitations mal construites des faubourgs de nos grandes villes.

Il est peu de maladies, du reste, où l'influence des conditions anti-hygiéniques soit plus évidente. Le manque d'air et de propreté est un des principaux facteurs de ces cruelles épidémies. Dans les logements étroits des ouvriers des grandes villes, on voit souvent le mort, le malade et le bien portant partager la même chambre, quelquefois le même lit; les linges imprégnés des déjections typhiques restent des jours entiers dans cette même chambre. — Les murs et le plancher de nos casernes, trop rarement lavés, désinfectés ou recrépis, recèlent dans leur épaisseur des myriades de microbes, et l'eau des puits qui avoisinent ces habitations en contiennent également en grande quantité.

Est-ce à dire que les conditions hygiéniques soient mieux observées dans les habitations rurales de nos bourgs, de nos villages et de nos fermes isolées? En réalité, il n'en est rien, car le paysan ne connaît pas la propreté et l'hygiène mieux que l'ouvrier des villes : l'incurie de l'architecte (qui n'est le plus souvent qu'un simple maçon), du propriétaire et du locataire est encore plus évidente dans les campagnes et frappe immédiatement l'œil exercé de l'hygiéniste. Aussi les épidémies y sont-elles généralement plus meurtrières que dans les villes ; mais elles y sont moins fréquentes, moins durables et se localisent plus facilement à un village ou à une ferme isolée *parce qu'ici l'air, l'oxygène, qui est le grand purificateur des microbes, est largement répandu partout.*

En ce qui a rapport à la fièvre typhoïde, une des maladies les plus communes dans notre pays, les lésions constantes qui la caractérisent prouvent que le microbe producteur a son siège d'élection sur la muqueuse intestinale, dans les glandes de Payer et dans les follicules isolés qui tapissent cette membrane, et qui sont toujours hypertrophiés et ramollis chez les typhiques. Les taches rouges lenticulaires que l'on observe à la peau sont comme un reflet de l'affection du tube digestif, et c'est ce qui a fait penser au professeur Bouchardat que si, comme il le suppose, ces taches lenticulaires renferment le même microbe que l'intestin, on pourra peut-être le cultiver et l'atténuer de manière à le transformer en un véritable vaccin.

La présence de microbes particuliers dans la fièvre typhoïde a été signalée, dès 1871, par Recklinghausen; mais ce sont Eberth et Klebs qui, tout récemment, ont donné la première description exacte du Bacille typhoïde.

C'est dans la rate, les ganglions lymphatiques et l'intestin, en se servant de procédés de coloration particuliers, qu'Eberth a pu étudier ce bacille. Il se présente sous forme de bâtonnets courts à extrémité arrondie dans les glandes en tubes, et autour des culs-de-sac de ces glandes, qui tapissent la muqueuse de l'intestin. Au début de l'ulcération des plaques de Payer, ils sont nombreux; plus tard ils deviennent plus rares et d'autres microbes prennent leur place. D'après la disposition des bactéries sur une coupe de la muqueuse, on voit qu'elles pénètrent par la surface et envahissent successivement le tissu ulcéré et mortifié (Cornil).

Le sang des malades, recueilli pendant la vie, montre souvent des bacilles entre les globules rouges (fig. 86).

La rate, toujours hypertrophiée, contient ce même bacille, et on le trouve aussi dans le foie, quelquefois même dans les reins et les urines.

Un très grand nombre d'autres bactéries se montrent dans l'intestin vers la fin de la maladie, mais le bacille en question est le seul que l'on rencontre dans le sang et les organes internes ; il est donc bien réellement caractéristique de la maladie.

Un micrographe allemand, élève de Koch, Gaffky, a réussi à cultiver artificiellement ce *Bacillus* en le pre-

Fig. 86. — Bacilles de la fièvre typhoïde, vus à un grossissement de 1,500 fois : sur la même préparation on voit trois ou quatre globules rouges du sang.

nant dans la rate de malades morts de fièvre typhoïde. Sur la gélatine et les pommes de terre, il se développe avec activité, se montre animé de mouvements, et donne des spores internes à la température de 38 degrés. Mais jusqu'à présent on n'a pas réussi à inoculer la maladie chez les animaux, et surtout à reproduire chez eux une affection des intestins réellement comparable à l'altération des plaques de Payer qui la caractérise chez l'homme.

Le cheval est le seul animal qui présente une maladie assez semblable et qui a même reçu le même nom. En 1881, les chevaux de la Compagnie des omnibus, à Paris, ont été décimés par une épidémie de ce genre. Mais la lésion des plaques de Payer n'était pas comparable à celle de la fièvre typhoïde de l'homme, et l'on n'y a pas encore trouvé de microbe particulier.

Le Bacille de la fièvre typhoïde n'a pas été rencontré non plus avec certitude dans l'air ni dans l'eau. — Quant au microbe que l'on peut supposer exister dans le typhus (*typhus fever*), on ne sait encore rien à son sujet.

VII

LE MICROBE DU CHOLÉRA

Cette cruelle maladie est originaire d'Asie, où, par ses ravages, elle joue le même rôle que la fièvre jaune en Amérique. Elle est endémique, c'est-à-dire permanente dans le delta du Gange, d'où elle se répand presque chaque année dans l'Inde. Elle est restée inconnue en Europe jusqu'au commencement de ce siècle; mais depuis elle y a fait six apparitions successives, et semble destinée à remplacer la *peste noire* du moyen âge, maladie qui paraît désormais confinée dans quelques rares localités de l'Orient[1].

En 1817, une violente épidémie de choléra éclata à Jessore, dans l'Inde. De là il passa bientôt dans les îles de la Sonde et jusqu'à Bourbon (1819), envahit la Chine et la Perse (1821), la Russie d'Europe et particulièrement Saint-Pétersbourg et Moscou (1830). L'année suivante il parcourut la Pologne, l'Allemagne, l'Autriche,

1. Voir, dans l'*Annuaire de thérapeutique pour* 1885, du professeur Bouchardat, l'historique des épidémies de choléra à Paris, et la notice sur la nature, le parasite, l'hygiène et le traitement du choléra. (Félix Alcan, éditeur.)

l'Angleterre et parut pour la première fois à Paris le 6 janvier 1832. Il y sévit jusqu'à la fin de septembre.

En 1849, le choléra suivit la même marche. Venu de l'Inde par la voie de terre à travers la Russie, il débuta à Paris le 17 mars et s'éteignit en octobre.

En 1853 le choléra, venu toujours par le même chemin, fut moins meurtrier à Paris, mais dura plus longtemps (de novembre 1853 à décembre 1854).

Les trois dernières épidémies (1865, 1873 et 1884) diffèrent des précédentes en ce qu'elles n'ont pas suivi la route continentale, mais sont venues par mer en traversant la Méditerranée. Propagée de l'Inde à l'Égypte par les pèlerins de la Mecque, l'épidémie de 1865 entra en France par Marseille, ravagea la Provence pendant l'été de 1865 et fut portée à Paris vers la fin de septembre par une femme venant de Marseille; elle fut moins meurtrière que les précédentes. Il en fut de même en 1873.

L'épidémie de 1884 a présenté une marche identique. D'abord localisée à Alexandrie (1883), elle envahit Naples, Marseille et Toulon dans l'été de 1884 et parcourut toute la Provence; de là elle fut transportée à Nantes, dans plusieurs villes du nord-ouest de la France et à Paris, où elle fut relativement bénigne. Enfin, entrée en Espagne par Barcelone vers la fin de cette même année, elle ravage actuellement presque toute la Péninsule (été de 1885).

Il semble en outre que l'épidémie n'est pas complètement éteinte en France, puisqu'on vient de constater (août 1885) sa réapparition à Marseille et à Toulon, sans qu'on puisse accuser une importation nouvelle d'Espagne ou d'Orient.

La marche essentiellement épidémique et contagieuse de cette maladie indique de la façon la plus nette la présence d'un microbe dont le siège d'élection est évidemment dans l'intestin et qui, entraîné par les déjections des malades, constitue l'élément de la contagion dans les localités atteintes par l'épidémie.

Les premières recherches micrographiques précises faites à ce sujet sont celles des deux missions françaises

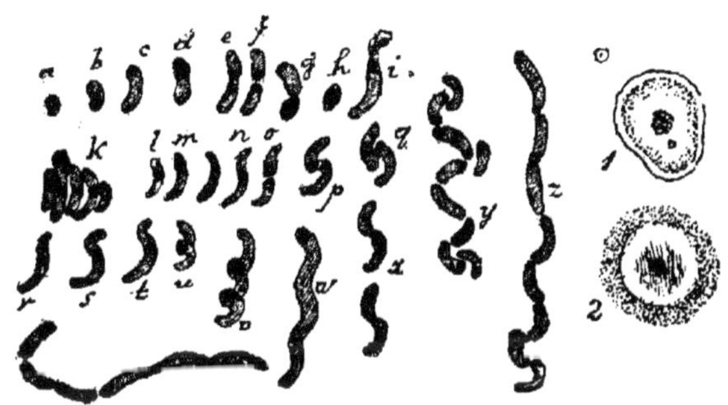

Fig. 87. — Microbe du choléra ou *Bacillus komma* de Koch : *a-z*, les différentes formes qu'il présente dans son accroissement et sa division en cellules (très fort grossissement) ; 1, 2, cultures du même bacille (vues à la simple loupe).

et allemandes envoyées à Alexandrie en 1883. C'est le docteur Koch, de l'office sanitaire allemand, qui, le premier, a décrit le microbe que l'on s'accorde à considérer comme l'agent producteur du choléra. Il lui a donné le nom de *Bacille virgule* (*Bacillus komma*), à cause de sa forme (fig. 87).

Pour voir ces bacilles en nombre, il faut avoir affaire à un cas de choléra foudroyant; c'est ce qui explique pourquoi on a recherché longtemps ce parasite sans réussir à le distinguer des nombreux microbes qui se rencontrent avec lui dès le second ou le troisième jour dans l'intestin des cholériques. On étale sur une lamelle de verre un petit fragment de selle cholérique *riziforme*, puis on colore au violet de méthyl ou au bleu de méthylène, on laisse écouler le liquide en excès et on examine la préparation avec un fort grossissement (1,200 à 1,500 fois, en se servant d'un objectif à immersion éclairé par la lumière du condensateur Abbe).

Les bacilles virgules présentent alors l'apparence que montre notre figure 87 et sont animés, malgré leur coloration, de mouvements très vifs qu'ils conservent longtemps. Ils sont courbés en arc, présentant grossièrement l'apparence d'une virgule. Leur longueur est de 1 millième de millimètre et demi à 2 millièmes de millimètre et demi sur 6 à 7 dix millièmes de millimètre d'épaisseur. Ils sont souvent disposés en chaînes ou en chapelets de manière à figurer un S ou plusieurs S placés bout à bout, comme le montre notre figure. Ceux-là sont les plus caractéristiques. Comparé au microbe de la tuberculose, celui du choléra est moins long et plus large. — Cette forme en spirale a fait considérer ce microbe comme intermédiaire aux genres *Bacillus* et *Spirillum*.

On trouve dans la plupart des eaux courantes ou stagnantes des microbes en virgule assez semblables à celui-ci; mais ils sont en général beaucoup plus grands et aucun autre ne présente les dimensions caractéristiques du *Bacillus komma*.

Ce bacille se trouve dans les grains riziformes des selles cholériques, formés comme on sait par la desquamation de la muqueuse intestinale. Cette muqueuse est, en effet, littéralement mise au vif, *écorchée* d'un bout à l'autre, et les parois de l'intestin sont d'un rose vif par suite de la congestion de la muqueuse. Les grains riziformes sont formés de petites pelotes de cellules épithéliales agglomérées ensemble, et contenant des bacilles en grand nombre.

On en trouve aussi dans les glandes de l'intestin où ils pénètrent grâce à la desquamation de l'épithélium. On n'en a pas encore trouvé ni dans le rein, ni dans les urines, ni dans le sang.

Les cultures de ce microbe réussissent très bien sur la gélatine ou l'agar-agar (gélose). Koch a vu qu'il se multiplie très facilement sur le linge humide et dans le lait, le bouillon, les œufs, le pain mouillé, les pommes de terre, etc. La température qui lui convient le mieux est comprise entre 30 et 40 degrés; mais à 20 degrés il se multiplie encore sur la gélatine. Au-dessous de 16 degrés, il ne fait plus que végéter lentement, mais ne meurt pas. On a constaté que le froid ne le tue pas ; à 10 degrés au-dessous de zéro, il est encore vivant et capable de reprendre toute son activité si on le place de nouveau dans les conditions qui lui sont favorables. Ce microbe est aérobie : la privation d'air le tue en quelques jours.

L'eau peut lui servir de véhicule, mais comme elle ne lui fournit pas assez de substances nutritives, il y disparaît bientôt. Mais il n'en est pas de même des eaux stagnantes contenant des matières organiques. « *Lorsque le niveau des eaux souterraines s'abaisse,* les flaques d'eau se chargent davantage de débris de toute espèce, ... et la pullulation des germes s'y opère avec plus de facilité. *Les bacilles cultivés dans l'eau distillée meurent en 12 heures, tandis qu'ils peuvent vivre pendant 7 jours dans l'eau de boisson* (Cornil).

L'influence du niveau des eaux souterraines sur le développement des épidémies de choléra a été démontrée par Pettenkofer, en Allemagne, bien avant que l'on songeât sérieusement à mettre en cause un microbe quelconque.

Pendant son récent voyage dans l'Inde, Koch a rencontré le *Bacille virgule* dans les eaux stagnantes de ce pays.

On a longtemps cherché en vain à reproduire le choléra asiatique chez des animaux, au moyen d'injections de bacilles virgules, afin de pouvoir donner ainsi la preuve de la nature parasitaire de la maladie. Les animaux des contrées atteintes de choléra semblent avoir une grande immunité sous ce rapport. Nicati et Rietsch, à Marseille, ont réussi les premiers à produire le choléra en injectant le liquide cholérique directement dans le duodénum des animaux (cochons d'Inde, chiens, etc.). Presque tous ont succombé en deux ou trois jours, et l'intestin congestionné contenait une quantité de bacilles en virgule bien supérieure à celle de l'injection.

Le docteur Bochefontaine, à Paris, a avalé des pilules contenant des déjections cholériques. Il a éprouvé un malaise de quelques jours qui n'a pas eu d'autres suites fâcheuses. Il est probable que, dans ce cas, l'*acidité du suc gastrique* a produit une atténuation des bacilles, ou les a, en partie, détruits. Nous verrons, en effet, que les acides sont contraires au développement du microbe. Bochefontaine s'est aussi injecté du virus cholérique sous la peau du bras, et n'a éprouvé qu'un peu de rougeur œdémateuse localisée autour de la piqûre, sans réaction générale comparable à celle produite par l'injection du même virus dans le canal digestif.

Tentatives d'inoculation du docteur Ferran. — Ceci nous amène à parler des tentatives d'inoculation faites sur une grande échelle, par le docteur Ferran, en Espagne, sous le nom de vaccinations anticholériques.

En 1884, le docteur Ferran (de Tortosa) fut chargé par la municipalité de Barcelone d'aller à Toulon étudier l'agent infectieux du choléra. Ses précédentes études de micrographie le désignaient pour cette mission. Revenu de Toulon avec une provision de cultures du bacille virgule, le docteur Ferran se hâta d'étudier l'évolution de ce microbe. Les faits qu'il annonce avoir observés diffèrent beaucoup de tout ce qui a été vu avant lui et ne peuvent être acceptés sans des recherches contradictoires.

D'après Ferran, le microbe du choléra présente un polymorphisme qui aurait échappé jusqu'ici aux investigations de Koch et des autres micrographes qui l'ont étudié et cultivé. Transporté dans du bouillon alcalin stérilisé, le *Bacillus komma* s'allonge, forme des filaments flexueux, puis se gonfle à l'une de ses extrémités jusqu'à atteindre le volume d'un globule rouge du sang, constituant ainsi un *oogone* rempli de protoplasma. Une enveloppe transparente (*périplasme*) se forme à l'oogone qui devient ainsi une *oosphère*. Tout près de celle-ci, sur le filament primitif, se montre un petit renflement que Ferran considère comme le *pollinide* (ou *anthéridie*), qui doit féconder l'oosphère et la transformer en *oospore*.

Celle-ci se rompt alors, et les granulations qu'elle contenait nagent dans le liquide. Celles qui ont été fécondées croissent jusqu'à atteindre le volume de l'*oogone* précédente et constituent les *corps mûriformes*, ainsi nommés en raison de leur aspect mamelonné dû à de nombreux noyaux ou microcoques.

On voit bientôt de l'un des points de ce corps mûriforme sortir avec force un filament très ténu, qui s'allonge. Souvent deux filaments se montrent à la fois.

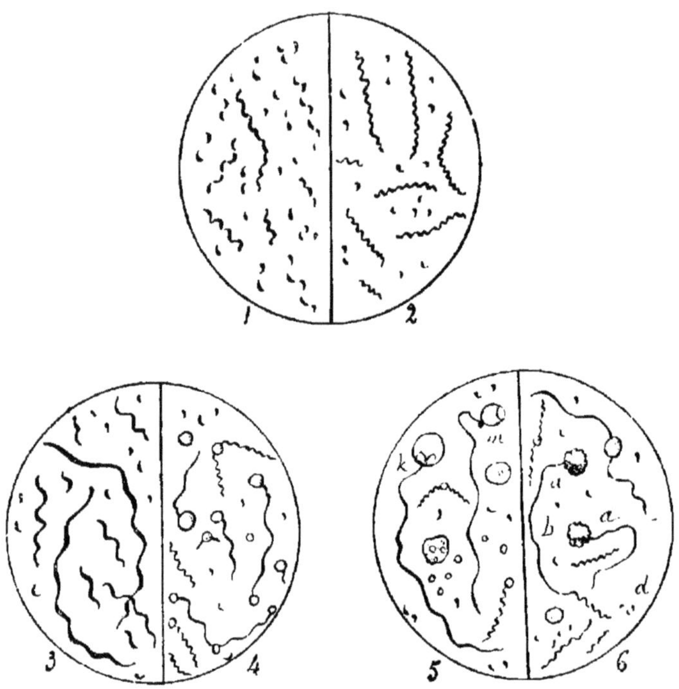

Fig. 88, 89, 90. — Évolution du microbe du choléra (*Peronospora Ferrani*), d'après le Dr J. Ferran : 1. Microbe du choléra (*Bacillus komma*) découvert par Koch. 2. Forme spiroïde du même transporté de la gélatine dans du bouillon. 3. Dégénérescence de la forme spiroïde cultivée en séries successives. 4. Microbe du choléra (*Peronospora Ferrani*) : développement de l'*oogone* sur les spirilles et les filaments droits. 5. L'*oogone* se remplit de granulations qui se concentrent en un point *k*, puis se convertit en *oosphère ; m, pollinide* ou organe fécondant. 6. L'*oosphère* se convertit en *corps mûriformes virguligènes : a, d.*

Ces filaments deviennent flexueux, se tortillent en spirale, forment des spirilles, qui bientôt se segmentent et fournissent ainsi, par scissiparité, les *bacilles en virgule* de Koch qui ont été le point de départ de la culture et de ce cycle évolutif (fig. 88, 89, 90).

D'après cela, on voit que le microbe du choléra appartiendrait à un groupe beaucoup plus élevé que celui des *Bactéries* dans lequel on l'a rangé jusqu'ici. Par son mode de reproduction, ce serait non pas une *Algue*, mais un champignon du groupe des *Peronosporées* (voyez p. 26-28), auquel M. Ferran donne en effet le nom de *Peronospora Barcinonæ,* et que ses amis ont tenu à nommer, d'après celui qui l'a découvert, *Peronospora Ferrani*.

Ce Peronospora est, d'après le médecin espagnol, l'agent infectieux du choléra. Mais il semble bien étonnant qu'un polymorphisme si remarquable ait échappé jusqu'à présent aux recherches de Koch et des nombreux micrographes qui ont fait des cultures variées du bacille virgule. Il est bien difficile de ne pas admettre qu'il s'est glissé quelque surprise ou quelque erreur dans les recherches du docteur Ferran, et en définitive, l'idée qui se présentera à l'esprit de tout micrographe non prévenu, c'est que le *Peronospora Ferrani* n'est pas le véritable bacille virgule, celui de Koch, ni par conséquent le microbe du choléra [1].

Nous avons montré, en effet, qu'il existe dans les eaux et dans le corps de l'homme un grand nombre de bactéries ou de cellules libres, en forme de virgule, qu'il est facile de confondre avec le vrai *Bacillus komma* quand on n'emploie pas des réactifs colorants et des procédés très précis de culture. Or le docteur Ferran nous dit lui-même que, dans la culture de son *Perono-*

1. Les critiques formulées contre la description et les figures du microbe de l'impaludisme de M. Laveran peuvent s'appliquer, mot pour mot, à la description et aux figures du microbe du choléra de M. Ferran que nous reproduisons ici.

spora Ferrani, il faut rejeter tout procédé de coloration. Au contraire M. Cornil, a montré que la coloration par le violet de méthyl ne tue pas les vrais bacilles en virgule. Déjà précédemment Finkler avait trouvé dans le *cholera nostras* (non épidémique) un microbe en virgule qui se rapproche beaucoup sous certains rapports de celui de Ferran. Or Koch a montré que ce microbe, ainsi que celui de même forme trouvé par Lewis dans la salive, ne se conduit pas dans les cultures comme celui du choléra asiatique : celui de Lewis ne liquéfie jamais la gélatine comme le fait toujours le bacille du choléra.

Les précautions à prendre dans les ensemencements des liquides de culture sont tellement grandes qu'il est bien permis de douter que Ferran ait toujours pu se mettre à l'abri de toute erreur sous ce rapport. On sait, en effet, depuis le rapport de M. Brouardel, qui a visité son laboratoire, combien sont primitifs et insuffisants les instruments et les procédés dont s'est servi le médecin espagnol dans le cours de ses recherches.

En résumé, et en attendant que ces faits aient été confirmés par d'autres observateurs, il nous semble prudent de considérer le *Peronospora Ferrani* et le *Bacillus komma* comme deux microbes absolument distincts. Cela ne veut pas dire que les liquides de culture employés par Ferran ne renferment pas ce dernier, mais *il est très probable qu'ils renferment, à côté et en plus grand nombre, un second microbe* (?) *qui est précisément le* Peronospora Ferrani.

On remarquera, du reste, que les injections de liquide de culture faites par Ferran dans l'intestin des cobayes *ne produisent rien :* au contraire, les injections sous-cutanées tuent rapidement ces animaux et produisent un malaise très marqué chez l'homme. Or, *c'est le contraire précisément de ce qu'ont observé* MM. Nicati et Rietsch à Marseille, et Bochefontaine à Paris.

Cette différence est capitale, car elle indique bien que les deux microbes ne sont pas identiques, et tout ce que l'on sait du choléra prouve que l'action de son microbe s'exerce avant tout sur l'intestin [1].

Quoi qu'il en soit, le docteur Ferran, poursuivant ses expériences de culture, a cherché à obtenir un liquide contenant le microbe atténué et pouvant servir à des inoculations préventives. Il pense avoir réussi. Après s'être inoculé lui-même, il a fait la même opération à plusieurs de ses amis, puis à des milliers de personnes dans diverses villes de la province de Barcelone et dans toute l'Espagne.

L'inoculation consiste à introduire, au moyen d'une petite seringue à injection hypodermique, environ un centimètre cube du liquide vaccinal, dont l'auteur a gardé jusqu'ici le secret. Le malaise que l'on éprouve à la suite de cette petite opération est constant, mais se dissipe au bout de quelques heures. D'après Ferran lui-même, une première inoculation ne suffit pas à prémunir contre la contagion. Une seconde et même une troisième (ou même davantage) sont nécessaires pour atteindre ce but, mais le malaise produit par l'injection va toujours en diminuant.

1. C'est ce que viennent confirmer les expériences toutes récentes (août 1885) de MM. P. Gibier et Van Ermengen. Après avoir inoculé, suivant la méthode hypodermique du docteur Ferran, un certain nombre de cochons d'Inde avec un liquide de culture *virulent* et leur avoir donné le temps de se rétablir, on a injecté à ces mêmes animaux, par l'estomac, le même liquide et tous sont morts avec les symptômes et les lésions du choléra.

Jusqu'à présent les résultats obtenus par ce procédé dans la récente épidémie d'Espagne ne sont pas connus d'une façon précise, le docteur Ferran n'ayant pu produire les statistiques officielles qui seules permettraient de contrôler ses affirmations.

Aussi a-t-on le droit de faire les plus grandes réserves, aussi bien sur la valeur de cette prétendue vaccination que sur la véritable nature du microbe cultivé par le docteur Ferran et considéré par lui comme l'agent infectieux du choléra.

En outre, si l'on se rapporte aux faits constatés par le docteur Bochefontaine, on peut se demander si l'injection sous-cutanée est le véritable mode d'inoculation applicable à cette maladie, et si le procédé employé par ce dernier (introduction, par l'estomac, de pilules ou d'un liquide contenant le microbe atténué) ne serait pas plus rationnel ?

Mode de propagation et préservation du choléra. — Le sommet du delta du Gange paraît être la patrie d'origine du choléra et de son microbe. Au-dessous de cette région, les eaux stagnantes des bords du fleuve, infectées de déjections de tout genre, rendent la base maritime du delta absolument inhabitable. Mais, au sommet même, les eaux couvrent presque la terre. *Quand on bâtit une maison, on prend la terre pour élever le niveau du sol, et la maison se trouve entourée de flaques d'eau* (Cornil). Une température élevée est nécessaire pour que le bacille vive dans l'eau : aussi est-il bien probable qu'il ne s'acclimatera jamais sous notre climat plus froid. Les drainages effectués autour de Calcutta ont déjà diminué la gravité des épidémies.

C'est toujours par l'homme que la maladie se propage. Dans l'Inde, l'Arabie et l'Égypte, les pèlerinages sont la principale cause de sa diffusion. Au Bengale, les bains pris en commun par les pèlerins dans des étangs sacrés, n'ayant souvent que quelques dizaines de mètres carrés et qui reçoivent, dans la même journée, des milliers d'hommes en sueur, épuisés par un long voyage et par une nourriture insuffisante, ne contribuent pas peu au développement du fléau. De l'Inde il passe à l'Arabie par les pèlerins mulsumans des caravanes qui vont s'entasser chaque année dans les rues étroites de la Mecque, et le rapportent ensuite en Égypte. Enfin d'Alexandrie il est porté à Marseille et dans tous les ports de la Méditerranée par les navires qui ont servi au transport des pèlerins, par les hommes, leur linge ou leurs vêtements.

C'est donc par le corps de l'homme, par ses vêtements, ou par l'*eau* qui entraîne ses déjections et qui a servi à laver le linge, que les microbes infectieux sont transportés. *L'air doit être mis hors de cause,* ainsi qu'on le sait depuis longtemps. Dès 1832 on avait remarqué que le vent n'avait pas d'influence sur l'épidémie, qui *marchait au contraire comme un homme qui voyage par petites étapes.*

Les recherches toutes récentes de M. Duclaux établissent que l'air et le soleil atténuent et tuent bientôt les microbes. L'air, le vent ne portent guère que des germes morts. « Pour conserver toute leur virulence, les microbes ont besoin de voyager dans des vêtements empaquetés, des ballots de marchandises, ou dans la cale sombre et humide d'un navire. Pour tout dire, en un mot, la lumière solaire est l'agent d'assainissement à la fois le plus universel, le plus économique et le plus actif auquel puisse avoir recours l'hygiène publique ou privée. » (Duclaux.)

Koch a signalé, d'une façon générale, les *acides* comme les agents qui entravent le mieux le développement du bacille du choléra. Sous ce rapport l'acide du suc gastrique est le meilleur préservatif, et l'on peut expliquer un grand nombre de cas de contagion par le fait de l'ingestion d'une grande quantité d'eau qui dilue outre mesure le suc gastrique, ou même traverse l'estomac à jeun sans s'y arrêter, et transporte du premier coup dans l'intestin un liquide contenant les dangereux microbes. Toute indigestion, le catarrhe de l'estomac et de l'intestin qui se traduisent par de la diarrhée, constituent une prédisposition favorable à l'invasion de la maladie.

Parmi les autres substances qui sont défavorables au développement du microbe et constituent par suite, jusqu'à un certain point, des remèdes préventifs contre le choléra, nous signalerons le sulfure de calcium, qui agit en produisant du gaz acide sulfhydrique, l'acide phénique, l'acide salicylique, le thymol, l'alcool, l'acide acétique (ou vinaigre), enfin l'huile de moutarde, qui, de même que les autres principes volatils déjà cités, constitue un excellent désinfectant en temps d'épidémie.

Nous parlerons, dans un chapitre spécial, de la pureté des eaux de boisson, qui importe aussi beaucoup, et des filtres perfectionnés inventés pour les purifier des microbes qui ne sont pas arrêtés par les filtres ordinaires.

VIII

LES FIÈVRES ÉRUPTIVES; LA SCARLATINE, LA VARIOLE, LA ROUGEOLE, LA VACCINE

On trouve des microbes dans les boutons caractéristiques de ces diverses maladies. Ce sont généralement des microcoques (*Micrococcus*) isolés ou en chapelets.

ROUGEOLE. — M. Babès, en 1880, a le premier décrit les microcoques qu'il a rencontrés dans cette maladie et surtout dans la pneumonie qui la complique souvent. Le sang des boutons, la sécrétion catarrhale du nez, etc., contiennent des corpuscules ronds, isolés ou liés deux par deux (en 8), plus rarement en chapelets courts. Quand la pneumonie s'est déclarée, les cellules pulmonaires contiennent également des bactéries isolées, en 8, en chapelets et même en zooglées ou agglomérations nombreuses. M. Babès n'a pas encore cultivé ni essayé d'inoculer ce microbe.

Plus récemment (janvier 1883), M. Le Bel a observé dans l'urine des individus atteints de rougeole l'apparition de bâtonnets légèrement courbes (*Bacillus*) et doués de mouvements très lents. Leur longueur varie considérablement, et les spores apparaissent dans un renflement situé vers le tiers de chaque bâtonnet. Ce microbe se montre au début pendant quelques jours et disparaît avec la fièvre, pour se montrer de nouveau au moment de la desquamation furfuracée : or on sait que c'est à ces deux époques que la contagion est surtout facile. Le microbe se trouve dans cette desquamation, et on l'obtient en raclant la peau avec un couteau. M. Le Bel a pu le cultiver dans de l'urine stérilisée, en s'entourant de toutes les précautions d'usage. Dans les rougeoles graves, le microbe persiste sur la peau et dans l'urine pendant des semaines et des mois.

Il est probable que le microcoque de Babès et le bacille de Le Bel ne sont que deux formes du même microbe.

Scarlatine. — Sur les cellules épidermiques qui se desquament dans cette maladie, et sur le voile du palais, Pohl a trouvé des microcoques un peu plus petits que ceux de la rougeole.

Dans l'urine des scarlatineux, on observe une bactérie en 8 de chiffre.

Stickler pense avoir découvert le vaccin de la scarlatine en faisant passer le virus scarlatineux par le cheval et le veau. Ces animaux, inoculés avec le sang d'un homme atteint de cette maladie, présentaient une éruption avec desquamation, trois jours après l'inoculation. Un homme inoculé avec cette desquamation présenta une tache rouge semblable à celles de la scarlatine, et le même individu inoculé ensuite avec la scarlatine humaine ne gagna pas la maladie.

Variole et vaccine. — Dans les boutons de la variole, on trouve des microcoques isolés ou réunis, que l'on voit bien, sur une coupe de la peau, en les colorant avec le violet de méthyle. Le même microbe s'observe dans les boutons de la muqueuse du larynx, dans le foie, le rein et le sang de la veine porte. On n'a pas encore réussi à le cultiver.

Le *Micrococcus* que l'on trouve dans les pustules de

la variole ne diffère pas par sa forme de celui de la vaccine, ou du *cow-pox* de la vache, qui constitue, comme on sait, la source première de la vaccine humaine. On

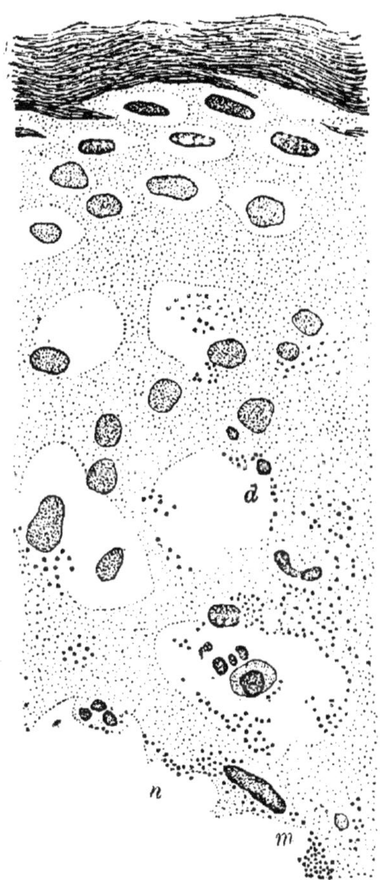

Fig. 91. — Coupe de la peau au niveau d'un bouton de variole : *a*, épiderme corné ; *d*, corps muqueux de la peau avec des cavités *b* ; *m*, *m*, microcoques colorés par le violet de méthyle (grossi 850 fois).

n'est pas encore certain que le microbe de la variole et celui de la vaccine soient identiques, mais d'après la ressemblance des pustules et des microcoques qu'elles renferment, cela paraît extrêmement probable, et c'est ce qui explique, du reste, l'efficacité du vaccin comme préservatif de la variole.

La vaccine intéresse trop directement chacun de nous pour qu'il ne soit pas utile de retracer ici sa curieuse histoire.

Avant que la vaccine fût connue, on inoculait la petite vérole comme moyen préventif. Cette inoculation était connue des Arabes et des Chinois dès le xe siècle ; mais dédaignée par les médecins, elle était abandonnée aux femmes. Dans l'Inde, les brahmes la pratiquaient, et le crieur public annonçait qu'il y avait du virus variolique à vendre.

En 1717, lady Montague, femme de l'ambassadeur d'Angleterre à Constantinople, eut l'occasion de voir opérer une vieille Thessalienne qui ne manquait jamais d'accompagner la piqûre de pratiques de sorcellerie et de démonstrations superstitieuses. Elle prétendait en avoir reçu la révélation de la Vierge elle-même qui lui était apparue, et se vantait d'avoir opéré l'inoculation plus de 40,000 fois.

Frappée des résultats obtenus, lady Montague fit inoculer son fils : on dit que la vieille Thessalienne se servit si maladroitement de son aiguille rouillée que Maitland, médecin de l'ambassade, dut terminer l'opération. De retour en Angleterre, lady Montague fit connaître le résultat favorable de cette pratique. Le roi George autorisa l'inoculation sur six prisonniers de Newgate, puis sur six orphelins ! L'opération faite par Maitland ayant été couronnée de succès, il lui fut permis d'inoculer les princesses de la famille royale et plus de 200 autres personnes.

Cependant le clergé s'opposa bientôt à cette pratique qu'il considérait comme immorale et antireligieuse, empiétant sur les droits et la volonté de Dieu. Quelques revers, comme la mort du fils du comte de Sunderland, effrayèrent et jetèrent du discrédit sur l'inoculation.

En 1723, elle n'en fut pas moins importée en France par de La Coste, et acceptée par Chirac, Helvétius et d'autres médecins de cette époque. Combattue par le plus grand nombre, condamnée officiellement par arrêt de la Sorbonne en 1750, comme « illicite et contraire à la loi de Dieu », arrêt qui fut approuvé par la Faculté de médecine en 1763, l'inoculation n'en continua pas moins à se répandre jusqu'au moment où elle fut détrônée par la vaccine.

Celle-ci semble aussi avoir été connue anciennement en Asie. Quoi qu'il en soit, on savait au siècle dernier, dans le midi de la France, que les filles de ferme qui attrapaient la *picote* des vaches étaient préservées de la petite vérole. Les boutons de cette picote, ou *cow-pox*, siègent particulièrement sur les pis, et c'est en trayant les vaches que l'on s'inoculait la vaccine par quelque plaie accidentelle des doigts. Le fait fut communiqué, en 1798, par un Français, M. Rabault, au docteur Pew, médecin anglais ami de Jenner. Celui-ci eut le mérite de comprendre l'importance de cette révélation, et d'en tirer par l'induction une des plus admirables découvertes de la médecine moderne, la méthode préventive qui tend de plus en plus à se généraliser et à s'étendre à d'autres maladies, surtout depuis les nouvelles recherches de M. Pasteur sur les vaccins du charbon et du choléra des poules.

C'est aussi M. Pasteur, s'appuyant sur les travaux de

M. Chauveau, qui a montré que dans le virus vaccinal ce sont bien les microbes seuls qui sont actifs : il suffit de priver le liquide de ses microcoques par filtration pour que ce liquide devienne tout à fait inerte, impropre par conséquent à toute inoculation ou vaccination ultérieure.

IX

LES MICROBES DU CROUP ET DE LA COQUELUCHE

La nature parasitaire du croup et de la diphthérie, depuis longtemps soupçonnée, n'a été démontrée qu'en 1881 par les recherches de deux médecins américains, MM. Wood et Formad. Au printemps de cette même année une épidémie très grave de croup sévissait à Ludington, petite ville située sur les bords du lac Michigan (États-Unis), et dont la principale industrie consiste dans l'exploitation des forêts voisines dont les arbres sont débités en planches par de nombreuses scieries qui occupent presque toute la population ouvrière. La ville est construite sur une hauteur, sauf le troisième quartier, *bâti sur un marais très bas en partie comblé avec de la sciure de bois.* Le sol est si humide que le moindre trou qu'on y creuse se remplit d'eau immédiatement, et les caves y sont presque inconnues. C'est dans ce quartier que l'épidémie sévissait : presque tous les enfants en étaient atteints et il en était déjà mort un tiers.

Le docteur Formad se rendit à Ludington, pour étudier l'épidémie et recueillir des matériaux d'expériences. Dans tous les cas, le sang des malades fut trouvé rempli de microcoques appartenant au *Micrococcus diphthericus*, les uns libres, les autres réunis sous forme de *zooglœa*, c'est-à-dire agglutinés en petites masses, d'autres enfin dans les globules blancs du sang. Tous les organes et surtout le rein en étaient également farcis.

Avec les matériaux recueillis à Ludington, MM. Wood et Formad firent des expériences de culture et réussirent à inoculer le croup à des lapins. Ces inoculations faites sous la peau, dans les muscles et dans la trachée, furent suivies de la production de fausses membranes, et les animaux succombèrent avec tous les symptômes de la diphthérie. Le sang était rempli de microcoques. Sur les animaux vivants, on constata que le *micrococcus* attaque d'abord les globules blancs, dans l'intérieur desquels on le voit se mouvoir avec un mouvement vibratile : le globule change d'aspect, perd ses granulations, se remplit de microcoques qui sont alors si pressés qu'ils restent immobiles : ils s'accroissent, font éclater le globule et s'échappent sous forme d'une masse irrégulière qui constitue la *zooglœa*. On trouve de ces globules pleins de microcoques dans les fausses membranes, dans les petits vaisseaux qu'ils dilatent et oblitèrent complètement, et même dans la moelle des os.

Les cultures faites dans des ballons donnèrent des résultats importants. En comparant les semis faits avec les microcoques rapportés de Ludington à ceux provenant de l'angine diphthéritique ordinaire, telle qu'on l'observe à Philadelphie, on constata une grande différence dans la vitalité et les propriétés virulentes des microbes provenant de ces deux sources. Les premiers s'accrurent avec rapidité et énergie et se succédèrent de génération en génération jusqu'à la dixième, tandis que ceux de

Philadelphie cessèrent de croître après la quatrième ou cinquième génération, et ceux pris sur la langue ne dépassèrent pas la troisième. Or l'angine diphthéritique de Philadelphie est bien plus rarement mortelle que le croup, et les premiers essais d'inoculation tentés par MM. Wood et Formad n'avaient pas donné de résultats bien nets, précisément parce qu'ils étaient faits avec ce microbe de l'angine diphthéritique qui représente une forme atténuée de celui du croup. C'est le même organisme, mais modifié par le milieu dans lequel il se développe, et la vitalité des cultures artificielles est en proportion directe avec le degré de malignité de l'affection d'où proviennent les germes qu'on y a semés.

D'après ces faits, on peut proposer la théorie suivante qui explique bien tous les cas de diphthérie. Un enfant contracte une angine catarrhale simple ou une laryngite : sous l'influence des produits de l'inflammation qui leur offrent à la fois un aliment et un terrain propice, les *Micrococci*, restés jusque-là inertes dans la bouche, commencent à croître et à se multiplier : la plante qui sommeillait prend un grande extension. Il peut y avoir, du reste, une foule de degrés entre le croup à complications malignes et l'angine couenneuse la plus bénigne, et tous les médecins savent qu'il en est ainsi dans la pratique. Les germes des microcoques flottent dans l'air [1] en plus ou moins grand nombre et ils peuvent rencontrer, suivant les cas, des conditions plus ou moins favorables : s'ils tombent sur la gorge tendre des enfants, prédisposée par une légère inflammation, ils s'y développent avec une effrayante rapidité et produisent le croup, puis une

1. Ou, plus souvent encore, sont apportés *par les eaux de boisson*, comme c'était le cas, selon toute apparence, à Ludington.

diphthérie rapidement mortelle : Nægeli a calculé que leur nombre peut doubler en *vingt minutes*. La plante dont l'activité s'est accrue par la culture chez un premier malade peut être expulsée avec son haleine et aller infester une seconde personne, et de même qu'il y a plusieurs degrés d'activité de la plante, il y aura également des spores plus ou moins contagieuses, celles de la diphthérie maligne étant plus redoutables que celles de l'angine couenneuse ordinaire.

Quels sont les moyens que l'on peut opposer aux ravages de cette cruelle maladie? Disons d'abord que l'opération de la trachéotomie (qui réussit à peine dans un tiers des cas), n'agit qu'en permettant l'accès de l'air dans les poumons de l'enfant : il y a donc un premier effet curatif qui consiste à préserver le petit malade de l'asphyxie imminente et à gagner du temps : mais lorsque cette opération seule suffit à amener la guérison, il faut chercher une autre explication. M. Pasteur a montré que le contact prolongé de l'air produisait une véritable atténuation des microbes virulents. De leur côté, MM. Wood et Formad ont constaté des faits du même genre : des fausses membranes du croup provenant de Ludington furent exposées pendant plusieurs semaines à l'air jusqu'à ce qu'elles fussent complètement desséchées : au bout de ce temps, de virulentes qu'elles étaient, elles devinrent complètement inertes. Cependant elles n'étaient pas mortes et possédaient encore le pouvoir de se reproduire, mais leur culture ne dépassa pas la 3e ou 4e génération. On doit donc admettre que dans la trachéotomie le libre accès de l'air produit une atténuation de la virulence du *Micrococcus* du croup.

On ne saurait trop s'élever contre l'abus des vomitifs

qui sont malheureusement passés dans nos mœurs et que les parents administrent trop facilement sans prendre l'avis du médecin. L'émétique surtout, dont l'action est beaucoup plus violente que celle de l'ipécacuanha, doit être complètement rejeté. Les *Micrococci* ne se trouvent que dans les couches les plus superficielles des fausses membranes, qui laissent à leur place une muqueuse irritée et sanglante que la fausse membrane protégeait précisément contre le contact immédiat des microbes ; dès lors ceux-ci passent facilement dans le sang. On n'a donc fait que labourer, pour ainsi dire, le terrain, et le rendre plus favorable à la multiplication des microcoques qui s'y sèment de nouveau et s'y reproduisent avec une effrayante rapidité.

Le meilleur remède est celui qui a été préconisé par M. le Dr Fontaine (de Bar-sur-Seine). Il consiste à administrer à l'intérieur les sulfureux, sous forme de sulfure de calcium, de manière à produire dans l'estomac un dégagement lent de gaz hydrogène sulfuré (ou acide sulfhydrique) qui entrave le développement des microbes, ou produit l'atténuation de leur virulence. Il va sans dire qu'il faut instituer ce traitement dès le début, avant que les *Micrococci* n'aient pénétré dans le sang. On emploie en même temps un gargarisme au jus de citron (acide citrique), qui flétrit les fausses membranes sans les détacher violemment. L'action des acides s'explique facilement quand on sait que la *plupart des microbes ne peuvent prospérer que dans un milieu alcalin*. Grâce à ce traitement, le Dr Fontaine a pu sauver les *neuf dixièmes* de ses malades tandis que tous les autres traitements ne donnent qu'*un tiers* de succès, et souvent beaucoup moins.

Les premières recherches faites en Europe, sur le microbe de la diphthérie, remontent à 1873, époque où Klebs en donna une description exacte sous le nom de *Microsporon diphtericum*. Dans la plupart des cas il rencontra deux formes : des microcoques et des bâtonnets ou bacilles. Impressionné, sans doute, par la grande différence d'intensité que la maladie présente suivant les épidémies, il admet dans ses derniers travaux deux formes de diphthérie suivant la prédominance de l'une ou de l'autre de ces deux formes : la forme *microsporine* et la forme *bacillaire*. La première s'observerait dans l'est de l'Europe, notamment en Hongrie : la seconde serait plus commune en Suisse et dans l'ouest, par conséquent en France. La première siège surtout sur les amygdales et présente moins de gravité ; au contraire, la forme bacillaire gagne bientôt le larynx et la trachée (croup) et donne lieu à des symptômes d'empoisonnement du sang rapidement mortels. Les bacilles, très petits, comme ceux de la tuberculose, siègent à la surface des fausses membranes, plus rarement dans leur épaisseur et à la surface de la muqueuse enflammée.

Lœffler a entrepris des expériences de culture et d'inoculation qui semblent confirmer l'opinion de Klebs. Il a pu isoler et cultiver séparément le *Microsporon* ou microcoque et le *Bacillus*, ce qui ferait croire que ce sont deux espèces différentes. Les microcoques en chapelets, cultivés isolément et inoculés aux animaux ne produisent pas la diphthérie : les bacilles au contraire provoquent la formation de fausses membranes, mais ne reproduisent pas exactement la diphthérie telle qu'on la connaît chez l'homme.

De leur côté, MM. Cornil et Babès ont étudié ces

deux formes de microbes. Ils ont constaté que les bacilles se rencontraient le plus ordinairement dans les fausses membranes de la peau, et les micrococques dans celles de la gorge et du larynx. Mais, dans presque tous les cas, ils ont trouvé à la fois des bacilles, des zooglées et des micrococques en chapelets associés dans les fausses membranes, même dans celles de la peau, et des bacilles dans celles de la gorge.

MM. Cornil et Mégnin ont étudié la diphthérie spontanée des oiseaux de basse-cour et des mammifères domestiques. Les lésions anatomiques et la forme des microbes rapprochent cette maladie de la diphthérie humaine, et l'on a constaté des cas de contagion du veau à l'homme. Cependant l'inoculation directe ne réussit pas, de sorte qu'il est encore impossible d'affirmer l'identité des deux maladies.

Quant à la dualité de la diphthérie de l'homme, telle qu'elle résulterait des recherches de Klebs et Lœffler, nous ne pensons pas qu'on puisse encore l'affirmer. Les symptômes et surtout les lésions histologiques constantes que l'on observe dans cette maladie sont en faveur de son unité et la gravité plus ou moins grande de l'affection doit tenir à d'autres causes.

Connaissant le polymorphisme des microbes, nous pensons que les bacilles représentent la forme adulte, les micrococques (ou *Microsporon*) la forme jeune d'une même espèce, qui, dans tous les cas, est la cause de la diphthérie et de ses diverses manifestations : croup, diphthérie de la peau, etc. De nouvelles recherches sont nécessaires pour éclairer cette question.

Coqueluche et grippe. — Burger a trouvé récemment, dans les crachats de la coqueluche, des bâtonnets en 8, qui existent en grand nombre dans les petits flocons blanchâtres, visibles à l'œil nu qu'on y observe, et qui se colorent par le violet de méthyle comme beaucoup de bactéries. Ce microbe serait la cause de la coqueluche et ne ferait jamais défaut dans cette maladie et ses rechutes. On ne l'a pas encore cultivé.

La grippe, ou influenza, ressemble beaucoup, par sa marche, à la coqueluche, et l'on devait penser qu'elle était également causée par des microbes. Letzerich a trouvé en effet dans le sang des micrococques auxquels il attribue cette affection : mais ses recherches ont besoin d'être reprises avec plus de rigueur.

Certains faits observés dans la pratique médicale nous ont fait supposer depuis longtemps que la coqueluche pouvait être considérée comme une forme atténuée du croup, de même que la vaccine est une forme atténuée de la variole. Le même traitement réussit pour l'une comme pour l'autre : le séjour dans les salles d'épuration des usines à gaz, où se dégagent continuellement des vapeurs acides (hydrogène sulfuré, hydrogène carboné, goudron, benzine, acide phénique, etc.), produit l'atténuation des microbes qui se sont implantés dans la gorge et dans le poumon. Le sulfure de calcium réussit très bien dans la coqueluche comme dans le croup.

Il est très rare que les enfants ayant eu la coqueluche, ou l'ayant encore, contractent le croup même en temps d'épidémie, malgré la prédisposition fâcheuse que le catarrhe et l'inflammation des bronches, les ulcérations de la bouche et l'affaiblissement général de l'économie constituent dans la première de ces affections. On peut donc se demander si la coqueluche ne constitue pas une sorte de vaccination préventive pouvant protéger contre le croup? Il y aurait lieu de faire de nouvelles observations et de nouvelles recherches dans ce sens, si la généralité de ce fait, que nous ne faisons qu'indiquer ici, venait à être confirmée.

X

LES MICROBES DE LA PHTHISIE ET DE LA LÈPRE

Ces deux microbes se ressemblent tellement par leur forme que l'on est obligé d'avoir recours aux réactifs chimiques, à des procédés de colorations, afin de pouvoir les distinguer nettement. Tous deux sont en 8 de chiffre ou en bâtonnets allongés, minces et très ténus, ce qui explique comment celui de la phthisie a échappé si longtemps aux recherches des physiologistes qui ont étudié au microscope le tubercule de cette maladie. Par leur forme ces deux microbes viennent se classer dans le genre *Bacillus*.

On peut faire remonter aux expériences de M. Villemin, qui datent déjà de dix ou douze ans, la découverte de la nature parasitaire de la tuberculose ou phthisie pulmonaire. M. Villemin, en inoculant la matière du tubercule à des lapins, démontra que cette maladie était essentiellement contagieuse : plus récemment, M. Toussaint et M. Koch, de Berlin, ont repris ces expériences, ont pu cultiver le microbe en vase clos et inoculer à des animaux le produit de cette culture : tous ces animaux sont morts avec les symptômes de la tuberculose.

Enfin, plus récemment encore (mai 1883), M. Cornil, à la suite de nouvelles recherches, est venu confirmer devant l'Académie de médecine la nature parasitaire de cette cruelle maladie. On trouve le microbe dans les cellules *géantes* du tubercule et les crachats des phthisiques; on le retrouve dans le sang, où les globules blancs s'en emparent et le transportent avec eux sur tous les points de l'organisme, et on en trouve également dans tous les organes où le tubercule peut se développer.

Le bacille de la tuberculose est un peu plus petit que celui de la lèpre : chaque bâtonnet n'a que 3 à 4 millièmes de millimètre de long : on les trouve généralement associés sous forme de chaînes ou de chapelets, au moins dans les crachats, comme le montre notre figure. Koch a pu le cultiver dans le sérum sanguin gélatinisé. L'accroissement est très lent.

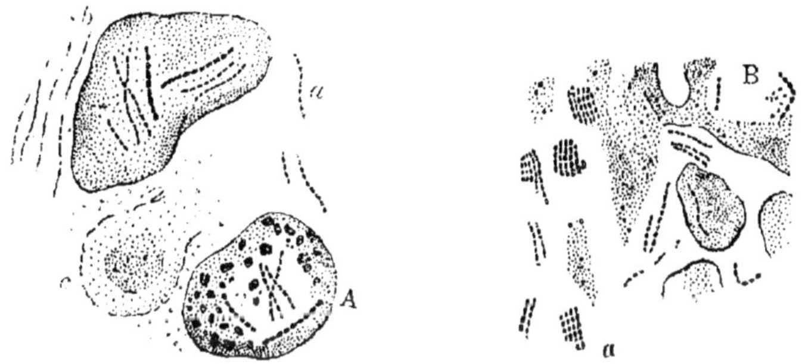

Fig. 91. — Bacilles dans les crachats d'un phthisique : A, bacilles isolés (*a*) ou dans des cellules épithéliale (*b*) et pigmentée (*c*) du poumon ; B, bacilles nombreux et accolés dans les crachats. Coloration au violet de méthyle par le procédé d'Ehrlich (fort grossissement).

Ceci connu, il est facile de s'expliquer les faits de contagion directe qui sont si fréquents entre personnes cohabitant ensemble, et surtout du mari à la femme, ou *vice versa*. L'haleine des phthisiques étant toujours chargée des germes du microbe qui abondent dans les cavernes où se forment les crachats, il est impossible qu'il en soit autrement. — En voici quelques exemples, empruntés aux intéressantes leçons cliniques faites par M. le Dr Debove à l'hôpital de la Pitié.

« Un malade tuberculeux, Jean, épouse Antoinette, jeune fille sans aucuns antécédents tuberculeux. Jean meurt, et sa femme devient tuberculeuse. Elle se remarie à Louis, chez lequel on ne peut trouver non plus aucun antécédent tuberculeux : Louis et Antoinette meurent phthisiques... La nièce de cette dernière, sans antécédents également, contracte la maladie en soignant sa tante, puis se marie et son mari est pris à son tour. Tous ces malades habitaient une localité où l'absence d'antécédents héréditaires était facile à vérifier. »

Autre observation du même genre : « Une jeune fille sans antécédents héréditaires soigne une phthisique et devient phthisique. Elle rentre dans sa famille et communique la maladie à six de ses sœurs avec lesquelles elle vivait en commun. Une dernière sœur est épargnée, mais elle n'avait aucun rapport avec sa famille. »

« Un soldat devenu phthisique au régiment est renvoyé comme tel dans sa famille. Son père, sa mère, ses deux frères et un voisin qui les soignait deviennent phthisiques. Aucun d'eux cependant n'était prédisposé par des antécédents héréditaires. »

« Une jeune fille revient phthisique de sa pension : elle meurt et sa sœur hérite de sa chambre et de ses vêtements : elle meurt phthisique également. Enfin une troisième sœur meurt dans les mêmes conditions. — Les parents vivaient encore au moment de cette observation, ce qui prouve bien que l'hérédité n'était pour rien dans cette affection. »

Ceci ne veut pas dire que l'hérédité ne joue aucun

rôle dans la transmission de la maladie : le contraire est prouvé; mais bien souvent la transmission n'a lieu réellement qu'après la naissance de l'enfant, pendant l'allaitement et c'est quelquefois la nourrice étrangère elle-même qui peut devenir la cause de cette contagion.

Chez les enfants élevés au biberon, l'infection peut venir du lait de vache, *quand on le donne sans être bouilli.* Les vaches sont très souvent atteintes de tuberculose, et l'on a trouvé de nombreux bacilles dans la mamelle et le lait de ces animaux. De là l'indication de *toujours faire bouillir le lait* qui doit servir à l'alimentation, surtout à celle des enfants, au moins quand on n'est pas sûr de sa provenance[1].

La phthisie est, comme chacun sait, une maladie lente, ce qui tient à la nature du microbe qui est probablement *anaérobie,* vivant dans l'intérieur des cellules de nos tissus, mais non dans le sang qu'il ne fait que traverser. Cette lenteur dans la marche de l'affection explique les cas de guérison spontanée par expulsion du microbe dans les crachats, ou le passage des tubercules à l'état crétacé, ce qui amène la destruction des bactéries qui y sont enkystées. De là aussi ce fait que toutes les causes qui affaiblissent l'économie (mauvaise nourriture, excès de travail, maladies inflammatoires intercurrentes, grossesses, etc.), précipitent les malades vers une terminaison fatale. Les personnes atteintes de tubercules pulmonaires, qui jouissent des avantages de la fortune et qui peuvent habiter le Midi et suivre exactement les

1. Cette précaution est égalcment bonne pour préserver de la fièvre typhoïde; dans plusieurs épidémies de cette dernière affection, notamment en Angleterre, l'enquête a établi que le lait avait été le véhicule de la contagion, probablement par l'eau dont il était additionné, ou qui avait servi à laver les vases dans lesquels on le transportait.

prescriptions hygiéniques indiquées par leur médecin, arrivent généralement jusqu'à un âge avancé, malgré les lésions qui restent à l'état latent dans leur organisme, et pourvu qu'elles ne commettent pas d'imprudences ou d'écarts de régime.

L'important, chez les phthisiques, est donc de soutenir les forces par des toniques, une bonne alimentation, et une hygiène préventive aussi sévère que possible.

Fig. 92. — Bacilles de la lèpre enkystés dans les cellules du tissu conjonctif de la peau (fort grossissement).

Les bons effets de la créosote, des eaux sulfureuses, etc., s'expliquent, comme dans la diphthérie, par une atténuation des propriétés virulentes du microbe. D'après M. Hansen ce seraient les alcalis, et non les acides, qui seraient les meilleurs antiseptiques à opposer à cette maladie.

La *Lèpre tuberculeuse*, l'*Elephantiasis* des anciens, est causée par des tubercules qui ont leur siège dans la peau, et dans lesquels on trouve un bacille très semblable à celui de la phthisie mais plus grand (fig. 92). Ce microbe est *anaérobie* et ne peut vivre que dans les cellules du derme où il s'enkyste. De là le traitement que l'expérience, avant la théorie, a enseigné comme le plus efficace : au lieu de recouvrir les ulcères, il faut les exposer à l'air et au soleil, les laver souvent, et les tenir aussi propres que possible. Cette maladie, qui est essentiellement contagieuse, est très rare dans notre pays, mais elle est très commune en Égypte, en Arabie et dans toute l'Asie.

XI

LE MICROBE DE LA PNEUMONIE

Une des plus importantes découvertes micrographiques de ces deux ou trois dernières années, a été la présence constante d'un microbe dans la fluxion de poitrine ou pneumonie. S'il est une maladie que l'on ait cru longtemps, et que la plupart des médecins considèrent encore comme indépendante de toute infection parasitaire, c'est bien la pneumonie. Il est tellement classique, aussi bien chez les malades que chez les médecins, d'attribuer cette affection à des causes accidentelles et banales, et spécialement à un refroidissement subit, que la doctrine parasitaire de la pneumonie a rencontré tout d'abord une vive opposition. Il est cependant impossible de nier, aujourd'hui, le rôle très important que le microbe joue dans la transmission de la maladie.

Le microbe de la pneumonie a été découvert par Friedlander et Talamon en 1882. Ce sont des *micrococcus* associés souvent en 8 ou en courtes chaînettes (fig. 93) que l'on trouve dans les crachats et le poumon des pneumoniques à l'état libre ou enkystés dans les cellules lymphatiques.

A un fort grossissement ce *micrococcus* a la forme d'un fer de lance et avec lui on trouve des bâtonnets courts, terminés en cône. Il est donc probable que le microcoque n'est que le jeune âge du microbe, et qu'à l'état adulte il affecte la forme d'un *bacillus* (Cornil).

La présence d'un microbe dans la pneumonie explique un grand nombre de faits qui étaient restés obscurs dans l'histoire de cette maladie, notamment les épidé-

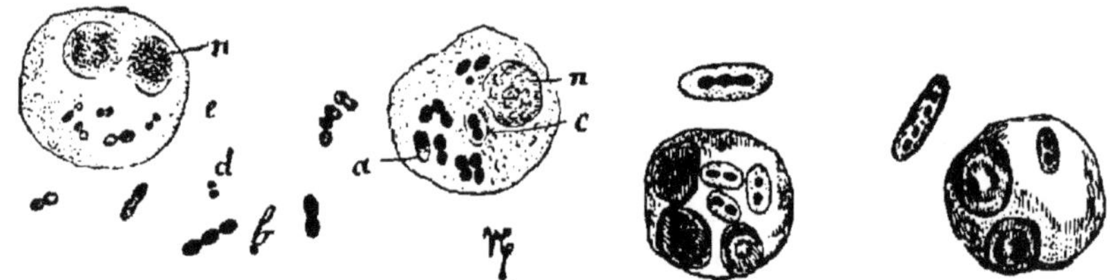

Fig. 93. — *Micrococcus* des crachats de la pneumonie, libres (*b*, *d*) ou enkystés dans les cellules lymphatiques (*a*, *c*) ; *n*, noyaux des cellules (fort grossissement).

mies de chambre et de maison dans lesquelles plusieurs personnes cohabitant ensemble sont atteintes successivement de la même affection. Elle explique également la ressemblance que l'on avait signalée depuis longtemps, comme le nom l'indique, entre la *Péripneumonie* de l'homme et la *Péripneumonie contagieuse* du gros bétail, maladie essentiellement épidémique et transmissible par cohabitation et par inoculation, ainsi qu'on le sait depuis longtemps.

On a pu cultiver le microbe de la pneumonie et produire, chez des animaux, par l'inoculation du microbe dans le tissu du poumon, une véritable pneumonie.

XII

DE QUELQUES AUTRES MALADIES A MICROBES

Nous dirons seulement quelques mots de plusieurs autres maladies, dont la nature contagieuse ne peut être mise en doute, et dans lesquelles on a constaté la présence d'un microbe particulier.

Dans les globules du pus de l'écoulement blennor-

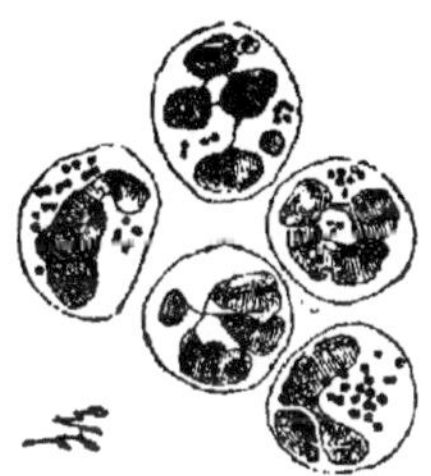

Fig. 94. — Cellules du pus blennorrhagique 24 heures après le début de l'écoulement. On voit dans leur intérieur plusieurs formes de division de leurs noyaux et des *Micrococcus* mobiles dans le protoplasma (grossi 600 fois).

rhagique on voit des *micrococcus* très petits et mobiles, souvent associés deux par deux et par quatre ou en petits amas mais rarement en chapelets (fig. 94).

Dans l'*Ophthalmie purulente* des nouveau-nés on rencontre ordinairement le même *micrococcus* ou du moins un microbe qui ne peut en être distingué. Il est assez difficile d'admettre, même en tenant compte de la grande susceptibilité des yeux de l'enfant au moment de la naissance, que l'ophthalmie des nouveau-nés soit *toujours* d'origine blennorrhagique. Quoi qu'il en soit, les microcoques de l'ophthalmie purulente sont semblables à ceux de la blennorrhagie, et le même traitement leur est applicable. La solution de nitrate d'argent à dose diluée, employée d'une façon générale dans les maternités, à titre de traitement préventif de l'ophthalmie des nouveau-nés, a considérablement réduit l'intensité de cette affection.

Les *sueurs rouges* et de mauvaise odeur des aisselles sont dues à la présence d'un microbe coloré qui se montre libre dans la sueur ou aggloméré sous forme

Fig. 95. — Bacille de la sueur des pieds.

Fig. 96. — Bacille saprogène de la gangrène des os.

de zooglée et adhérent aux poils. La couleur rouge n'est pas due à du fer, car l'analyse n'y décèle pas trace de ce métal ; elle se rapproche, par sa nature, de celle du *Micrococcus prodigiosus*. On a pu le cultiver à 37 degrés sur l'albumine de l'œuf où il conserve sa couleur caractéristique.

Dans la *sueur des pieds*, si désagréable par sa mauvaise odeur, Rosenbach a trouvé un bacille court et gros, qui est à la fois aérobie et anaérobie, se développe rapidement et peut se cultiver en conservant son odeur caractéristique (fig. 95).

Dans la *gangrène* des os longs le même auteur a trouvé un bacille très semblable et pouvant produire, par inoculation, comme le précédent, une affection locale plus ou moins bien caractérisée (fig. 96).

Verrues. — On sait que les verrues se sèment d'elles-mêmes, elles semblent donc contenir un principe contagieux. C'est le *Bacterium porri* de Tomasi Crudeli, qui est petit et en 8 de chiffre.

Citons encore parmi les maladies à microbes les *Oreillons,* le *Goître épidémique*, le *Xerosis épithélial* de l'œil, la *Tumeur du canal nasal* dont les concrétions sont formées d'amas du *Streptothrix Forsteri,* etc., etc.

XIII

LE MICROBE DE L'ÉRYSIPÈLE

L'Érysipèle appartient à la fois à la pathologie interne et à la pathologie externe, c'est-à-dire qu'il se montre tantôt comme une maladie primitive, spéciale, caractérisée par l'inflammation de la peau qui le décèle, et tantôt comme une complication secondaire des plaies, des blessures et des opérations chirurgicales; dans tous les cas la marche de la maladie et sa nature contagieuse permettent d'affirmer la présence d'un microbe. MM. Martin, Volkmann et Hueter ont trouvé des bactéries dans les plaques de la peau, et M. Hayem en a rencontré dans le pus d'une méningite consécutive à un érysipèle de la face : Lukomski a pu inoculer des lapins, et l'on sait que le vaccin provenant d'un enfant érysipélateux communique la maladie. Fehleisen a pu cultiver le microbe à l'état de pureté et l'inoculer à l'homme. Il a toujours reproduit ainsi l'érysipèle avec ses caractères et sa marche typique. Les antiseptiques, tels que l'acide phénique et les substances analogues, employés soit en applications sur la peau soit en injections sous-cutanées, ont réussi dans un grand nombre de cas à arrêter le développement de la maladie.

L'érysipèle nous servira de transition pour passer aux maladies que l'on considère comme étant du domaine de

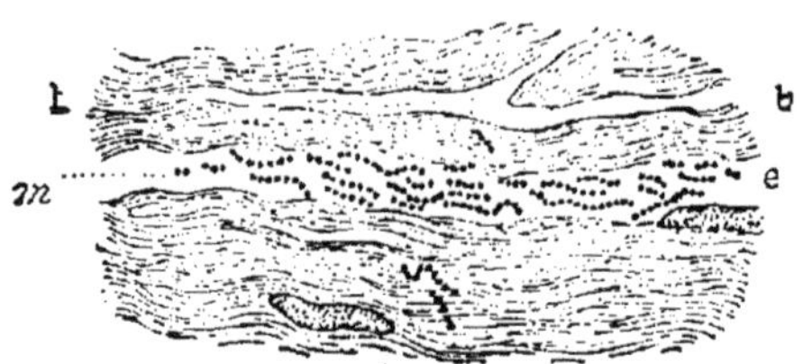

Fig. 97. — Coupe de la peau dans l'érysipèle ; on voit un espace interfasciculaire (e) rempli de microbes (m) en 8 ou en chaînettes ; t, tissu conjonctif (gr. 600 fois).

la chirurgie par la raison qu'elles se présentent le plus souvent à la suite des plaies, des blessures et des opérations.

XIV

LES MICROBES DU PUS, L'INFECTION PURULENTE ET L'INFECTION PUTRIDE

A la suite des plaies plus ou moins largement ouvertes ou des opérations chirurgicales de même nature, on observe souvent un empoisonnement général du sang et de l'organisme tout entier, affection excessivement grave et rapidement mortelle qui est caractérisée par la présence de globules de pus, en quantité considérable, dans le sang et dans les principaux organes. Avec ces globules de pus, on trouve toujours un microbe particulier que l'on a appelé *Micrococcus septicus,* et qui de même que celui de la diphthérie peut se présenter soit libre, soit sous forme de chapelets (*vibrions*), soit dans l'intérieur même des globules blancs (globules de pus ou cellules embryonnaires), dont il occasionne la rupture sous forme de *zooglœa*. Ce microbe, ou d'autres microbes d'espèces voisines, sont la cause immédiate de ces empoisonnements du sang que l'on désigne sous les noms de pyoémie, septicémie, fièvre traumatique, fièvre puerpérale, piqûre anatomique, etc. C'est par la plaie largement ouverte

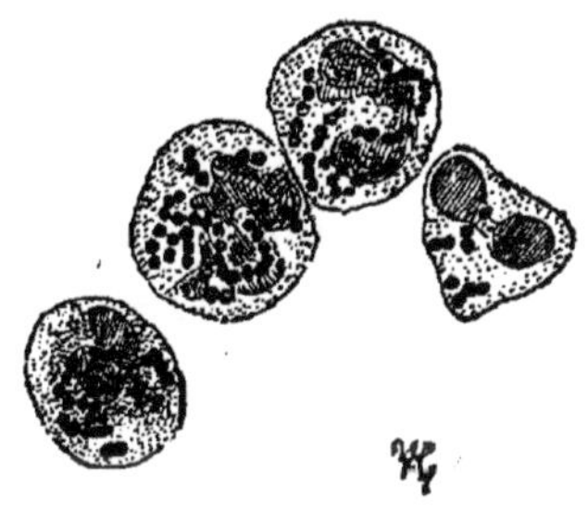

Fig. 98. — Globules de pus de la péritonite puerpérale remplis de microcoques en chaînettes (gross. 800 fois).

à l'air, quelquefois par l'intermédiaire de l'instrument qui l'a produite, que les germes du *Micrococcus septicus* s'introduisent et vont pulluler dans le sang (fig. 98).

Lorsque, l'instrument qui produit la plaie est chargé de microbes, il n'est pas nécessaire que cette plaie soit largement ouverte : dans ce cas, il y a une véritable inoculation. Tel est le cas dans la piqûre anatomique. Depuis les expériences de M. Tédenat (de Lyon), on sait que les cadavres *frais* des personnes surprises par la mort en état de santé ne présentent pas de dangers à l'autopsie : il n'en est plus de même lorsque la mort est due à une maladie infectieuse (infection purulente, érysipèle, etc.). D'un autre côté, la piqûre reste sans résultat si la blessure a saigné largement ou quand, par une succion immédiate, on a écarté les microbes et leurs germes. Quelques heures après la mort, *tous* les cadavres contiennent des microbes qui ont pénétré dans le sang par le ramollissement des tissus, et qui proviennent soit du dehors, soit du canal digestif.

La quantité énorme de globules de pus, qui se montre, en très peu de temps, dans le sang, a été longtemps un problème pour les médecins. On sait aujourd'hui que ces globules proviennent non seulement de la plaie, mais encore de toutes les parties du système vasculaire, et surtout des capillaires, conformément à la théorie du professeur Schiff. La théorie microbienne peut très bien s'accorder avec cette dernière, et M. Sternberg a émis le premier l'idée que le *rôle des globules blancs paraît être de s'emparer des bactéries qui s'introduisent dans le sang, et de les détruire.* On connaît en effet la propriété qu'ont les globules blancs de s'emparer de toutes les particules étrangères de la taille des *Micrococci* et des bactéries, qui sont introduites dans le sang, et de les enkyster en quelque sorte dans leur protoplasma. Lorsque ces bactéries pullulent dans le sang, elles doivent nécessairement produire sur les cellules des parois des capillaires sanguins une action irritante qui se traduit par le gonflement de ces cellules, leur retour à l'état globulaire, en un mot leur transformation en cellules embryonnaires ou globules migrateurs (suivant la théorie de Cohnheim), globules qui ne diffèrent pas, ou diffèrent très peu des globules blancs du sang et constituent les globules du pus. Cette nouvelle théorie s'accorde bien avec les faits que le traitement des maladies chirurgicales met chaque jour sous nos yeux.

XV

MICROBES DE QUELQUES AUTRES MALADIES CONSÉCUTIVES AUX PLAIES

Panaris et tourniole. — Ces deux affections ont toujours pour cause une piqûre du doigt avec un instrument souillé de microbes. Dans la sérosité ou le pus qui s'y amassent on trouve toujours des microcoques ou bactéries en chaînettes.

Furoncle et anthrax. — Le pus du furoncle contient

Fig. 99. — Microbe du furoncle (*Staphylococcus pyogenus aureus* de Rosenbach).

des microcoques que Pasteur a le premier signalés et qu'il a cultivés dans l'eau de levûre et le bouillon de poulet.

Rosenbach l'a retrouvé dans l'ostéomyélite et l'a nommé *Staphylococcus pyogenus aureus* (fig. 99).

L'*anthrax* ne diffère du furoncle que par sa plus grande étendue et contient le même microbe. Tout le monde sait qu'il se sème très facilement, de lui-même, sur un même individu et que furoncle ou anthrax restent rarement isolés. Les diabétiques surtout sont sujets à cette affection. Cependant le microbe ne se cultive pas dans l'eau sucrée.

Phlegmon. — On appelle ainsi l'inflammation suppurative du tissu cellulaire sous-cutané, sous l'influence de contusions, de plaies, d'injections médicamenteuses de morphine ou de toute autre substance. On y trouve toujours des microbes associés en 8 ou en chaînettes longues et sinueuses (fig. 100). Dans tous ces cas, il y a

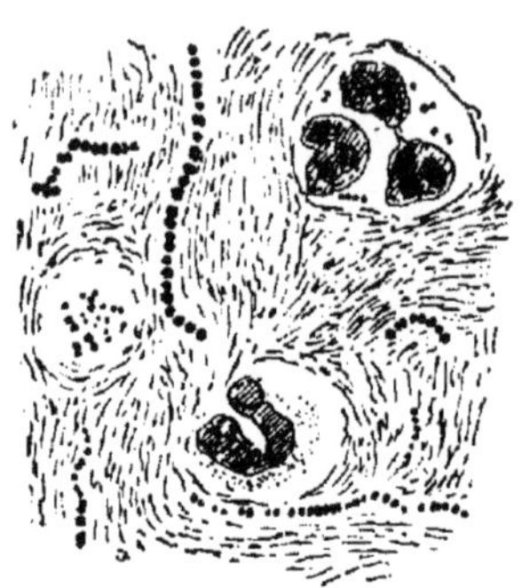

Fig. 100. — Pus du phlegmon contenant des microcoques en chaînettes (gross. 1000 fois).

eu *communication avec l'extérieur*, car les blessures réellement sous-cutanées, même quand elles sont accompagnées d'une hémorrhagie abondante (les fractures, par exemple), guérissent sans suppuration, et l'on n'y trouve pas de microbes.

XVI

MODE D'ACTION DES MICROBES DANS LES MALADIES: LES PTOMAÏNES

De quelle manière les microbes agissent-ils dans les maladies? C'est là une question dont la solution est longtemps restée douteuse, mais qui commence à s'éclaircir, grâce aux progrès de la science.

La première idée qui a dû se présenter, c'est que les

microbes, introduits dans le sang ou dans les tissus d'un animal, s'y comportent comme des parasites d'une organisation plus élevée (les vers intestinaux, par exemple), en empruntant leur nourriture au milieu dans lequel ils se trouvent et se développant à ses dépens. Il est évident qu'il en doit être ainsi, et dans le cas du charbon ou sang de rate, par exemple, on a pu penser que les bacilles, qui fourmillent dans le sang, enlevaient l'oxygène dont ils ont besoin aux globules rouges, et produisaient ainsi l'asphyxie et la mort de l'animal.

Mais il arrive assez souvent, même dans le charbon, que la mort est si rapide que les bacilles n'ont pas encore eu le temps de se développer dans le sang en quantité suffisante pour produire un effet aussi foudroyant. De même, dans le choléra, par exemple, on n'a pas encore rencontré le bacille virgule dans le sang, et cependant les cas de mort foudroyante ne sont pas rares dans cette maladie. Il est donc nécessaire d'avoir recours à une autre explication.

C'est en étudiant les produits de la putréfaction que Panum a le premier montré qu'il se développait, comme produit ultime de la fermentation putride des matières organiques, une substance vénéneuse comparable au venin des serpents et aux alcaloïdes des plantes. Douze milligrammes de cette substance tuent un chien, tandis que ni l'ammoniaque ni les acides, qui se forment d'abord dans cette fermentation, ne peuvent produire l'infection putride. Cette substance vénéneuse a été nommée *Septine* par Bergmann et Schmiedeberg.

Les recherches de Panum ont été reprises récemment par Selmi et Gautier, qui ont extrait des cadavres et des matières organiques en putréfaction un certain nombre de substances vénéneuses tout à fait comparables aux alcaloïdes végétaux et qu'ils ont nommées *Ptomaïnes*.

Ces *Ptomaïnes* ont une action comparable à la strychnine, qui est, comme on sait, un poison violent.

Injectées dans le sang, *même en les isolant de tout microbe vivant*, ces ptomaïnes produisent la fièvre, des frissons, des vomissements, de la diarrhée, des spasmes, de la torpeur, du collapsus, et enfin la mort. Il est probable que, dans certains cas d'empoisonnement par la viande ou le poisson gâtés, les propriétés toxiques de ces aliments sont dues à la présence de ptomaïnes.

Mais, dans tous les cas, ces ptomaïnes se montrent à nous comme *le produit de la fermentation putride qui est toujours effectuée dans les cadavres par des microbes particuliers*. Les ptomaïnes sont ici le résultat du travail des microbes de la putréfaction et *sont fabriquées par eux exactement comme l'alcool et l'acide carbonique de la fermentation alcoolique sont fabriqués par les levûres*, aux dépens du liquide sucré dans lequel elles vivent et se multiplient.

L'expérience directe montre que la *septine, isolée de tout microbe*, et injectée chez l'homme, produit bien un trouble fébrile, mais ne cause la mort que si on l'introduit en quantités considérables. Au contraire, chez ce même individu, s'il existe une large plaie suppurant à l'air extérieur et non recouverte d'un pansement occlusif, il se produira presque infailliblement une infection purulente (septicémie) rapidement mortelle, parce que les microbes introduits par cette plaie y trouveront un terrain favorable (pus, matières organiques en putréfaction), s'y multiplieront en nombre immense et fabriqueront de toutes pièces une grande quantité de poison septique, aux dépens de l'organisme même dans lequel ils se développent.

On admet donc aujourd'hui que les microbes pathogènes, ou du moins les plus dangereux d'entre eux, *agissent surtout par les ptomaïnes qu'ils sécrètent dans l'intérieur du corps*. C'est ce qui explique, dans le choléra, par exemple, la mort rapide ou même foudroyante alors que le *bacille virgule* n'existe encore que dans l'intestin. C'est que, si le micro-organisme figuré n'a pu être absorbé par la muqueuse intestinale et transporté dans le sang, l'alcaloïde vénéneux (ptomaïne) qu'il sécrète l'a été très certainement, et c'est vraisemblablement à ce dernier qu'il faut attribuer les symptômes nerveux (crampes, etc.) qui caractérisent cette maladie.

M. Gabriel Pouchet a pu extraire des déjections cholériques un alcaloïde spécial du genre des ptomaïnes, et tout récemment (août 1885) il a retrouvé dans les bouillons de culture *pure* du *Bacillus komma* de Koch *des traces* du même alcaloïde [1].

En résumé, dans l'état actuel de la science, on doit admettre que le mode d'action des microbes pathogènes sur l'économie est complexe et peut se décomposer ainsi : 1° action d'un parasite vivant qui se nourrit et se multiplie aux dépens des liquides et des gaz de l'économie ; 2° formation par ce parasite d'une substance vénéneuse (ptomaïne) dont les éléments sont empruntés à l'organisme et qui, par elle-même, est toxique pour cet organisme.

1. Il y a là, en germe, l'idée d'un nouveau procédé de préparation des vaccins, qui a peut-être été déjà appliqué. D'après un médecin espagnol, le procédé secret employé par le Dr Ferran consisterait simplement *à filtrer ses bouillons de culture à l'aide du filtre Chamberland*, et à inoculer le liquide ainsi obtenu, *contenant la ptomaïne du choléra sans son microbe* (?).

CHAPITRE VI

LA DÉFENSE CONTRE LES MICROBES

I

LE TRAITEMENT ANTISEPTIQUE DES PLAIES : LE PANSEMENT OCCLUSIF DE M. GUÉRIN ; LE PANSEMENT DE LISTER

C'est dans le pansement des plaies que s'est faite la première et la plus brillante application de la théorie microbienne à la thérapeutique humaine.

Étant admis que le danger d'une plaie ou d'une opération chirurgicale provient surtout du contact de cette plaie avec l'air extérieur chargé de germes ou avec les matières de pansement qui peuvent contenir des microbes, tous les efforts du médecin doivent tendre à empêcher ce contact. On y arrive par plusieurs procédés, aujourd'hui généralement employés par la grande majorité des opérateurs, et dont l'ensemble peut être considéré comme la plus belle conquête de la chirurgie moderne.

Dans le pansement occlusif de M. Guérin, ce savant chirurgien a mis en pratique les recherches de Tyndall et de Pasteur sur les germes de l'air. Nous avons déjà vu que l'air filtré à travers une couche suffisamment épaisse de ouate de coton ne contient plus de germes. M. Guérin enveloppe ou recouvre la partie du corps où se trouve la plaie à traiter de plusieurs couches de ouate convenablement appliquées et serrées par une bande de toile. Ce pansement permet jusqu'à un certain point l'accès de l'air, mais cet air est *filtré* par le feutrage de la ouate qui arrête tous les microbes, et la preuve, c'est qu'au bout de plusieurs jours, si on lève l'appareil, on trouve la plaie dans un état satisfaisant et en voie de guérison. Il s'est bien produit une petite quantité de pus, mais en proportion bien moindre que dans l'ancien pansement à la charpie, et ce pus ne s'est pas putréfié, puisqu'on a écarté les germes de l'air, agents ordinaires de la putréfaction.

Un chirurgien anglais, Lister, est arrivé au même résultat par un procédé plus compliqué, mais qui a été adopté par la plupart des médecins en France. Ce procédé est basé sur l'emploi de l'acide phénique considéré comme antiseptique, c'est-à-dire comme agent destructeur des microbes et des germes. Toutes les fois que l'on fait une opération, les instruments, les mains de l'opérateur, de ses aides et toutes les pièces du pansement, doivent être trempés, à l'avance ou à l'instant même, dans une solution suffisamment étendue d'acide phénique; de plus, pendant tout le temps de l'opération, la plaie doit être entourée d'un nuage de la même solution que l'on projette, au moyen d'un pulvérisateur, sur les mains de l'opérateur et sur tout ce qui l'entoure. Le même pansement et les mêmes précautions sont applicables au traitement de toutes les plaies, quelle que soit leur origine, et doivent se renouveler toutes les fois que l'on touche au malade [1].

Les admirables résultats obtenus par la méthode de Lister sont incontestablement la plus belle confirmation que l'on puisse invoquer à l'appui de la réalité de la théorie microbienne. Depuis son introduction dans la pratique, la mortalité des blessés et des opérés a considérablement diminué et l'on a pu entreprendre et mener à bonne fin des opérations considérées autrefois comme impraticables.

L'acide phénique n'est pas le seul antiseptique qui donne d'excellents résultats en détruisant, ou tout au moins en atténuant la virulence des microbes et de leurs germes. L'alcool, employé depuis longtemps, l'acide borique, l'acide salicylique, le thymol ou essence de thym, l'eucalyptol, essence retirée de l'*Eucalyptus globulus*, et beaucoup d'autres substances, ont été employés à l'intérieur comme à l'extérieur dans ce but, et

1. Nous ne pouvons décrire ici, dans tous ses détails, le pansement de Lister et nous renverrons, pour cette description, à l'*Annuaire de thérapeutique* de Bouchardat, année 1876, pp. 260 et suivantes (Félix Alcan, éditeur). Nous rappellerons seulement que : 1° la peau autour de la région à opérer, les mains de l'opérateur et les instruments sont lavés avec une solution phéniquée à 2 ou 3 p. 100 ; 2° le nuage produit par le pulvérisateur est à 1 p. 100 d'acide phénique ; 3° la ligature des artères est faite au moyen de fil de *catgut* (intestin grêle du mouton) phéniqué, qui a l'avantage d'être résorbé dans la plaie : les sutures avec de la soie phéniquée ; 4° le tube de caoutchouc à ouvertures latérales que l'on place généralement pour l'écoulement des liquides est également phéniqué ; 5° la gaze phéniquée, pliée en huit doubles, remplace le linge dans le pansement de la plaie ; 6° le *protective* (soie verte huilée, phéniquée et vernie comme du taffetas), interposé, empêche l'action irritante de la gaze sur la plaie ; enfin 7° le *mackintosch* imperméable, entre la 7° et la 8° couche de gaze, empêche tout écoulement de liquide au dehors. Voir également le *Manuel de chirurgie antiseptique*, par le Dr A. Lutaud (Félix Alcan, éditeur).

la plupart prendront une place de plus en plus grande dans la thérapeutique des maladies à microbes.

II

HYGIÈNE DES EAUX POTABLES;

LES EAUX SANS MICROBES : LE FILTRE CHAMBERLAND

Les recherches faites depuis quelques années par M. Miquel à l'observatoire de Montsouris, au Panthéon et sur plusieurs autres points de Paris sur les microbes de l'air, ont eu pour résultat de nous apprendre que les bactéries vivantes étaient beaucoup plus rares dans l'atmosphère qu'on ne le pensait généralement. Nous avons déjà dit que l'air était *le grand purificateur des microbes,* qu'il tue en les desséchant. Dans l'infection des plaies elles-mêmes, il est bien probable que les liquides et les linges employés anciennement aux pansements transportaient les microbes en beaucoup plus grand nombre que l'air, si chargé qu'il soit de ces organismes dans l'enceinte des hôpitaux.

Mais il n'en est pas de même de l'eau qui sert à la consommation des grandes villes, qu'elle soit fournie par des puits ou par des cours d'eau. On y trouve toujours un grand nombre de microbes parfaitement vivants, ainsi que nous l'avons déjà montré [1], et cela se conçoit facilement, étant connu le mode d'existence de ces végétaux qui ne peuvent se passer d'humidité, et qui trouvent

1. Voyez chapitre III, *les Microbes de l'air et des eaux* (page 149).

toujours dans ces eaux les matières organiques dont ils se nourrissent. Les rivières les reçoivent par les égouts qui s'y déversent, les puits par les infiltrations du sol, et c'est ainsi que les microbes de la fièvre typhoïde et du choléra par exemple se retrouvent toujours, en temps d'épidémie, dans les eaux courantes ou stagnantes, qui peuvent ainsi devenir le véhicule des maladies infectieuses.

Les eaux de puits, par leur nature stagnante, par les infiltrations qu'elles peuvent recevoir des fosses d'aisances voisines, trop souvent mal étanches, sont plus que les eaux courantes sujettes à suspicion. Dans un des faubourgs d'Angers, il y a deux ans à peine, pour éteindre une épidémie de fièvre typhoïde qui s'y était déclarée, il a suffi d'établir des conduites d'eau de Loire : les habitants de ce quartier se servaient jusque-là exclusivement de l'eau des puits.

Eau de puits dans la panification. — Cette eau de puits sert encore trop souvent, dans beaucoup de localités, à la confection du pain, à l'exclusion de l'eau des rivières. Les raisons de cette préférence sont probablement multiples : les boulangers prétendent que l'eau de puits rend la panification et la levure de la pâte plus facile, sans s'expliquer autrement sur ce point : en outre, dans les villes où il existe des compteurs, comme à Angers, l'eau de rivière coûte de l'argent tandis que l'eau de puits ne coûte rien.

Or il ne faut pas oublier que l'eau entre pour environ 50 pour 100, en poids, dans la confection du pain. Ce chiffre seul explique, à lui seul, et la préférence du boulanger pour l'eau de son puits, et l'importance que les hygiénistes ont le droit d'attacher à la pureté de l'eau qui sert à la panification.

En effet, l'expérience directe, faite avec des thermomètres à maxima enfermés dans la pâte, montre que la température intérieure du pain, celle de la mie, pendant la cuisson dans le four, atteint rarement 100 degrés. Or on sait que cette température est insuffisante pour tuer la plupart des microbes et surtout leurs germes. Une température de 115 à 160 degrés est considérée comme nécessaire pour obtenir ce résultat.

L'année dernière (1884), MM. Bouvet, pharmacien, et Préaubert, professeur au lycée, ont été chargés par la municipalité d'Angers de faire l'examen microscopique de nombreux échantillons d'eau de puits servant à la panification chez les boulangers des divers quartiers de cette ville. Cet examen fait sur les dépôts obtenus soit spontanément par un repos de 24 heures, soit en traitant l'eau par l'acide osmique (procédé Certes), a presque toujours décelé la présence non seulement d'œufs d'ascarides, mais encore de nombreux microbes, les uns inoffensifs comme le *Bacterium termo*, les autres suspects en raison de leur forme de *Micrococcus* en chaînettes (deux espèces de tailles différentes), rappelant celle du *Micrococcus diphthericus*. Or le croup peut être considéré comme endémique à Angers. Quatre puits, sur vingt-cinq examinés, ont été signalés comme fortement contaminés par ces microbes. Il est à noter que les micrococques ne se trouvent pas dans les eaux de puits très oxygénées (aérées), mais seulement dans celles à dépôt organique très abondant.

L'eau de puits doit donc être rejetée, en général, de la consommation, qu'il s'agisse des boissons ou de la confection du pain. L'eau de source elle-même, et surtout l'eau des rivières, telle qu'elle est distribuée aujourd'hui dans les villes par un système de tuyaux, n'est pas exempte de matières organiques ni de microbes, bien qu'elle en contienne moins que l'eau de puits. Il est donc nécessaire de la purifier.

Dans ce but, on a conseillé, surtout en temps d'épidémie, de faire bouillir l'eau, de manière à tuer les microbes qu'elle contient. Mais l'ébullition chasse les gaz et réduit la proportion des sels dissous, ce qui rend cette eau lourde et indigeste.

On a conseillé aussi de ne boire que de l'eau des sources minérales faibles (Saint-Galmier, etc.), captées à leur sortie du sol, mise immédiatement en bouteilles hermétiquement cachetées, et contenant par suite très peu de microbes. Mais ce procédé est coûteux et, par suite, n'est à la portée que des privilégiés de la fortune.

Le moyen le plus pratique pour purifier l'eau de table et la rendre *potable,* consiste dans l'usage de filtres plus ou moins perfectionnés.

FILTRES ORDINAIRES. FILTRE A MICROBES DE CHAMBERLAND. — Le filtre ordinaire du commerce (au grès pilé, au charbon, etc.) est un instrument que tout le monde connaît et qui *devrait figurer dans tous les ménages, dans toutes les cuisines.* Il suffit, en général, pour débarrasser l'eau des matières organiques et spécialement des œufs d'ascarides (vers intestinaux) qui, introduits dans l'organisme, s'y développent et incommodent un si grand nombre d'enfants et même de grandes personnes. On ne saurait trop insister sur ce fait : *la présence d'ascarides dans l'intestin tient toujours à l'usage d'une eau non filtrée,* et cela seul devrait suffire pour généraliser l'emploi du filtre, trop souvent négligé, bien à tort, même par des personnes qui ne peuvent être retenues par le prix d'achat, relativement modique, d'un instrument presque inusable.

Cependant le filtre ordinaire n'arrête qu'en très petite

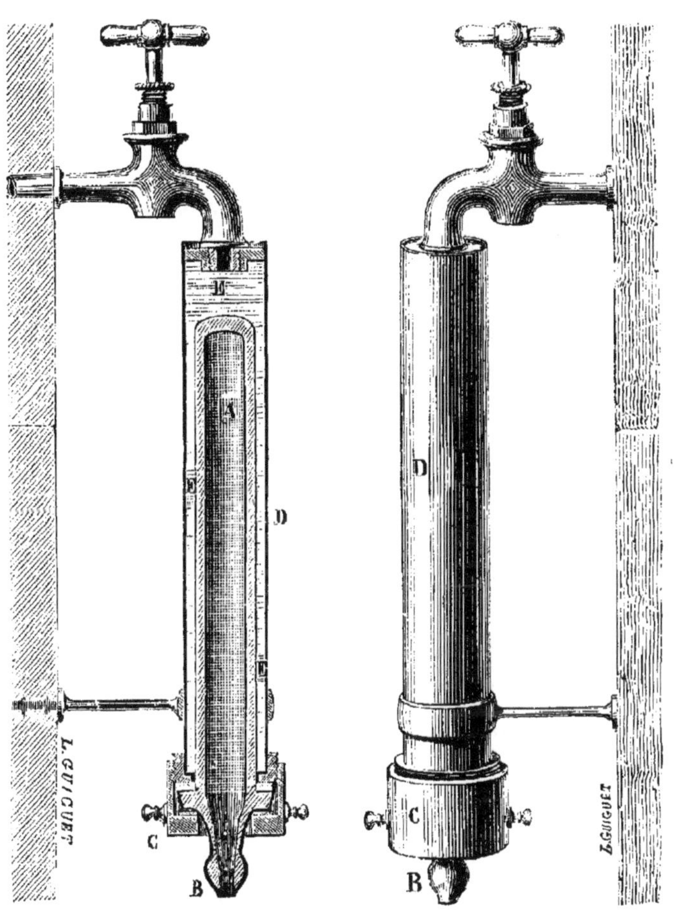

Fig. 101. — Profil et coupe du filtre Chamberland pour la purification des eaux potables.

proportion les microbes dont la taille est bien inférieure à celle des œufs d'ascarides.

On a donc cherché à construire un filtre qui fût assez parfait pour ne laisser passer aucune matière solide, ni par conséquent, les plus petits organismes en suspension dans l'eau destinée aux boissons. Ce résultat se trouve réalisé par l'emploi du filtre inventé par M. Chamberland dans le laboratoire de M. Pasteur. Ce filtre est formé (fig. 101) d'un vase de biscuit de porcelaine poreuse A allongé en forme de *bougie* (d'où le nom de *bougie Chamberland* sous lequel on le désigne), fixé à la partie inférieure d'un récipient métallique D formant manchon, et qui reçoit, sous pression, le liquide venant du robinet E. Ce vase ou bougie filtre l'eau, par conséquent, *de dehors en dedans*, et cette eau s'écoule par l'orifice B parfaitement purifiée de toutes particules solides ou figurées, comme le démontre l'examen micrographique.

Adapté aujourd'hui aux robinets de distribution de l'eau dans un grand nombre de maisons de Paris (notamment dans les lycées), ce filtre-bougie fonctionne sous la pression normale des conduites d'eau de la ville, et peut même fonctionner *sans pression* grâce à une modification nouvelle de l'inventeur. Pour cela, il dispose ses bougies filtrantes en batterie (de 8 à 10 et plus) dans un récipient cylindrique fermé à sa partie supérieure. Ce récipient est relié par un tube de caoutchouc au vase qui contient l'eau à filtrer. En plaçant ce vase à deux ou trois mètres au-dessus du filtre, on obtient, en une heure, un écoulement de quinze à vingt litres d'eau tout à fait pure. Sous la pression des robinets de la canalisation de Paris le jet du liquide filtré est aussi fort que celui des tuyaux d'arrosage de nos jardins. Le débit est en effet de quatre à cinq litres par minute sous une pression de deux ou trois atmosphères.

Conservation des matières alimentaires. Procédé d'occlusion d'Appert, etc. — Nous avons déjà dit que toutes les substances organiques se conservent sans altération un temps indéfini, à condition qu'on les mette à l'abri des microbes de l'air et de leurs germes. C'est ce que montre l'expérience fondamentale de M. Pasteur : il prend de l'urine ou du sang et les fait arriver directement des organes de l'animal dans des ballons de verre préalablement stérilisés, c'est-à-dire privés de tous germes. Ces ballons sont scellés et conservés ainsi pendant quarante-cinq jours. Ouverts au bout de ce temps, on constate que l'odeur et l'aspect des liquides n'a pas changé, qu'il ne s'est développé aucun gaz putride et même qu'une partie de l'oxygène des ballons n'a pas été absorbé.

La plupart des procédés employés, même avant cette expérience, pour conserver les aliments, ne sont que des applications industrielles de ce principe : l'exclusion des microbes et des germes.

Le *procédé Appert,* si généralement usité aujourd'hui sous le nom de *conserves* de viandes ou de légumes, consiste à enfermer les substances à conserver dans des vases de fer-blanc parfaitement clos et à les chauffer au bain-marie à une température d'environ 110 degrés nécessaire pour tuer sûrement tous les germes. On laisse une très petite ouverture au sommet de la boîte pour que la vapeur et l'air puissent s'échapper, puis on ferme au moyen d'une goutte de soudure avant que l'ébullition du liquide intérieur soit complètement arrêtée.

L'*enrobement* des viandes dans leur propre graisse, la conservation par le sucre, la cire, etc., sont des procédés d'occlusion analogues, toujours employés à chaud.

Dans le *fumage* des viandes, la fumée, grâce aux principes aromatiques (phénol, créosote, etc.) qu'elle contient, tue les ferments et empêche le développement ultérieur des germes apportés par l'air. Il y a donc là un véritable antiseptique, analogue au sel marin qui sert, dans la *saumure,* pour la conservation du poisson ou de la viande.

On peut cependant conserver la viande simplement par la *dessiccation*, en la coupant en minces lanières et l'exposant à l'air et au soleil. C'est ce qui constitue le *Pemmican* des Américains.

Aujourd'hui on obtient d'excellents résultats en desséchant la viande à 35 ou 55 degrés dans des étuves à courant d'air sec. Les *poudres de viandes* que l'on trouve chez les pharmaciens, et qui sont d'un si grand secours pour l'alimentation des malades et des convalescents, sont fabriquées par des procédés qui ne sont qu'un perfectionnement de celui-ci. Elles sont absolument sans odeur et se conservent parfaitement, pourvu qu'on les tienne à l'abri de l'humidité. Les légumes cuits dans la vapeur d'eau, comprimés et desséchés, se conservent plusieurs années.

La *réfrigération* par la glace a été employée pour conserver la viande. Mais lorsqu'il y a eu *congélation* des liquides contenus dans la chair musculaire, la putréfaction commence et s'opère très rapidement dès que la température remonte à quelques degrés au-dessus de zéro. En outre, la viande acquiert un goût sucré désagréable. On se rappelle l'expérience du *Frigorifique* venu à Paris avec une cargaison de viandes d'Amérique conservée dans la glace : cette viande avait contracté un mauvais goût et se gâta très rapidement : elle fut vendue à vil prix et l'expérience n'a pas été reprise. Lorsque l'on conserve le gibier ou le poisson dans des glacières, il faut donc éviter la congélation des liquides contenus dans leurs tissus.

Un grand nombre d'antiseptiques (vinaigre, alcool, glycérine, etc.) peuvent aussi servir à conserver la viande et les autres substances alimentaires.

Antiseptiques et désinfectants. — Nous traiterons des substances que l'on désigne sous ce nom, surtout au point de vue de l'hygiène et du traitement préventif des maladies contagieuses, en indiquant l'action de ces substances sur les microbes.

Au point de vue de leur action *sur les microbes en général,* les antiseptiques ont été étudiés par Jalan de La Croix en expérimentant sur des liquides de culture identiques, faits avec du jus de viande cuit, et dans lesquels il introduisait le même nombre de gouttes d'un bouillon identique renfermant des bactéries en plein développement. Il constatait ensuite la dose (en milligrammes) de substance antiseptique suffisante pour arrêter la pullulation ou pour tuer les microbes et stériliser, par conséquent, le liquide.

Il a examiné ainsi 20 substances réputées antiseptiques, ou employées communément comme telles. Le tableau qu'il a publié, et où ces substances sont rangées suivant leur ordre d'activité, comprend, entre autres, les antiseptiques suivants que nous citons ici en indiquant leur numéro d'ordre :

Le sublimé corrosif (bichlorure de mercure). . .	N° 1.
Le chlorure de chaux à 98 degrés	N° 3.
L'acide sulfureux	N° 4.
L'essence de moutarde	N° 9.
Le thymol.	N° 13.
L'acide salicylique.	N° 14.
L'acide phénique.	N° 16.
Le borax..	N° 18.
L'alcool.	N° 19.
L'essence d'eucalyptus..	N° 20.

Ces trois dernières substances sont incapables de stériliser les bouillons de culture.

On voit par ce tableau que l'acide phénique, si employé aujourd'hui, est inférieur, comme *microbicide*, à l'acide salicylique, à l'hypermanganate de potasse, au thymol, à l'acide benzoïque, aux bromures et à l'iode. Il y a lieu cependant, dans cette appréciation, de tenir compte de l'emploi plus ou moins pratique de tel ou tel antiseptique.

Ainsi le sublimé corrosif, l'antiseptique par excellence d'après ces expériences, peut être donné en lotion à l'extérieur : mais on ne pourrait donner *à l'intérieur* la dose nécessaire pour produire l'effet voulu : 80 milligrammes pour stériliser un litre de bouillon ; 40 milligrammes pour arrêter l'évolution des bactéries ; 20 milligrammes sont insuffisants pour obtenir ce dernier résultat, or cette dernière dose est la dose maxima qu'il est presque impossible de dépasser chez l'homme (en 24 heures) sans produire un empoisonnement.

L'acide sulfureux est un excellent parasiticide quand il est employé en fumigations, mais il ne pénètre pas dans l'épaisseur des tissus et n'agit que sur les microbes qui sont à leur surface. Il ne détruit pas les spores.

L'iode est plus actif sous ce rapport. Davaine a constaté que 7 milligrammes d'iode suffisent pour neutraliser les bactéries charbonneuses dans un litre de liquide. On peut donc recommander, à défaut du fer rouge, la teinture d'iode pour cautériser les piqûres de mouches venimeuses, la pustule maligne et les boutons d'anthrax.

D'après Koch, il faut une solution de 5 p. 100 d'acide phénique pour tuer les spores du charbon en 24 heures ; mais les bacilles eux-mêmes sont tués par une solution à $\frac{1}{100}$. Une solution de $\frac{1}{5000}$ d'iode ou de $\frac{1}{1500}$ de brome empêche le développement des bacilles.

Le chlorure de zinc et le sulfate de fer qui ont été préconisés comme désinfectants sont très inférieurs au chlorure de chaux, qui a le troisième rang sur notre tableau (le second étant occupé par le chlore).

L'alcool immobilise bien les bactéries et leurs spores, mais il ne tue pas ces dernières, même au bout d'un mois, d'après Claude Bernard.

D'après Babès, l'essence de moutarde est un excellent préservatif du choléra : une goutte de cette essence, mise dans le fond d'une cloche qui recouvre une culture de bacilles virgules, les empêche de se développer et les tue en 48 heures.

Comme boisson à prendre en temps de choléra, on a conseillé le rhum ou le cognac additionné d'acide salicylique à la dose de 25 grammes pour un litre. On en prend un petit verre, ou trois cuillerées à café, entre les repas, dans du café, du thé ou du grog.

Tout récemment le Dr Redard s'est occupé de la désinfection des wagons de chemin de fer ayant servi au transport des bestiaux. Il a reconnu l'insuffisance de la plupart des substances employées, y compris l'acide sulfureux. Le seul procédé efficace serait la vapeur d'eau à 110 degrés, qu'il est du reste facile de se procurer dans les ateliers de chemins de fer.

L'air, comme nous l'avons dit, est un excellent antiseptique par l'oxygène qu'il contient : on a donc dû songer à s'en servir; mais les expériences de MM. P. Bert et Regnard ont montré que l'oxygène ne tue les bactéries qu'à haute pression. Quant à l'*eau oxygénée*, elle n'a pas encore donné les résultats qu'on en attendait.

Enfin chaque espèce de microbe paraît pl ou moins sensible à l'action de tel ou tel agent thérapeutique; c'est ainsi que l'effet des sels de mercure a d'abord été constaté sur le microbe de la syphilis avant qu'on connût ce microbe; celui des sels de quinine et d'arsenic sur ceux des fièvres intermittentes, etc., etc.

En résumé, on devra beaucoup plus compter sur les moyens hygiéniques que sur les antiseptiques pour se préserver contre l'invasion des microbes facteurs de maladies. Même dans le pansement de Lister, il est probable que l'*occlusion hermétique* de la plaie (comme le prouve le procédé de M. Guérin) agit beaucoup plus que l'acide phénique, puisque l'expérience directe nous le montre comme un antiseptique faible et d'ordinaire insuffisant.

Il nous resterait à parler des vaccinations et inoculations préventives, sur lesquelles la médecine compte beaucoup plus que sur les antiseptiques; mais ce sujet viendra mieux à sa place dans le chapitre suivant, quand nous aurons dit quelques mots des procédés de cultures au moyen desquels on prépare les liquides destinés à ces inoculations.

CHAPITRE VII

RECHERCHE ET CULTURE DES MICROBES DANS LES LABORATOIRES

Les procédés employés dans les laboratoires pour rechercher et cultiver les microbes pathogènes sont aujourd'hui très compliqués et ont déjà atteint un degré de perfection remarquable. Dans un livre élémentaire comme celui-ci, nous ne pouvons que donner une idée générale de ces divers procédés, et nous renverrons, pour les détails, au bel ouvrage de MM. Cornil et Babès, *les Bactéries*[1], où la technique des laboratoires d'histologie microbienne est décrite avec beaucoup de précision et de clarté.

Microscopes. — Les meilleurs instruments pour la recherche et l'étude des microbes, sont ceux de Zeiss d'Iéna et de Vérick, à Paris : les objectifs à immersion dans l'eau ou d'autres liquides homogènes sont indispensables pour les forts grossissements qui permettent seuls de voir distinctement la plupart des bactéries. Les *condensateurs* et particulièrement celui d'Abbe, fabriqué

1. Un fort volume grand in-8, deuxième édition, 1886 (chez Félix Alcan éditeur).

par Zeiss, ne sont pas moins utiles pour concentrer le faisceau lumineux sur le point de la préparation que l'on veut plus spécialement examiner, et mettre en relief les bactéries, surtout après qu'elles ont été colorées par un des procédés que nous indiquerons.

Il faut toujours commencer par examiner une préparation à un faible grossissement (50 à 100 diamètres) pour étudier sa topographie et reconnaître les points où il y a lieu de rechercher les colonies de microbes au milieu des tissus d'une coupe ou des matières en suspension dans un liquide.

On passe ensuite à un plus fort grossissement (5 à 700 par exemple), en se servant de la lumière simple du miroir, et l'on arrive enfin aux forts grossissements de 1,000 à 1,500 diamètres en se servant des objectifs à immersion et du condensateur.

Instruments, microtome. — Les instruments de dissection fine sont ceux dont on se sert d'habitude en histologie. On y joint des *aiguilles* de platine et de verre, des spatules minces en nickel pour transporter les coupes, etc.

Le rasoir ordinaire qui sert pour les coupes à main levée est insuffisant pour les coupes minces et larges nécessaires quand on recherche les bactéries. Il faut se servir d'un *microtome,* ou instrument à faire les coupes minces, et particulièrement de celui de Thoma ou de celui de Vérick. Quelquefois on durcit la pièce à examiner en la congelant au moyen d'une pulvérisation d'éther, ce qui permet d'y faire des coupes minces avec le rasoir (microtome à glace de Jung).

Réactifs liquides non colorants. — Ce sont les acides, les bases, l'alcool, l'huile d'aniline, les essences qui servent à déshydrater ou à décolorer en partie les préparations; le baume de Canada qui sert à les enfermer, enfin l'eau distillée qui doit être absolument pure de microbes, ce qu'il est facile d'obtenir aujourd'hui au moyen du *filtre-bougie Chamberland* que nous avons précédemment décrit.

Récolte des liquides a examiner. — Pour recueillir les

Fig. 102. — Pipette à col tordu, bouchée de ouate et stérilisée.

liquides que l'on va chercher dans une salle d'hôpital ou ailleurs (sang, urine, crachats, eau de mares, d'égout, etc.) on se sert de pipettes droites ou à col tordu (fig. 102) terminées par une extrémité capillaire fermée à la lampe, et bouchée par en haut avec de la ouate fine et stérilisée : on chauffe la pipette au chalumeau pour la flamber et détruire les germes. Pour s'en servir, on casse l'extrémité effilée, on la plonge dans le liquide (abcès au moment de son ouverture, bulle d'érysipèle, etc.), et l'on aspire par l'autre extrémité : l'étranglement du col tordu empêche le liquide de dépasser ce niveau, ce qui est important, surtout quand on aspire avec la bouche. On ferme alors l'effilure à la lampe. La forme de ces pipettes peut être variée suivant les besoins, et en prenant toujours les mêmes précautions pour éviter toute erreur.

Préparations. — Ces précautions et surtout la plus grande propreté sont ici nécessaires, car l'air, l'eau, la poussière, les mains et les instruments peuvent introduire des microbes étrangers. Les instruments doivent être lavés dans l'alcool pur, ou mieux flambés à 150 ou 200 degrés.

Pour les liquides (pus, mucus, etc.), on prend de préférence, non la couche superficielle, mais celle en rapport avec les tissus, et on les étale sur une lamelle mince à l'aide d'un fil de platine porté au rouge et refroidi.

Pour les tissus, on en détache une partie avec un couteau chauffé au rouge : on le met dans le microtome à congélation de Jung pour en faire des coupes, on le durcit dans l'alcool ou dans le même liquide additionné de bichromate de potasse. On fait des coupes aussi grandes que possible et on les transporte *immédiatement* dans une capsule remplie d'alcool, où elles se déplissent d'elles-mêmes. L'aiguille de verre ou de platine, les spatules de nickel ou de platine servent à étendre et déplisser ces coupes.

Coloration des préparations. — Les couleurs d'aniline ont la propriété de teindre les bactéries beaucoup plus vivement que les tissus qui les entourent, souvent même sans les tuer ni altérer leurs mouvements. On a tiré parti de cette propriété, et la coloration des préparations est pratiquée actuellement sur une large échelle.

Le *violet de méthyle* ou de *fuchsine*, en solution aqueuse, sert à colorer les bactéries à l'état frais, dans une goutte de liquide, entre deux lames de verre. Une petite goutte du liquide colorant se diffuse lentement dans la préparation et teint les bactéries, au fur et à mesure, sans colorer sensiblement le liquide qui les entoure. Le bacille virgule du choléra ainsi traité conserve encore ses mouvements au bout de 24 heures, et continue à se développer si l'on chauffe la platine du microscope à 25 degrés.

Dans les coupes durcies ou desséchées dans l'alcool, les bactéries ne sont plus vivantes, mais on les colore au moyen des réactifs suivants :

Le *carmin boraté* de Grenacher, l'*hématoxyline*, la solution d'*iode ioduré*, servent tour à tour suivant l'espèce de microbe à colorer (*Micrococcus*, *flagellum* des bactéries, *Bacillus amylobacter* et moisissures, etc.)

Les couleurs d'*aniline*, à base alcaline ou acide, sont très nombreuses et très variées : *violet de méthyle et de gentiane dans l'huile d'aniline*, ou en solution aqueuse, *rosine, safranine, brun de Bismarck, purpurine*, etc.

On recherche souvent une *double coloration* des coupes, les tissus par exemple étant teints en rouge et les bactéries en violet, ou réciproquement. Le *picro-carminate d'ammoniaque* donne cet effet par le procédé suivant : après avoir coloré au violet de méthyle, on trempe une minute la préparation dans la solution iodée, on lave dans l'eau ou l'alcool faible, puis on trempe quelques minutes dans le picrocarminate, on éclaircit en lavant à l'alcool pur et à l'essence de girofle, puis on monte dans le baume. Les noyaux des cellules sont rouge carmin et les bactéries violettes : le reste de la préparation est beaucoup plus pâle.

Méthode d'Ehrlich. — Cette méthode, dont nous avons parlé, à propos du bacille de la tuberculose, consiste à traiter les coupes ou les préparations sur lamelles par la solution de violet de méthyle dans l'huile d'aniline, puis à décolorer rapidement dans de l'acide nitrique au tiers. Les bactéries seules restent violettes.

Signalons encore la *fuchsine,* le *bleu de méthylène,* la *coccinine,* la *vésuvine,* etc., qui sont employés dans divers procédés de coloration des bactéries.

Mensuration, dessin et photographie. — On mesure les bactéries en les comparant aux divisions du micro-millimètre objectif mis sur la platine du microscope à la place de la préparation. — Les microbes se dessinent assez facilement à la *chambre claire,* surtout avec un peu d'habitude, leurs formes étant simples et peu compliquées. — Mais la photographie donne, comme on le conçoit facilement, des résultats bien supérieurs. La plaque photographique, en effet, est plus sensible que l'œil, et fait souvent voir des détails qui ont échappé à celui-ci. Malgré les difficultés de ce genre de microphotographie, Koch a donné de bonnes figures des bactéries pathogènes dans son livre intitulé : *Beiträge zur Biologie der Pflanzen,* 2e vol. (1877).

Méthodes de culture des microbes. — On peut étudier le développement des microbes en plaçant une goutte du liquide à examiner dans la *chambre humide de Ranvier* formée d'un verre porte-objet avec une rainure circulaire et un plateau au centre : on recouvre d'une lamelle que l'on borde de paraffine ou de vaseline pour fermer le tout. La rainure renferme de l'air et un peu

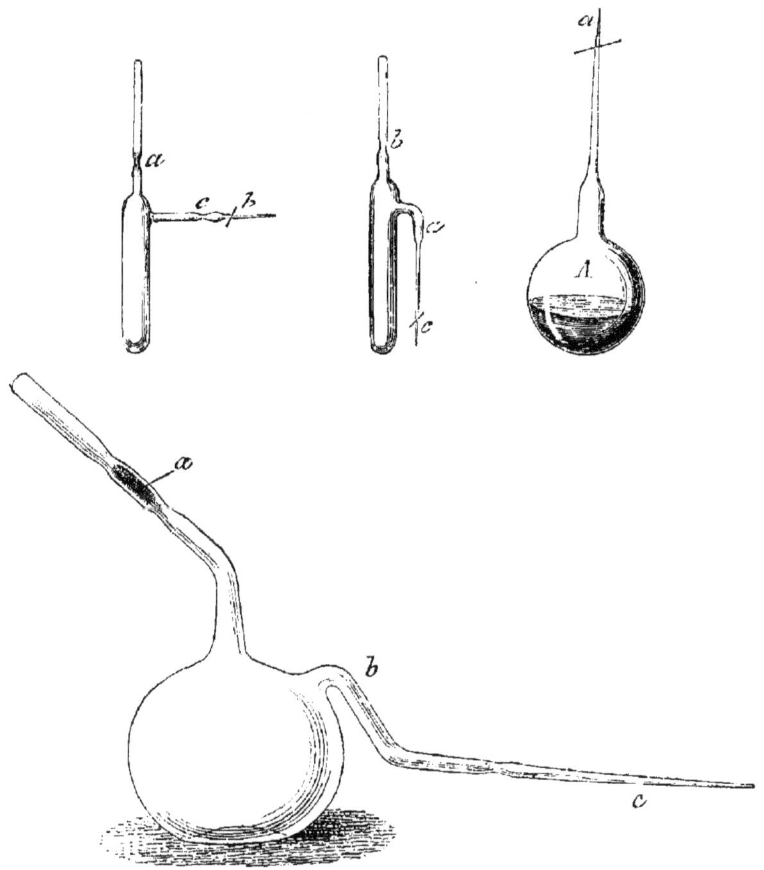

Fig. 103. — Différentes formes de ballons de cultures employés par M. Pasteur. (Figures empruntées à Duclaux).

de liquide. La platine du microscope est maintenue à la température voulue.

Pour faire des cultures en grande masse, on se sert d'autres appareils et de liquides nutritifs stérilisés, dans lesquels on introduit le liquide supposé contenir des microbes au moyen d'un fil de platine chauffé au rouge, puis refroidi; on y trempe son extrémité, et on l'introduit rapidement dans le milieu de culture en se tenant dans l'atmosphère de la flamme d'une lampe à alcool. Puis on ferme le vase avec un tampon de ouate.

Les liquides de culture employés par Pasteur sont l'eau

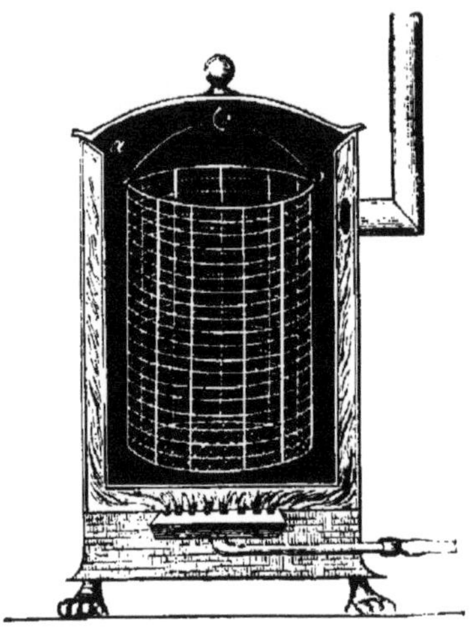

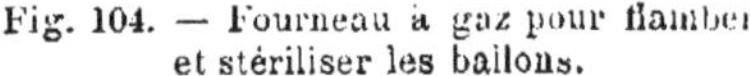

Fig. 104. — Fourneau à gaz pour flamber et stériliser les ballons.

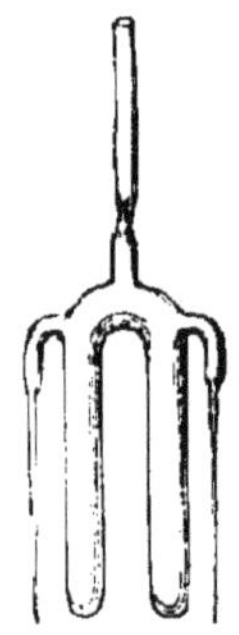

Fig. 105. — Tubes à culture de Pasteur.

de levure de bière, l'infusion de foin, l'urine bouillie et neutralisée, les bouillons de diverses viandes. Les vases ont tous des formes qui ne sont que des modifications de celle que nous avons déjà indiquée (fig. 76). Ces vases sont flambés dans un fourneau à gaz en tôle (fig. 104) dont la double boîte est chauffée directement par la flamme du gaz et contient un panier en fil de fer qui reçoit les ballons, tubes, etc., à stériliser. La température, indiquée par un thermomètre, atteint 150 à 250 degrés.

Le liquide nutritif bouillant à l'air libre dans une capsule de porcelaine est introduit en cassant l'effilure du ballon que l'on plonge immédiatement dans le bouillon en aspirant par le tube opposé ; puis on ferme à la lampe.

Les tubes à double réservoir et à double effilure (fig. 105 et 106) sont employés en grand nombre dans le labora-

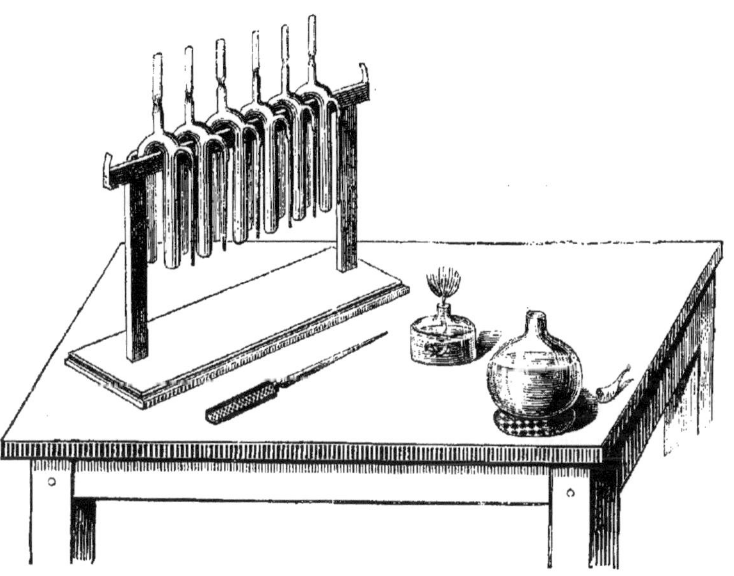

Fig. 106. — Chevalet portant des tubes de cultures.

toire de M. Pasteur. On les range à cheval sur le montant d'une planchette comme le montre la figure.

On s'assure que ces tubes contiennent un liquide réellement stérilisé en les laissant pendant plusieurs jours en observation dans une étuve spéciale à 35 degrés.

Outre les liquides de culture déjà indiqués, on en compose beaucoup d'autres avec des solutions variées de phosphates de chaux et de potasse, des solutions albumineuses, etc.

SUBSTANCES NUTRITIVES SOLIDES. — Pour arriver à isoler les différentes espèces de bactéries et obtenir des cultures pures, on préfère aujourd'hui les substances solides : œufs, tranches de pommes de terre et de carottes, mais surtout la gélatine, l'agar-agar[1] mêlés avec des peptones, le sérum de sang de bœuf gélatinisé, toutes substances dont la transparence permet d'étudier facilement les cultures dans les tubes de verre. M. Koch, dans son laboratoire de Berlin, se sert presque exclusivement de ces milieux solides, que l'on stérilise à l'avance en usant toujours des mêmes précautions.

Pour obtenir des cultures pures, on laisse croître d'abord toute espèce de germes; puis on prend une très petite parcelle du milieu de culture et on le transporte dans un autre milieu stérilisé, où il naît naturellement un moins grand nombre de microbes. En répétant plusieurs fois cette transplantation, on arrive presque toujours assez rapidement à avoir des cultures suffisamment pures.

Koch emploie une méthode plus sûre. Il ensemence des lames de verre recouvertes de gélatine stérilisée et chauffée à 30 degrés, au moyen d'un petit fil de platine chauffé au rouge, puis refroidi et chargé d'une particule très petite de matière remplie de bactéries. Les colonies des divers microbes s'isolent d'elles-mêmes et se voient nettement à la loupe, sur la lame de verre, où elles se présentent avec des caractères et une étendue variables qui permettent souvent de les distinguer, quand on en a l'habitude, par le seul aspect (fig. 87, $_{1, 2}$). On inocule alors, avec le microbe que l'on veut étudier, des éprou-

1. L'*agar-agar* ou *gélose*, qui nous vient du Japon tout préparé, se retire, paraît-il, d'une espèce d'algue marine.

vettes ayant la forme de celle que nous avons figurée page 170 (fig. 82 et fig. 105), contenant de la gélatine stérilisée, et l'on ferme en prenant les précautions ordinaires.

Les *filtres* dont on se sert pour stériliser les liquides sont en porcelaine de Sèvres, dégourdie à 1200 degrés, ou en faïence non vernissée. Tel est le filtre-bougie de Chamberland, que nous avons précédemment décrit et figuré.

Cultures pour l'expérimentation sur les animaux. — Elles sont faites suivant les procédés que nous venons d'indiquer : ici encore on devra éviter toutes les causes d'erreur provenant du manque de propreté ou de l'impureté des liquides de cultures, et bien s'assurer que l'effet produit sur l'animal n'est pas dû à un autre microbe que celui à expérimenter ou à toute autre substance irritante et septique. On répétera plusieurs fois l'expérience en prenant le sang de l'animal inoculé et en faisant une culture pure à l'aide de laquelle on devra reproduire la même maladie sur d'autres animaux.

Atténuation des microbes pathogènes. — Ces cultures successives ont établi, comme nous l'avons vu, la possibilité de l'atténuation des virus et de leur transformation en vaccin.

Les procédés employés pour arriver à ce but sont compliqués et variés suivant l'espèce de bactérie à laquelle on a affaire.

Ainsi, pour le choléra des poules, Pasteur a vu que les cultures datant de 15 jours, 1 mois, 2 mois, 8 mois, 10 mois, perdaient progressivement leur virulence, et il croit que cette atténuation est due à l'action de l'oxygène de l'air. De même, dans une épidémie, Koch suppose que l'action de l'air et la dessiccation des germes amène au bout d'un certain temps l'extinction naturelle de la maladie.

Toussaint et Chauveau atténuent le virus charbonneux, comme nous l'avons vu, en le soumettant à une température de 42 ou 43 degrés.

Pasteur et Thuillier ont atténué le microbe du *rouget* du porc, en le faisant passer par l'organisme du lapin; Pasteur, le virus de la rage (dont le microbe est encore inconnu), en le faisant passer successivement par le cerveau d'un lapin et d'un singe, etc.

Enfin, on peut obtenir un résultat semblable en mélangeant aux liquides de culture différentes substances antiseptiques qui affaiblissent l'action virulente du microbe.

Vaccination et inoculation. — Le virus atténué ou vaccin ainsi obtenu, il ne reste plus qu'à l'inoculer à la dose que l'expérience indique comme nécessaire et suffisante, et qui varie suivant l'espèce, ainsi que le procédé employé. Pour vacciner les moutons contre le charbon, un aide tient l'animal par les pattes antérieures, assis et présentant le ventre à l'opérateur qui enfonce la canule de la seringue de Pravaz, contenant l'injection, à la base de la cuisse qui est dépourvue de poils. Chez les bœufs, c'est à la base de la queue que l'opération se fait. Elle a lieu en deux fois: la première fois avec un vaccin faible, huit jours après avec un vaccin fort.

Chez l'homme, tout le monde connaît le procédé employé pour vacciner contre la variole au moyen du vaccin d'enfant ou de génisse. On se sert d'une lancette ou d'une aiguille cannelée, portant une goutte de vaccin et on fait de 4 à 6 piqûres aux bras ou aux cuisses.

Il ne faudrait pas croire que la vaccination puisse devenir une méthode absolument générale de préservation contre toutes les maladies. Ainsi dans l'érysipèle, la pneumonie, la blennorrhagie, on sait qu'une première atteinte de la maladie, loin de préserver d'une attaque ultérieure, crée un terrain favorable pour les récidives. Par conséquent, on peut dire *a priori* que la vaccination ferait plus de mal que de bien (Cornil). Il en est de même de la fièvre intermittente, de la tuberculose, de la syphilis, etc., toutes maladies dont le même individu peut être atteint plusieurs fois et à des intervalles de temps très variables, preuve évidente que la première atteinte n'a pas créé une immunité contre les atteintes ultérieures.

Immunité. — On appelle ainsi la propriété qu'acquiert l'organisme d'être à l'abri de telle ou telle maladie à microbes, par suite d'une première atteinte, ou d'une accoutumance résultant sans doute de l'absorption, *par petites doses répétées,* du poison pathogène. L'acclimatement constitue souvent l'immunité : ainsi dans les pays à *malaria,* à fièvre jaune, etc., les habitants du pays contractent la maladie bien plus rarement que les étrangers. L'immunité n'est pas absolue ; elle se perd à la longue. C'est ce qu'on a constaté pour la variole ; aussi est-il prudent de se faire revacciner tous les dix ou douze ans.

CHAPITRE VIII

POLYMORPHISME DES MICROBES

Les microbes (bactéries, ferments ou moisissures) présentent, comme tous les types inférieurs des règnes animal et végétal, un polymorphisme considérable contre lequel il est bon de se mettre en garde, car il peut être la source d'erreurs et de confusions très préjudiciables à la science, soit que l'on décrive comme espèces distinctes les différentes formes d'une même espèce, soit que l'on soit amené, au contraire, à considérer comme formes d'une seule et même espèce plusieurs espèces distinctes que le manque de précautions suffisantes aura rapprochées dans une même préparation, à l'insu de l'observateur.

Nous avons indiqué, dans le chapitre précédent, les précautions méticuleuses qu'il est indispensable de prendre dans les laboratoires pour se mettre à l'abri de toute surprise de ce genre. Ces précautions ne suffisent pas toujours, et l'expérience montre qu'un seul oubli ou une distraction de l'observateur suffisent pour gâter le résultat d'une longue série de recherches. En outre, ces précautions ne donnent bien souvent qu'un résultat négatif, car il est telle bactérie qui, après s'être reproduite longtemps sous une forme identique dans un même milieu de culture, change subitement de forme et d'allure si on la transporte dans un autre milieu.

Pour donner une idée des difficultés qui entourent ce genre de recherches, il nous suffira de citer l'histoire des *Lichens*, histoire bien connue aujourd'hui de tous les botanistes qui s'occupent de cryptogamie. — La structure de ces végétaux inférieurs est à la fois très simple et très compliquée, au point qu'on a pu les considérer comme formés par l'association (la *symbiose* pour employer le terme consacré), dans chaque lichen, *d'une espèce d'algue verte avec une espèce de champignon incolore du groupe des Ascomycètes.*

De Bary et les botanistes de son école[1] admettent que dans ce qu'on appelle *un lichen* les tissus de l'algue et ceux du champignon sont enchevêtrés de telle sorte qu'ils forment un ensemble qui constitue le lichen. Grâce à cette association intime, le lichen peut vivre à la manière des autres plantes et non en parasite, comme les champignons : en effet, les parties vertes de l'algue assimilent le carbone, contenu dans l'air sous forme d'acide carbonique, et fournissent ainsi la nourriture du champignon, que l'on considère par suite comme une sorte de parasite de l'algue. En retour le champignon fournit à l'algue son mycélium, qui permet au lichen de se fixer à la surface des rochers ou des arbres

Cette théorie, très séduisante, a été longtemps en faveur. Aujourd'hui elle est à peu près complètement abandonnée, et les recherches que l'on a faites, — en cher-

1. MM. Schwendener, Bornet, Reess, Stahl, etc.

chant surtout à isoler l'algue et le champignon supposés coexister dans le lichen, — tendent de plus en plus à prouver que le lichen constitue bien *un végétal par lui-même,* et non simplement une association de deux plantes de familles distinctes, algues et champignons.

Des erreurs du même genre ont pu se produire dans l'étude des microbes qui, par leur petite taille, leur nature unicellulaire, la rapidité de leur accroissement, la variété de leur habitat, et la grande ressemblance de leurs formes, sont encore plus difficiles à observer que les lichens. Nous en citerons quelques exemples.

Polymorphisme du Leptothrix buccalis. — M. Ch. Robin, après avoir étudié le développement du *Leptothrix,* admettait (1866-1873) que ce microbe se présentait d'abord sous forme de *Micrococcus,* puis s'allongeait en *Bacterium* mobile semblable aux *B. termo, B. lineola,* etc., et formait enfin de longs bâtonnets immobiles (*Bacillus*) qui constituaient finalement le *Leptothrix buccalis.* Ce mode d'évolution, considéré comme général dans les genres *Bacillus* et *Leptothrix,* et en faisant toutes réserves au sujet de *l'identité spécifique* des diverses formes observées par M. Robin, est probablement exact, et les micrographes modernes sont assez disposés à l'admettre. Mais M. Robin allait plus loin : pour lui, le *Bacillus* du sang de rate (*B. anthracis*) était spécifiquement identique au *Leptothrix buccalis.* C'est là un rapprochement que les progrès récents de la science ne permettent plus d'accepter. Nous avons vu qu'il y avait là, tout au moins, deux espèces bien distinctes par leurs caractères et leur action sur l'homme et les animaux.

Polymorphisme des moisissures. — Des recherches déjà anciennes de Hallier et d'autres tendraient à faire admettre que les champignons des moisissures présentent un polymorphisme considérable et de nature à bouleverser complètement la classification de ces cryptogames.

Ces recherches ont été reprises récemment par M. Cocardas[1] qui pense être arrivé à démontrer que toutes les moisissures que l'on rencontre dans les liquides sucrés abandonnés à la fermentation et dans les extraits pharmaceutiques, appartiennent à une seule et même espèce, très polymorphe, qu'il appelle le *Penicillium-ferment.*

M. Cocardas prétend avoir vu ce *Penicillium-ferment* passer successivement par les états *corpusculaire* (*Micrococcus*), *bactéridien* (*Bacterium, Bacillus*), *zooglairien* (colonies ou *zooglœa*), *filamenteux aquatique* (*torula,* chapelets ou chaînettes), *filamenteux fructifère* (spores endogènes), le tout constituant la *phase d'algue* du cryptogame baignant dans le sirop, mais nageant à sa surface.

Alors commence la *phase de champignon.* Les renflements formés, à la surface du liquide, par les spores endogènes bourgeonnent : ces bourgeons s'allongent, se cloisonnent et se ramifient, constituant le *mycélium aérien* sur lequel se développent les *fructifications aériennes* qui ne peuvent se former qu'en dehors des liquides.

Or ces fructifications aériennes, bien que provenant toutes d'un même mycélium, peuvent présenter tantôt la forme *aspergillée,* tantôt la forme *mucorée,* tantôt la forme *penicillée* suivant la disposition des spores sur le filament fructifère. En d'autres termes, les caractères

1. *Journal de micrographie*, 1884-85.

que l'on a considérés jusqu'ici comme propres aux trois genres *Aspergillus*, *Mucor* et *Penicillium*, types eux-mêmes de trois familles bien distinctes, se rencontreraient réunies, simultanément ou successivement, sur un même filament de mycélium, et ne seraient que les

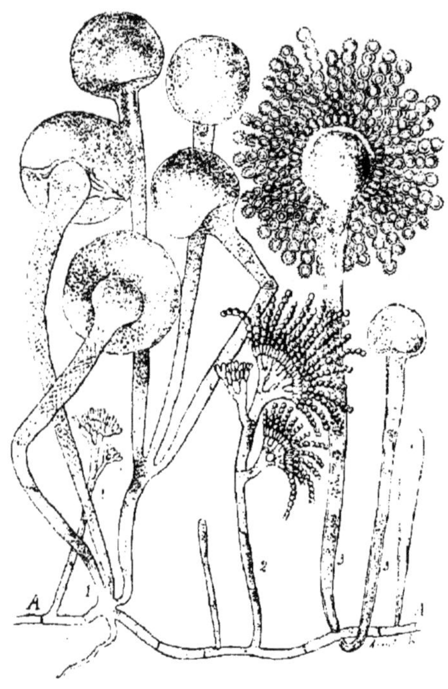

Fig. 107. — Le *Penicillium-ferment* (d'après Cocardas). Fructifications aériennes dans l'extrait de réglisse; les trois formes : *Mucor* (1), *Penicillium* (2) et *Aspergillus* (3) sont portées sur un même filament mycélien A (grossi 225 fois).

formes variées d'une espèce très polymorphe, le *Penicillium-ferment* (Cocardas).

Notre figure représente, d'après cet auteur, les trois formes de fructifications, telles qu'il annonce les avoir vues au microscope réunies et portées par le même filament mycélien, à un grossissement de 225 fois.

Chacune des formes du *Penicillium* se rattache à une altération particulière des sirops : dans les sirops *troubles,* le ferment est à l'état corpusculaire ou bactéridien; dans les sirops *filants,* à l'état zooglairien ou filamenteux simple; dans les sirops *aigres,* à l'état de fructification aquatique; enfin, dans les sirops *moisis,* à l'état de fructification aérienne.

Tel est le polymorphisme, véritablement surprenant, que M. Cocardas dit avoir observé en s'entourant des précautions ordinaires pour éviter tout au moins des erreurs grossières. Malgré les faits du même genre avancés précédemment, par Hallier notamment, mais trop souvent démentis par des recherches plus précises, il est permis de se demander s'il n'y a pas là tout simplement un phénomène d'enchevêtrement, analogue à celui que l'on a supposé exister, à tort ou à raison, chez les lichens. — De nouvelles recherches, faites avec plus de précision, dans des liquides stérilisés, et en prenant les précautions les plus minutieuses, sont nécessaires avant qu'on puisse considérer ces faits comme définitivement acquis à la science.

Polymorphisme des champignons de la peau de l'homme. — Un polymorphisme qu'il est plus facile d'admettre, au moins en partie, est celui que Grawitz a signalé récemment dans le champignon du *Favus* ou *Teigne faveuse,* que nous avons décrit précédemment (p. 49) et figuré sous le nom d'*Achorion Schoenlenii.*

D'après Grawitz, l'*Achorion Schoenlenii* du favus, le *Trichophyton tonsurans* de l'herpès circiné (p. 52) et le *Microsporon furfur* du Pityriasis versicolor (p. 54), ne sont que les formes diverses d'un seul et même parasite qu'il a pu cultiver artificiellement sur la gélatine, et dont il a pu reproduire ainsi successivement les apparences variées.

Mais Grawitz va plus loin, et c'est ici que beaucoup de micrographes refuseront de le suivre. Il prétend que tous les champignons de la peau de l'homme ne sont que des formes, transplantées et modifiées par le milieu, de l'*Oïdium lactis*, moisissure blanchâtre que l'on rencontre sur le lait, le pain, la colle, les pommes de terre, etc.

De même l'*Oïdium albicans*, champignon du muguet, serait, comme nous l'avons déjà dit (p. 58), spécifiquement identique au *Saccharomyces mycoderma*, ou *fleur du vin* (p. 72), ferment qui se développe à la surface des liquides acides et contenant peu de sucre, — et qu'il ne faut pas confondre avec le *Mycoderma aceti*, qui est une véritable bactérie, cause de la fermentation acide du vin et de la bière (voyez p. 81).

Plus récemment encore (1883), Malcolm Morris et G. C. Henderson ont avancé que, par la culture artificielle, dans la gélatine peptonisée à la température de 15 à 25 degrés, des spores de *Trichophyton tonsurans* avaient pu se développer en formant des filaments mycéliens ramifiés, qui se sont ensuite couverts de fructifications semblables à celles du *Penicillium*.

Injections de spores de moisissures dans le sang. — Grawitz a essayé d'injecter dans le système vasculaire des lapins des spores de *Penicillium* et d'*Aspergillus* avec l'idée d'arriver à démontrer leur transformation en bactéries. Il a obtenu ainsi la formation de petits foyers métastatiques dans les reins, le foie, les poumons, les muscles, etc. Les spores poussent des filaments mycéliens qui peuvent même produire des organes imparfaits de fructification, *mais il n'a pu obtenir la formation de nouvelles spores*. Gaffky, Koch et Leber ont repris ces expériences et ont montré que l'acclimatation d'une moisissure dans l'intérieur de l'économie était impossible quelles que soient, du reste, les lésions plus ou moins graves produites par l'introduction de ces corps étrangers dans les organes d'un animal à sang chaud.

CAUSES D'ERREURS DANS LES EXPÉRIENCES DE LABORATOIRES PAR SUITE DU MÉLANGE INVOLONTAIRE DE PLUSIEURS MICROBES. — On doit d'autant plus se mettre en garde contre le polymorphisme apparent ou réel de certains microbes, que les précautions les plus minutieuses ne suffisent pas toujours, dans les laboratoires, pour éviter tout mélange. Le professeur Klein, de Londres, en cite les exemples suivants.

Pendant qu'il étudiait le microbe du charbon dans son laboratoire de *Brown Institution*, un de ses amis étudiait dans un cabinet voisin la maladie des jeunes chiens. Cet ami, ayant injecté dans la veine d'un cochon d'Inde le sang d'un chien atteint de cette maladie, vit, à sa grande surprise, le cochon d'Inde mourir deux jours après avec tous les symptômes du charbon et des *Bacillus anthracis* dans le sang. Cependant il s'était servi pour cette injection d'une seringue hypodermique parfaitement neuve, tandis que le professeur Klein se servait exclusivement, pour ses propres injections, de pipettes de verre à pointe étirée à la lampe. Dans ce cas, il faut supposer que les bacilles et les spores du charbon avaient pu s'attacher aux vêtements de ce dernier, se répandre sur les tables et le parquet du second cabinet, et passer de là dans les poils du cochon d'Inde au moment de l'expérience.

Un autre opérateur, inoculant des tubercules de l'homme au cochon d'Inde, travaillait sur la même table où Klein faisait ses expériences sur le charbon. Deux des cochons d'Inde moururent avec des *Bacillus anthracis* dans le sang. Cependant on s'était toujours servi de pipettes à pointes récemment étirées et tous les instruments avaient été soigneusement flambés avant l'inoculation.

Dans un autre cas, au contraire, un cochon d'Inde inoculé avec une culture atténuée de *Bacillus anthracis* ne pouvant produire des accidents mortels est examiné au bout de quelques semaines et l'on trouve tous ses organes farcis de bacilles de la tuberculose. En remontant aux renseignements, Klein s'aperçut que le même jour il avait fait des expériences, dans le même laboratoire, sur la matière tuberculeuse ; mais il avait toujours eu soin de se servir d'instruments différents. Le même phénomène se produisit chez un lapin qui mourut, non du charbon qu'on croyait lui avoir inoculé, mais de tuberculose généralisée. Le liquide de l'inoculation était évidemment impur.

Il est probable que les expériences de Büchner sur le bacille de la viande sont entachées d'une cause d'erreur semblable. En inoculant ce bacille à des souris, Büchner croyait reproduire le charbon chez ces animaux. Mais comme il avait fait de nombreuses expériences sur le charbon dans le même laboratoire, il est bien probable que ses cultures du bacille de la viande étaient impures, et que c'était le *B. anthracis* qu'il inoculait ainsi. La transformation du bacille de la viande en bacille du charbon reste donc à démontrer.

Microbe du Jequirity. — Voici encore un exemple

d'une erreur analogue, par suite de laquelle on a cru qu'un microbe simplement septique pouvait se transformer en microbe pathogène : le bacille du *Jequirity*. Cette substance, récemment importée de l'Inde est extraite des graines de l'*Abrus precatorius*, plante du groupe des Légumineuses. Quelques gouttes de l'infusion de ces graines portées sur l'œil produisent une conjonctivite que l'on provoque artificiellement pour faire disparaître les granulations dont la surface interne des paupières est quelquefois atteinte (*trachoma*). Dans l'Inde, on se servirait du même liquide pour tuer les bestiaux par simple piqûre et leur enlever ensuite la peau.

Or Sattler, ayant vu l'infusion de jequirity se remplir en quelques heures de bacilles mobiles semblables au *Bacillus subtilis* de l'infusion de foin (fig. 80), fit des cultures de ce bacille et reproduisit, à l'aide de ces cultures, une ophthalmie grave sur l'œil des lapins. Néanmoins il constata que *ce microbe, répandu dans l'air, est inoffensif;* il ne manifeste ses propriétés pathogènes que lorsqu'il est cultivé dans l'infusion de jequirity. Cependant Sattler attribue au microbe l'action pathogène de cette substance.

Klein, ayant repris ses expériences avec beaucoup de soin, est arrivé à débrouiller les contradictions qui semblent résulter des recherches de Sattler. Il a démontré que le bacille du jequirity, à lui seul, ne peut pas plus produire une ophthalmie infectieuse que le bacille de la viande de Buchner ne peut produire le charbon. Le principe vénéneux du jequirity est un ferment chimique (*Abrine*), analogue à la pepsine et indépendant de tout microbe, et son prétendu bacille ne diffère probablement pas spécifiquement du *Bacillus subtilis*.

La transformation d'un microbe primitivement inoffensif en un microbe pathogène est donc encore à démontrer, et tous les faits connus contredisent la possibilité d'une telle transformation.

MICROBES SEPTIQUES ET MICROBES PATHOGÈNES. — Ceci nous amène à définir, d'une façon plus précise que nous ne l'avons fait jusqu'ici, les termes de *microbes septiques* et de *microbes pathogènes,* qui sont d'un usage courant en bactériologie.

On appelle *septiques* les microbes ou bactéries qui vivent en général dans les matières organiques en décomposition et dans les cadavres. On trouve ces microbes ou leurs spores dans l'air, dans l'eau et dans le sol, dans la bouche et le canal intestinal de l'homme et des animaux en bonne santé ; mais ils se développent en plus grande abondance partout où se trouvent des tissus morts ou malades : dans le pus, dans la sécrétion bronchique du catarrhe pulmonaire, à la surface des ulcérations intestinales, etc. Tels sont le *Bacterium termo,* le *Bacillus subtilis,* les microbes de la putréfaction, de la sueur des pieds, etc., dont nous avons précédemment parlé ; tels sont encore le bacille de l'infusion de viande de Büchner, celui du jequirity de Sattler, et enfin l'*Aspergillus* de Grawitz, cités dans le présent chapitre.

Ces divers microbes, inoculés ou injectés dans le sang, peuvent bien produire différents désordres qui, dans le premier cas, restent toujours locaux (œdème), dans le second se réduisent à des foyers métastatiques enkystés dans les divers organes (foie, rein, poumon), ou bien produisent une infection générale du sang, comme dans la septicémie provoquée chez les lapins par Davaine, en leur inoculant du sang de bœuf putréfié. Ces lapins meurent en deux jours et l'on trouve leur sang rempli de *Bacterium termo*. Le même résultat est obtenu par Pasteur et Koch en inoculant tout simplement aux cochons d'Inde et aux souris un peu de terre ou d'eau putréfiée, contenant évidemment le même organisme. Mais *dans aucun cas on ne produit par ce moyen une maladie bien caractérisée, ayant ses symptômes propres, épidémique ou contagieuse,* analogue à l'érysipèle, au charbon, à la tuberculose ou au choléra. De là le nom de *septicémies expérimentales* qu'on a donné à ces maladies qui n'existent pas dans la nature.

On appelle *pathogènes,* au contraire, les microbes dont la présence caractérise toujours une maladie particulière, épidémique ou contagieuse, ayant ses symptômes et ses lésions spéciales, quel que soit du reste le siège de ce microbe (dans le sang, l'intimité des organes, ou simplement à la surface du canal digestif). Tels sont les microbes du charbon, de la tuberculose et du choléra, maladies qui existent dans la nature et ne sont pas seulement le fait de l'expérimentation par l'homme. Jusqu'à présent on n'a pu transformer un microbe septique en un microbe réellement pathogène, ni créer, par conséquent, de toutes pièces, une maladie nouvelle caractérisée par le développement de ce microbe dans le corps de l'homme ou des animaux.

Il est à remarquer en outre, et c'est là une particularité qui semble commune aux deux classes de microbes, que certaines bactéries produisent des effets très différents suivant les animaux dans le corps desquels on les introduit. Ainsi la septicémie expérimentale des lapins et celle des souris ne peuvent s'inoculer aux cochons d'Inde : de même, le chien et le porc sont plus ou moins réfractaires à l'inoculation du charbon. Enfin, dans certains cas, en cherchant à inoculer une maladie contagieuse à un animal, on produit simplement une septicémie qu'il ne faut pas confondre avec cette maladie. Ce résultat n'a rien qui doive étonner ceux qui savent que certaines espèces de plantes, qui sont des poisons pour l'homme, sont mangées sans inconvénient par beaucoup d'animaux. Mais il est bon d'être prévenu de ce fait et d'en tenir compte, dans les laboratoires, quand on fait des expériences d'inoculation sur un animal de telle ou telle espèce,

CHAPITRE IX

CONCLUSION

LA THÉORIE MICROBIENNE COMPARÉE AUX AUTRES THÉORIES PROPOSÉES POUR EXPLIQUER L'ORIGINE DES MALADIES CONTAGIEUSES

Il s'en faut de beaucoup que la théorie parasitaire des maladies contagieuses soit adoptée par la généralité des médecins : cette théorie rencontre en ce moment une vive opposition de la part de praticiens haut placés qui se sont faits les champions de la théorie de l'innéité des maladies. Pour eux, la maladie se développe chez le malade spontanément ou tout au moins sous l'influence d'un contage dont la nature est encore inconnue : lorsqu'on rencontre des microbes dans le sang des malades, ce n'est là qu'une complication secondaire : ces microbes ne sont pas la cause de la maladie, ils n'en sont même pas l'élément contagieux ni le véhicule du contage. En un mot, la théorie microbienne est une hypothèse purement gratuite.

Admettons avec eux que la théorie microbienne n'est qu'une hypothèse et comparons-la aux autres hypothèses que l'on a proposées pour expliquer la nature virulente et contagieuse de certaines maladies. Cette comparaison pourra jeter quelque jour sur la question en litige.

La valeur d'une hypothèse se mesure au nombre et à l'importance des faits dont elle donne une explication claire, précise, et véritablement scientifique : elle se mesure aussi aux progrès qu'elle fait faire à la science. Passons donc en revue les principales théories que l'on a proposées pour expliquer l'origine des maladies virulentes et contagieuses, sans l'intervention des microbes.

Théorie des Blastèmes de M. Robin. — Bien que M. Robin n'ait rien publié récemment (à notre connaissance du moins), au sujet de son opinion sur la valeur de la théorie microbienne, quelques-uns de ses élèves ont mis en avant la théorie exposée par le maître dans des livres dont la publication remonte à dix ou vingt ans.

Pour M. Robin, toute cellule ne naît pas d'une autre cellule, sous forme de bourgeon, d'œuf ou de spore. Sans doute la *génération spontanée* aux dépens d'éléments d'origine exclusivement *minérale* n'existe pas; mais cette génération, cette *genèse,* se fait journellement aux dépens d'une matière organisée, vivante, mais liquide et amorphe, qui dérive des autres cellules préexistantes. C'est ce liquide que M. Robin désigne sous le nom de *blastème.* Le blastème est l'excédent de la substance nutritive, organisée des cellules, que celles-ci exsudent autour d'elles; de nouvelles cellules peuvent se former, de toutes pièces, aux dépens de ce blastème, sans dériver d'une cellule plutôt que d'une autre. C'est ainsi que se produisent, d'après M. Robin, les globules du pus qui sont une création nouvelle, le résultat de l'organisation d'un liquide exsudé dans tous les organes, et nullement le produit du gonflement, de la prolifération et du bourgeonnement des cellules préexistantes, comme on l'admet dans d'autres théories et notamment dans celles de MM. Schiff et Cohnheim.

Ceci posé, l'origine de toutes les maladies sera dans une altération chimique ou physiologique des blastèmes, qui tantôt produisent des cellules normales propres à remplacer celles qui meurent par l'usure naturelle des organes, et tantôt engendrent des cellules maladives et dangereuses, soit par leur trop grand nombre comme dans l'infection purulente, soit par leur nature spéciale comme dans le tubercule et le cancer. Mais laissons parler M. Robin lui-même : « La cause des troubles morbides est due à des changements survenus dans la quantité et la nature des principes immédiats de la substance même des tissus et des humeurs. *Ce sont alors ces altérations qui rendent possible le développement de spores de très petit volume.* La multiplication des végétaux microscopiques est un épiphénomène et non la cause déterminante et scientifique même. *La présence du parasite végétal est une complication prise pour la cause.* » (*Histoire naturelle des végétaux parasites de l'homme,* 1853, p. 287.)

Ceci a été écrit il y a trente ans, et il est permis de se demander si les progrès immenses accomplis depuis cette époque n'ont pas modifié quelque peu l'opinion de l'auteur. M. Jousset de Bellesme a-t-il bien le droit de s'emparer aujourd'hui de ces paroles et de les paraphraser de la manière suivante [1] : « Le microbe, lorsqu'il existe réellement, n'est qu'un épiphénomène, et ce ne serait pas trop s'avancer que de prétendre qu'aucun

1. *Notes et souvenirs sur Cl. Bernard* (*Revue internationale des Sciences biologiques*, 1882, II, p. 442).

élément nouveau n'intervient ni dans la variole, ni dans la scarlatine, ni dans le tubercule, mais qu'*il ne se fait dans ce cas que des exagérations, des proliférations d'éléments normaux,* qui, SOUS L'INFLUENCE DE CONDITIONS TOUT A FAIT OBSCURES, évoluent d'une manière tout à fait inusitée?... »

La définition que donne M. Jousset de Bellesme n'est pas celle des maladies contagieuses, mais bien celle des maladies que l'on réunit sous le nom vulgaire et général de *cancers*. Est-ce à dire qu'il assimile ces maladies aux cancers? Mais une telle assimilation est impossible : chacun sait que le cancer n'est pas contagieux ; ce seul fait creuse un abîme entre les deux genres d'affections. Non seulement le cancer n'est ni contagieux ni inoculable, mais encore il n'est héréditaire que dans *un dixième* environ des cas : c'est le contraire pour la tuberculose, maladie contagieuse, *parce qu'elle est une maladie à microbe*, et que l'on peut bien dire héréditaire dans les *neuf dixièmes* des cas.

Ainsi donc la théorie de M. Jousset de Bellesme n'explique rien, et passe absolument à côté de la question puisqu'elle ne dit rien ni de la contagion ni de la virulence, et c'est là précisément le point essentiel qu'il s'agit d'éclaircir. Mais revenons à la théorie de M. Robin.

En disant que le microbe ne se développe que dans des tissus déjà altérés, M. Robin n'est pas si loin de la théorie parasitaire que ses élèves veulent bien le dire. Qu'importe que le microbe ne soit qu'une complication, un épiphénomène, si ce phénomène secondaire domine toute la maladie et lui imprime son caractère dangereux, sa nature contagieuse et virulente? Dans la piqûre de la vipère, ce n est pas la morsure des dents de l'animal qui est dangereuse, mais bien l'introduction du venin qui en découle, c'est-à-dire l'épiphénomène : il en est de même dans la piqûre anatomique.

Deux hommes sont atteints de pneumonie dans les mêmes circonstances : le premier guérira facilement parce qu'il n'a que 30 ans, le second est presque fatalement condamné parce qu'il en a 75 : dira-t-on qu'il est mort de vieillesse et que la pneumonie n'est qu'un épiphénomène ?

L'oïdium et le phylloxera ont envahi nos vignes épuisées par une culture intensive : niera-t-on pour cela que l'oïdium et le phylloxera ne constituent deux maladies très dangereuses, et dira-t-on que ce sont des épiphénomènes?

Il est donc évident que la théorie de M. Robin, telle que ses élèves nous la présentent (en allant l'exhumer d'écrits qui remontent à vingt ou trente ans), n'est plus au courant de la science, et dans tous les cas n'est pas applicable aux maladies virulentes et contagieuses.

Théorie de M. Charlton Bastian et des médecins anglais de son école. — Cette théorie du contradicteur le plus ardent des Tyndall et des Pasteur se trouve développée dans les écrits de MM. Lewis et Lionel S. Beale. Elle diffère à peine de la précédente. Pour M. Lewis, « il est de toute évidence que les microphytes du sang ne sont que des épiphénomènes; que le changement des liquides du corps se fait avant qu'on puisse découvrir la moindre trace de leur présence[1] ». Comme on voit, c'est la théorie de M. Robin.

M. Beale est plus exclusif et plus absolu encore[2].

1. *Les Microphytes du sang*, 1881, p. 88 et 93.
2. *The Microscope in medicine*, 4e édit., Londres, 1882.

Pour lui, les particules solides du vaccin ne sont pas des bactéries ou des microcoques, mais des *bioplastes,* ou éléments figurés dérivés de la matière vivante de la vache, et ce sont ces bioplastes qui constituent les contages effectifs de toutes les maladies virulentes : les bioplastes sont les particules très petites de la matière vivante de l'espèce infestée par la maladie. Le contage est un *bioplasme* et « chaque espèce de bioplasme contagieux manifeste sa propre action spécifique et seulement celle-ci ». Nous laisserons à d'autres le soin d'admirer et de paraphraser ce jargon scientifique, qui semble fait pour nous ramener en arrière de plusieurs siècles ; mais nous ferons observer que cette théorie de M. Beale se rapproche un peu d'une autre théorie beaucoup plus sérieuse et beaucoup plus complète, dont il nous reste à parler.

Théorie des microzymas de M. Béchamp. — Dans cette théorie, ce n'est pas un blastème liquide qui se modifie dans les maladies, mais bien un blastème organisé et solide, comparable au sang, et constitué par de très petites particules de matières vivantes qui sont les *microzymas.* Les microzymas sont ces granulations élémentaires que l'on voit au microscope dans les cellules et dans tous les liquides de l'économie : ce sont eux, et non pas les cellules où ils s'enkystent, qui sont les véritables agents de toutes les fonctions de l'organisme. C'est en sécrétant un liquide appelé *zymase* ou ferment, et qui les entoure continuellement (constituant avec eux cet ensemble que l'on appelle le *protoplasma*), que ces microzymas opèrent les transformations variées dont le but final est la nutrition de cet organisme. Ce ne sont pas des parasites venus du dehors qui produisent les maladies virulentes et contagieuses, ce sont les microzymas eux-mêmes, par une perversion de leur fonctionnement normal : ils sécrètent alors une zymase viciée et se transforment en microcoques et en bactéries que l'on croit à tort des corps étrangers alors qu'ils ne sont que le résultat de l'évolution particulière des microzymas qui préexistaient dans nos tissus.

Mais ce n'est pas tout : ces microzymas sont impérissables. Dans nos organes, les cellules meurent et se renouvellent, mais les microzymas qu'elles renfermaient ne font que s'associer avec d'autres microzymas pour constituer de nouvelles cellules. Après la mort, ce sont eux qui, par leur transformation en microbes, produisent la fermentation putride, et leur existence se prolonge bien au delà de celle des organismes dont ils ont fait temporairement partie. Ainsi les microzymas de la craie, qui proviennent sans doute des tissus des animaux et des plantes de cette époque, après un repos de plusieurs milliers de siècles, sont encore vivants et susceptibles de se transformer en bactéries quand on leur fournit un liquide nutritif convenable, ainsi que l'a montré M. Béchamp.

Cette théorie est incontestablement très séduisante, et donne l'explication d'un bien plus grand nombre de faits que les théories précédentes, mais il est tels de ces faits avec lesquels il est impossible de la mettre d'accord, tandis que la théorie parasitaire les explique facilement : tels sont, par exemple, le phénomène de la putréfaction cadavérique et les bons effets du pansement de Lister ou de l'occlusion des plaies de M. Guérin.

M. Robin, dans sa théorie des blastèmes, admettait aussi que la putréfaction cadavérique s'opérait sans l'intervention d'aucun agent extérieur.

Mais on sait aujourd'hui que les cadavres mis à l'abri des germes de l'air se momifient sans se putréfier. Tel est le cas pour les corps qui se sont conservés, depuis plusieurs siècles, dans la crypte souterraine de l'une des églises de Bordeaux, et qui sans aucune préparation antiseptique ont passé lentement à l'état de momie. Beaucoup de souterrains et de cavernes, où l'air est sec et à une température invariable, présentent des conditions favorables à cette momification, sans doute parce que ce milieu est impropre à la vie des végétaux inférieurs.

La théorie des microzymas explique la transmission des maladies par les éléments figurés des virus, alors que le liquide filtré de ce même virus est sans danger : sous ce rapport, elle est plus d'accord avec les faits que la théorie des blastèmes; mais elle n'explique pas les effets de l'occlusion ou du tamisage de l'air dans le pansement de M. Guérin et ceux de l'acide phénique dans le pansement de Lister. En effet, si les microzymas virulents sont dans le corps du malade et ne viennent pas du dehors, on comprend difficilement que ce procédé puisse être de quelque utilité. Il saute aux yeux que ce tamisage qui n'arrête que *les particules solides de l'air,* mais laisse passer l'air lui-même, n'agit qu'en écartant *quelque chose* qui se trouvait en suspension dans l'atmosphère, et ce *quelque chose* ne peut être que les organismes figurés, ou les germes de l'air.

Théorie des Ptomaïnes. — La découverte d'alcaloïdes spéciaux dans le pus, par Panum (*septine*), puis dans les cadavres et les matières en putréfaction par Selmi et Gautier (*Ptomaïnes*), a été la dernière ressource à laquelle se sont raccrochés les partisans de la théorie des virus non organisés. On a pensé que ces ptomaïnes, ou alcaloïdes toxiques, étaient le produit d'altérations cadavériques ou morbides purement chimiques se produisant dans les tissus et les liquides de l'économie *en dehors de toute intervention des microbes*. Cette conception *a priori* ne diffère pas en réalité de la théorie des Blastèmes de M. Robin. Si on l'admet, tous les microbes pathogènes se trouvent assimilés au *Bacille du Jequirity* de Sattler, qui vit et se développe il est vrai dans le suc toxique des graines de l'*Abrus precatorius,* mais *n'est pour rien,* comme Klein l'a démontré, dans la conjonctivite artificielle que l'on provoque à l'aide de ce liquide.

Mais cette théorie des *ptomaïnes sans microbes* ne tient pas devant l'étude impartiale des faits. On peut, il est vrai, par une filtration convenable, séparer la ptomaïne de son microbe, mais la réciproque (comme dans le cas du Jequirity) est impossible. Ce microbe, séparé du liquide primitif et transporté dans des bouillons de culture successifs, de manière à l'obtenir *pur* de tout élément étranger, continue à produire la ptomaïne qui le caractérise et qu'il fabrique de toutes pièces aux dépens du liquide de culture, comme le démontrent les expériences récentes de M. Gabriel Pouchet sur la ptomaïne du choléra. Il n'y a pas plus de ptomaïne sans microbe spécial qu'il n'y a d'ergotine sans *Claviceps purpurea* ou de vinaigre sans *Mycoderma aceti.*

La théorie microbienne de M. Pasteur est la seule qui explique tous les faits. — La théorie microbienne est la seule qui ne soit plus forcée d'avoir recours à ces expressions vagues dont se contentait l'ancienne médecine pour expliquer la contagion des maladies, et dont se contente encore M. Jousset de Bellesme lorsqu'il parle de *conditions tout à fait obscures* dans la production de ces maladies. Toutes ces expressions de *miasmes*, de *virus*, d'*effluves*, etc., dont on se servait il y a moins de vingt ans, pour désigner ce *quelque chose d'inconnu* qui constituait le *contage*, ne pouvaient se définir qu'en ayant recours à une « action catalytique » qui n'avait d'autre utilité que de reculer la solution du problème et de substituer une inconnue à une autre inconnue[1]! La théorie parasitaire n'aurait-elle eu d'autre utilité que de nous débarrasser des « miasmes » et des « effluves », et surtout des « actions catalytiques », qu'elle aurait déjà fait faire un pas immense à la science. A partir du jour où il a été démontré que les miasmes et les effluves, de même que les virus, n'étaient pas autre chose que les germes de l'air, c'est-à-dire les microbes et leurs spores, toute la pathologie s'est trouvée éclairée d'une lumière éclatante, dont on peut mesurer les bienfaits au nombre des travaux accomplis dans cette direction depuis moins de dix ans.

Cette théorie nous a donné l'occlusion des plaies de M. Guérin, le pansement antiseptique de Lister, la nouvelle vaccine de M. Pasteur, et ces trois grandes découvertes suffiraient à immortaliser cette hypothèse, en supposant qu'elle ne soit qu'une hypothèse. Quels sont les progrès accomplis dans la science que les théories adverses peuvent porter à leur acquit, en face de ceux de la théorie microbienne? Nous n'en connaissons pas, et cela suffit pour les juger.

1. Voyez par exemple l'article MIASMES dans le *Dictionnaire de Nysten, Littré et Robin* (édition de 1864) : « Les miasmes sont constitués *par les substances organiques de l'air* à divers états de modifications catalytiques. » Les mots soulignés le sont par M. Robin lui-même. Voyez aussi les mots EFFLUVES, CATALYTIQUES, VIRUS, etc., du même dictionnaire.

Du reste la théorie microbienne est sortie désormais de cette phase primitive où on pouvait la considérer comme une simple hypothèse, pour entrer dans le domaine des faits précis. — Avant qu'une maladie infectieuse soit considérée comme due à la présence d'un microbe spécifique, il est indispensable qu'elle ait été soumise à l'épreuve des quatre règles suivantes qui ont été très nettement établies par Koch :

1° Il faut que le microbe en question ait été trouvé soit dans le sang, soit dans les tissus de l'homme ou de l'animal malade ou mort de la maladie;

2° Ce microbe pris dans ce milieu (le sang ou les tissus, suivant le cas), et cultivé artificiellement hors du corps de l'animal, doit être transporté de culture en culture pendant plusieurs générations successives, en prenant les précautions nécessaires pour empêcher l'introduction de tout autre microbe dans ces cultures, de façon à obtenir le microbe spécifique pur de toute espèce de matière provenant du corps de l'animal qui l'a primitivement fourni;

3° Le microbe, ainsi purifié par des cultures successives, réintroduit dans le corps d'un animal sain, mais sujet à la maladie, doit reproduire chez cet animal la maladie en question avec ses symptômes et ses lésions caractéristiques;

4° Enfin, on doit constater que, dans l'animal ainsi inoculé, le microbe en question s'est multiplié et se retrouve en nombre supérieur à celui de l'inoculation [1].

Ces quatre conditions sont nécessaires, mais elles sont suffisantes, et, dans l'état actuel de la science, on

1. Koch, *die Milzbrand-Impfung*, Berlin (1883).

peut les considérer comme remplies pour un nombre déjà imposant de maladies : le sang de rate, le choléra des poules, le rouget du porc, la morve, la variole, la tuberculose, l'érysipèle et même le choléra asiatique. Ce sont là, bien certainement, des maladies à microbes dans toute l'acception du terme.

L'opposition que la théorie microbienne rencontre en pathologie n'est pas nouvelle et n'a rien qui doive nous étonner : à toutes les époques la médecine a tenu à ses vieilles traditions et n'a renoncé qu'avec peine à voir dans la maladie quelque chose de mystérieux comme au temps de l'antique théurgie, dont les devins et les sorciers modernes sont le dernier reste. La théorie parasitaire est sans doute trop simple et trop naturelle pour qu'on croie devoir l'accepter sans contestation; mais ses précédentes conquêtes sont d'un bon augure pour l'avenir. Est-il besoin de les rappeler? Au commencement de ce siècle la théorie parasitaire de la gale rencontra la même opposition : quel est le médecin qui doute aujourd'hui que le *Sarcoptes scabiei* soit la seule cause de l'affection? Un peu plus tard, vers le milieu du siècle, quand on constata la présence de microphytes particuliers dans la plupart des maladies de la peau, personne ne voulut croire à l'importance de cette découverte : et cependant il est bien peu de médecins qui nient désormais que ces microphytes ne soient la principale ou, pour mieux dire, la seule cause de ces maladies.

De même lorsque l'on voit, dans le sang de rate, le torrent circulatoire et tous les organes remplis de bactéridies (*Bacillus anthracis*), est-il bien permis de nier que cette maladie soit essentiellement parasitaire? Ces bactéridies étant des êtres vivants qui s'accroissent, se reproduisent et pullulent avec une grande activité, niera-t-on que leur présence ne constitue un danger immédiat, surtout maintenant que l'on sait qu'elles fabriquent, aux dépens de l'organisme, un poison violent (ptomaïne) qui pénètre là où la bactéridie ne pénètre pas ? Dira-t-on que les bactéridies ne sont ici qu'un « épiphénomène », c'est-à-dire une complication sans importance et dont il n'y a pas lieu de s'inquiéter?

Ce que nous disons ici du sang de rate, nous pourrions le dire de toute autre maladie : de la diphthérie, de la variole ou de la fièvre intermittente. Et nous ne craignons pas de l'avancer, nos instruments seraient-ils trop faibles pour nous faire voir les organismes qui sont la cause de ces maladies, que la raison seule nous forcerait d'en admettre l'existence, d'après ce que nous savons en général de la marche et de la nature des maladies contagieuses. Qui dit contage dit microbe : et c'est la simplicité même de cette théorie qui lui donne sa haute valeur et qui nous permet de la considérer comme l'expression même de la réalité.

Qu'importe après cela qu'on discute sur la question de savoir si le microbe est le contage même ou s'il n'en est que le véhicule ou le porteur? s'il agit par lui-même ou seulement par les ptomaïnes qu'il produit? s'il existe un microbe spécifique pour chaque espèce de maladie, ou si ce microbe est susceptible de se transformer, comme tout être vivant, suivant la nature du milieu dans lequel il se nourrit? Ce sont là des questions secondaires, dont l'avenir nous donnera sans doute la solution, mais qui ne touchent en rien au principe même de la théorie parasitaire. Cette théorie vient à peine d'être fondée : chaque jour apporte une nouvelle pierre à l'édifice, mais on ne peut exiger qu'il soit déjà complet dans toutes ses parties : les progrès de la science pourront le modifier dans ses détails, mais ce qu'on peut affirmer, c'est que le fond même en restera, parce qu'il repose sur l'interprétation simple et naturelle des faits.

APPENDICE

A

Terminologie des Microbes : variations dans les dénominations employées et dans les classifications adoptées

Le polymorphisme des microbes a eu pour conséquence une grande instabilité dans la terminologie employée par différents auteurs. Nous avons donné, au commencement de ce livre (pages 86-87), la classification *morphologique* classique qui est encore la plus généralement employée; mais nous ne pouvons nous dispenser de donner ici quelques indications destinées à faciliter la lecture des ouvrages récents publiés sur les microbes tels que *les Bactéries*, de MM. Cornil et Babès, et *Micro-organisms and Diseases*, du professeur E. Klein de Londres.

Il est d'abord deux genres que l'on paraît avoir de la tendance à éliminer de la nomenclature : ce sont les genres *Bacterium* et *Vibrio*.

MM. Cornil et Babès donnent au groupe tout entier des *Bactériacés*, ou microbes proprement dits, considéré comme un ordre à part, le nom de *Bactéries* qu'ils ont mis comme titre à leur ouvrage. Par suite ils ont été amenés à supprimer le genre « Bactérie » (*Bacterium*), pour éviter les confusions, et la plupart des espèces que l'on rangeait autrefois dans le genre *Bactérie* sont pour eux des Bacilles (*Bacillus*), qu'ils soient longs ou courts, mobiles ou immobiles. Dans la description des microbes des maladies de l'homme, nous nous sommes conformés à cette nomenclature, qui semble devoir être adoptée par les histologistes, et afin de ne pas surcharger la synonymie déjà trop encombrée des microbes.

Il est probable, du reste, que cette assimilation est exacte et que la plupart des Bacilles passent d'abord par une phase où ils sont courts et mobiles, avant de s'allonger et de devenir immobiles. Par contre, certains types de l'ancien genre *Bacterium* (les bactéries en 8 de chiffre par exemple) rentreraient plutôt dans le germe *Micrococcus* ou dans le nouveau genre *Diplococcus.*

Quant au genre *Vibrio*, il paraît n'avoir été primitivement qu'un assemblage assez hétérogène renfermant à la fois des chapelets et chaînettes de Microcoques ou de Bactéries courtes, et des organismes réellement unicellulaires qui peuvent rentrer dans le genre *Spirillum*. Cependant Klein conserve ce genre pour les seuls *Vibrio rugula* et *V. serpens.*

Le genre *Micrococcus* (Hallier) est aussi appelé *Sphero-bacterium* d'après Cohn, et on désigne aujourd'hui sous ces deux noms les seuls microbes unicellulaires qui sont *arrondis ou ovales, immobiles* et par conséquent *dépourvus de cil ou de flagellum,* organe de propulsion.

Ces *micrococcus* peuvent du reste former des chaînettes ou chapelets (*torula*), des haltères (Klein) ou 8 de chiffre (*Diplococcus*, Billroth), des Sarcines (ou groupes de 4) et des Zooglées ou masses plus nombreuses.

Le genre *Bacterium* (*Microbacterium* de Cohn) différerait surtout du précédent, d'après Klein, par sa forme de cellules ovales ou cylindriques, *mais surtout par la présence d'un cil ou flagellum à une de leurs extrémités,* ce qui leur donne un mouvement spontané. Ils peuvent aussi prendre la forme de biscuit à la cuillère et d'haltère lorsqu'ils se divisent en deux, et former ainsi de courtes chaînes ou bien des Zooglées. Comme nous l'avons dit, la plupart de ces organismes sont rangés par M. Cornil dans le genre *Bacillus,* au moins quand il s'agit des organismes propres aux maladies de l'homme.

Le genre *Bacillus* (*Desmobacterium*, Cohn) comprend, d'après Klein, les microbes en forme de bâtonnets plus ou moins allongés, qui se divisent par scissiparité en chaînes droites, courbes ou en zigzags, formées d'éléments qui se touchent en général par un bord coupé carrément, et peuvent s'allonger considérablement en forme de *Leptothrix.*

Quelques-uns d'entre eux, quand ils sont isolés ou en chaînes courtes, possèdent un flagellum à une de leurs extrémités et sont par conséquent mobiles (tels sont le *Bacillus subtilis* et la plupart des bacilles de la putréfaction), mais ils perdent cet organe de mouvement en passant à l'état de *leptothrix*. Le *Bacillus anthracis* est toujours immobile et dépourvu de flagellum. Le fait de la présence d'un cil vibratile et de mouvements dans ce genre, abaisse la barrière entre les genres *Bacterium* et *Bacillus* et donne raison à la manière de voir de M. Cornil.

Les genres *Spirillum* (ou *Spirobacterium,* Cohn) et *Spirochœte* sont beaucoup plus rares et n'ont pas donné lieu aux mêmes variantes dans la nomenclature.

Nous terminerons en reproduisant la classification de Rabenhorst et Flügge, telle qu'elle est donnée par MM. Cornil et Babes, comme pouvant servir « de cadre commode aux bactéries pathogènes qui nous intéressent spécialement » :

CLASSIFICATION DE RABENHORST ET FLUGGE

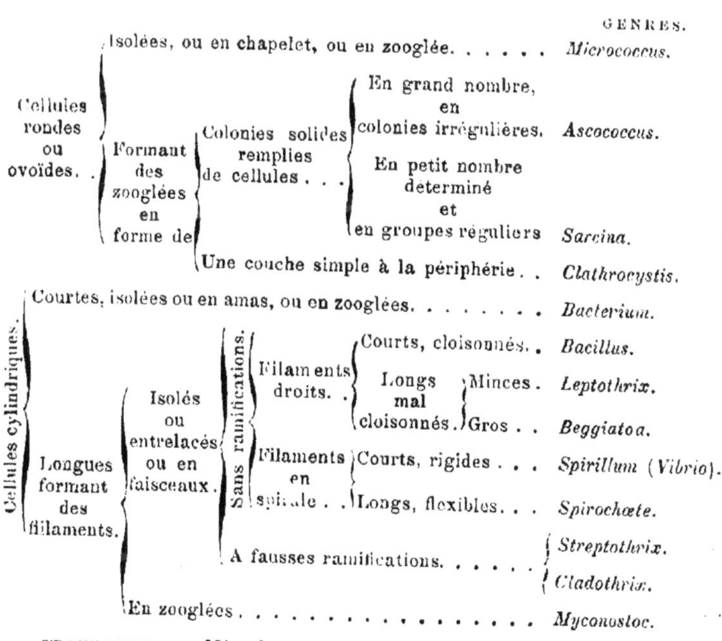

B

APPENDICE AU CHAP. III, PAGE 125.

Micrococcus de la phosphorescence

La phosphorescence de la mer est due à la présence de *Noctiluques,* protozoaires du groupe des Flagellates, qui viennent à la surface de l'Océan par les temps d'orage et quand la mer est fortement agitée. Un grand nombre d'autres animaux marins présentent le même phénomène. La phosphorescence du poisson pourri est due à la présence d'un *Micrococcus* particulier qui forme de grandes zooglées arrondies. Ce même microcoque se montre aussi sur la viande en putréfaction et lui communique une lueur phosphorescente.

C

APPENDICE AU CHAP. V, PAGE 165.

Les Microbes bienfaisants.

Nous avons dit que des bactéries, en grand nombre, existaient dans le canal digestif de l'homme en bonne santé. D'après des recherches récentes de MM. Duclaux, Ch. Richet et Bourquelot, non seulement ces microbes ne seraient pas nuisibles, mais encore ils joueraient un rôle actif dans la digestion gastrique : ils serviraient surtout à la transformation des matières albuminoïdes en peptones. Si l'on élimine ces microbes, véritables ferments vivants, cette transformation se ralentit. Il est donc probable qu'ils fabriquent de la pepsine. (Voyez Paul Loye, *Revue scientifique*, 14 février 1885, p. 214.)

M. Pasteur a fait aussi des expériences qui tendent à démontrer l'utilité des microbes *dans la germination des plantes.*

Si l'on enlève à la terre végétale les microbes qu'elle renferme, sans lui soustraire aucun autre élément, on constate que la germination se ralentit et se fait plus difficilement.

D

APPENDICE AU CHAP. III, PAGE 125.

Maladies des plantes causées par des Bactéries.

On a récemment signalé, comme cause de maladies chez les plantes, la présence de bactéries parasites. En 1880, M. Burril, d'Illinois (États-Unis), a décrit la *brouissure* des poires, comme due à la présence d'une bactérie qui attaque les arbres à fruit et qu'il a pu cultiver dans un milieu artificiel. — La *jaunisse* des bulbes de hyacinthes est attribuée par le Dr Wakker, d'Amsterdam (1882), à une bactérie qui se développe entre les écailles et peut arriver à tuer la plante. — Tout récemment (31 août 1885), M. Luiz de Andrade Corvo a présenté à l'Académie des sciences une note dans laquelle il affirme que la maladie de la vigne, attribuée au *Phylloxera vastatrix*, est due en réalité à un bacille (ou plutôt à un *Bacterium*, d'après sa description) qui existe toujours dans les tubercules des radicelles et les tissus de la vigne atteints de cette maladie qu'il appelle *tuberculose :* on le trouve aussi dans le corps de l'insecte qui serait ainsi purement et simplement l'agent de la contagion.

Quoi qu'il en soit, ce n'est ni M. Wakker en 1882, ni M. Burril en 1880, qui ont été les premiers à signaler la présence de microbes dans les tissus altérés des végétaux. C'est M. Béchamp, en France, qui, dès l'année 1869, a signalé la présence de *Microzymas* (c'est-à-dire de bactéries) *dans les parties gelées des plantes* (*Comptes rendus de l'Académie des Sciences,* t. LXVIII, p. 466).

E

APPENDICE AU CHAP. VI, PAGE 231.

Ptomaïne du Microbe du choléra des poules.

M. Duclaux, dans son livre : *Ferments et Maladies,* cite le fait suivant :

Étant donné une culture de choléra des poules, si l'on inocule à une poule quelques gouttes de ce liquide, l'oiseau tombe malade et meurt. Mais si l'on filtre le liquide avant de l'inoculer, sur le plâtre ou la porcelaine dégourdie, on produit une maladie qui n'est pas le choléra des poules. L'oiseau se roule en boule et tombe dans une somnolence passagère dont il sort au moindre bruit.

Au bout de quelques heures, le rétablissement est complet. Ainsi, dans le choléra des poules, il y a deux catégories de symptômes, et les plus extérieurs sont dus à une sorte de narcotique (ptomaïne) sécrété par le microbe, mais pouvant agir en dehors de lui, et n'amenant pas ordinairement une terminaison fatale.

F

APPENDICE AU CHAP. VI, PAGE 231.

Ptomaïnes des poissons.

Le poisson salé et fumé donne assez souvent lieu, chez les personnes qui en mangent, à un empoisonnement violent qui peut même être suivi de mort.

Le professeur Aurep, de Kharkov, a récemment étudié ces cas d'empoisonnements et les attribue à une ptomaïne sécrétée par un microbe, ou bien fabriquée par le poisson lui-même (et pendant sa vie), sous l'influence morbide de ce microbe.

G

APPENDICE AU CHAP. V, PAGE 164.

Les égouts de Paris et la plaine de Gennevilliers.

Les eaux d'égout, provenant du grand collecteur de la ville, sont déversées moitié dans la Seine, moitié dans la plaine de Gennevilliers où, par un système de rigoles, elles sont utilisées pour l'engraissement des terres... — On a pu craindre un moment que la terre végétale ne fût saturée à la longue de matières fertilisantes, mais on y a reconnu la présence d'un microbe spécial[1] qui réduit les matières organiques en leurs éléments minéraux et les rend ainsi propres à l'absorption par les plantes. Prochainement le même système doit être appliqué sur un autre point des environs de Paris, à Achères, près de la forêt de Saint-Germain.

H

APPENDICE AU CHAP. V, PAGE 163.

Fosses d'aisances. Système du « tout à l'égout ».

Dans le système du *tout à l'égout*, dont M. Alfred Durand-Claye est depuis longtemps déjà le promoteur à Paris, l'*eau doit arriver à flot* dans les cuvettes, de façon à balayer constamment les tuyaux de chute : 10 litres, au minimum, sont nécessaires par habitant.

Les eaux ménagères et les eaux pluviales s'écoulent éga-

1. MM. Schlœsing et Müntz ont étudié ce microbe qu'ils appellent *microbe nitrique* ou *nitrificateur*.

lement dans les tuyaux d'évacuation à l'égout, par des siphons particuliers, et contribuent au lavage continuel de ces tuyaux. Ce système a été appliqué à l'Hôtel de Ville, aux nouvelles casernes de la Garde républicaine, à un certain nombre d'écoles primaires, et à plusieurs maisons particulières. L'administration municipale a l'intention de le faire appliquer à la plupart des écoles, des hôpitaux et des casernes, dont l'assainissement laisse, encore actuellement, beaucoup à désirer sous ce rapport. Elle espère ensuite étendre le même système à toutes les habitations particulières, de façon à supprimer entièrement les fosses fixes, comme cela existe déjà dans un grand nombre de villes étrangères, surtout en Allemagne.

TABLE ALPHABÉTIQUE ET ANALYTIQUE

A

B

C

U

V

X

Z

FIN DE LA TABLE ALPHABÉTIQUE ET ANALYTIQUE.

TABLE DES MATIÈRES

Paris. — Typ. G. Chamerot, 19, rue des Saints-Pères. — 18086

ANCIENNE LIBRAIRIE GERMER BAILLIÈRE ET Cie
FÉLIX ALCAN, ÉDITEUR

CATALOGUE

DES

LIVRES DE FONDS

(PHILOSOPHIE — HISTOIRE)

TABLE DES MATIÈRES

On peut se procurer tous les ouvrages qui se trouvent dans ce Catalogue par l'intermédiaire des libraires de France et de l'Étranger.

On peut également les recevoir *franco* par la poste, sans augmentation des prix désignés, en joignant à la demande des TIMBRES-POSTE FRANÇAIS ou un MANDAT sur Paris.

PARIS

108, BOULEVARD SAINT-GERMAIN, 108

Au coin de la rue Hautefeuille.

OCTOBRE 1888

Les titres précédés d'un *astérisque* sont recommandés par le Ministère de l'Instruction publique pour les Bibliothèques et pour les distributions de prix des lycées et des collèges. — Les lettres V. P. indiquent les volumes adoptés pour les distributions de prix et les Bibliothèques de la Ville de Paris.

BIBLIOTHÈQUE DE PHILOSOPHIE CONTEMPORAINE

Volumes in-12 brochés à 2 fr. 50.

Cartonnés toile. 3 francs. — En demi-reliure, plats papier. 4 francs.

Quelques-uns de ces volumes sont épuisés, et il n'en reste que peu d'exemplaires imprimés sur papier vélin; ces volumes sont annoncés au prix de 5 francs.

ALAUX, professeur à la Faculté des lettres d'Alger. **Philosophie de M. Cousin.**

AUBER (Ed.). **Philosophie de la médecine.**

BALLET (G.), professeur agrégé à la Faculté de médecine. **Le Langage intérieur** et les diverses formes de l'aphasie, avec figures dans le texte. 2e édit. 1888.

* BARTHÉLEMY SAINT-HILAIRE, de l'Institut. **De la Métaphysique.**

* BEAUSSIRE, de l'Institut. **Antécédents de l'hégélianisme dans la philosophie française.**

* BERSOT (Ernest), de l'Institut. **Libre Philosophie.** (V. P.)

* BERTAULD, de l'Institut. **L'Ordre social et l'Ordre moral.**

— **De la Philosophie sociale.**

BINET (A.). **La Psychologie du raisonnement**, expériences par l'hypnotisme.

BOST. **Le Protestantisme libéral.**

BOUILLIER. **Plaisir et Douleur.** Papier vélin. 5 fr.

* BOUTMY (E.), de l'Institut. **Philosophie de l'architecture en Grèce.** (V. P.)

* CHALLEMEL-LACOUR. **La Philosophie individualiste**, étude sur G. de Humboldt. (V. P.)

COIGNET (Mme C.). **La Morale indépendante.**

COQUEREL FILS (Ath.). **Transformations historiques du christianisme.**

— **La Conscience et la Foi.**

— **Histoire du Credo.**

COSTE (Ad.). **Les Conditions sociales du bonheur et de la force.** (V. P.)

DELBŒUF (J.). **La Matière brute et la Matière vivante.** Étude sur l'origine de la vie et de la mort.

ESPINAS (A.), doyen de la Faculté des lettres de Bordeaux. **La Philosophie expérimentale en Italie.**

FAIVRE (E.), professeur à la Faculté des sciences de Lyon. **De la Variabilité des espèces.**

FÉRÉ (Ch.). **Sensation et Mouvement.** Étude de psycho-mécanique, avec figures.

— **Dégénérescence et Criminalité**, avec figures. 1888.

FONTANÈS. **Le Christianisme moderne.**

FONVIELLE (W. de). **L'Astronomie moderne.**

* FRANCK (Ad.), de l'Institut. **Philosophie du droit pénal.** 3e édit.

— **Des Rapports de la religion et de l'Etat.** 2e édit.

— **La Philosophie mystique en France au XVIIIe siècle.**

* GARNIER. **De la Morale dans l'antiquité.** Papier vélin. 5 fr.

GAUCKLER. **Le Beau et son histoire.**

HAECKEL, prof. à l'Université d'Iéna. **Les Preuves du transformisme.** 2e édit.

HARTMANN (E. de). **La Religion de l'avenir.** 2e édit.

— **Le Darwinisme**, ce qu'il y a de vrai et de faux dans cette doctrine. 3e édit.

* HERBERT SPENCER. **Classification des sciences**, trad. de M. Cazelles. 4e édit.

— **L'Individu contre l'État**, traduit par M. Gerschel. 2e édit.

Suite de la *Bibliothèque de philosophie contemporaine*, format in-12 à 2 fr. 50 le volume.

* JANET (Paul), de l'Institut. **Le Matérialisme contemporain.** 4e édit.

— * **La Crise philosophique.** Taine, Renan, Vacherot, Littré.

— * **Philosophie de la Révolution française.** 4e édit. (V. P.)

— * **Saint-Simon et le Saint-Simonisme.**

— **Les Origines du socialisme contemporain.**

* LAUGEL (Auguste). **L'Optique et les Arts.** (V. P.)

— * **Les Problèmes de la nature.**

— * **Les Problèmes de la vie.**

— * **Les Problèmes de l'âme.**

— * **La Voix, l'Oreille et la Musique.** Papier vélin. 5 fr.

LEBLAIS. **Matérialisme et Spiritualisme.**

* LEMOINE (Albert), maître de conférences à l'École normale. **Le Vitalisme et l'Animisme.**

— * **De la Physionomie et de la Parole.**

LEOPARDI. **Opuscules et Pensées,** traduit par M. Aug. Dapples.

LEVALLOIS (Jules). **Déisme et Christianisme.**

* LÉVÊQUE (Charles), de l'Institut. **Le Spiritualisme dans l'art.**

— * **La Science de l'invisible.**

LÉVY (Antoine). **Morceaux choisis des philosophes allemands.**

* LIARD, directeur de l'Enseignement supérieur. **Les Logiciens anglais contemporains.** 2e édit.

— * **Des définitions géométriques et des définitions empiriques.** 2e édit.

MARIANO. **La Philosophie contemporaine en Italie.**

* MARION, professeur à la Faculté des lettres de Paris. **J. Locke, sa vie, son œuvre.**

* MILSAND. **L'Esthétique anglaise,** étude sur John Ruskin.

MOSSO. **La Peur.** Étude psycho-physiologique, trad. de l'italien par F. Hément (avec figures).

ODYSSE BAROT. **Philosophie de l'histoire.**

PAULHAN. **Les Phénomènes affectifs et les lois de leur apparition.** Essai de psychologie générale.

PI Y MARGALL. **Les Nationalités,** traduit par M. L. X. de Ricard.

* RÉMUSAT (Charles de), de l'Académie française. **Philosophie religieuse.**

RÉVILLE (A.), professeur au Collège de France. **Histoire du dogme de la divinité de Jésus-Christ.** Papier vélin. 5 fr.

RIBOT (Th.), directeur de la *Revue philos.* **La Philosophie de Schopenhauer.** 3e édition.

— * **Les Maladies de la mémoire.** 5e édit.

— **Les Maladies de la volonté.** 5e édit.

— **Les Maladies de la personnalité.** 2e édit.

— **La Psychologie de l'attention.** 1888.

RICHET (Ch.), professeur à la Faculté de médecine. **Essai de psychologie générale** (avec figures).

ROISEL. **De la Substance.**

SAIGEY. **La Physique moderne.** 2e tirage. (V. P.)

* SAISSET (Emile), de l'Institut. **L'Ame et la Vie.**

— * **Critique et Histoire de la philosophie** (fragm. disc.).

SCHMIDT (O.). **Les Sciences naturelles et la Philosophie de l'inconscient.**

SCHOEBEL. **Philosophie de la raison pure.**

Suite de la *Bibliothèque de philosophie contemporaine*, format in-12, à 2 fr. 50 le volume.

* SCHOPENHAUER. **Le Libre arbitre**, traduit par M. Salomon Reinach. 3e édit.
— * **Le Fondement de la morale**, traduit par M. A. Burdeau. 3e édit.
— **Pensées et Fragments**, avec intr. par M. J. Bourdeau. 9e édit.
SELDEN (Camille). **La Musique en Allemagne**, étude sur Mendelssohn. (V. P.)
SICILIANI (P.). **La Psychogénie moderne.**
STRICKER. **Le Langage et la Musique**, traduit par M. Schwiedland.
* STUART MILL. **Auguste Comte et la Philosophie positive**, traduit par M. Clémenceau. 2e édit. (V. P.)
— **L'Utilitarisme**, traduit par M. Le Monnier.
TAINE (H.), de l'Académie française. **L'Idéalisme anglais**, étude sur Carlyle.
— * **Philosophie de l'art dans les Pays-Bas.** 2e édit. (V. P.)
— * **Philosophie de l'art en Grèce.** 2e édit. (V. P.)
— * **Philosophie de l'art en Italie.** Papier vélin. 5 fr.
TARDE. **La Criminalité comparée.**
TISSANDIER. **Des Sciences occultes et du Spiritisme.** Pap. vélin. 5 fr.
* VACHEROT (Et.), de l'Institut. **La Science et la Conscience.**
VÉRA (A.), professeur à l'Université de Naples. **Philosophie hégélienne.**
VIANNA DE LIMA. **L'Homme selon le transformisme.** 1888.
ZELLER. **Christian Baur et l'École de Tubingue**, traduit par M. Ritter.

BIBLIOTHÈQUE DE PHILOSOPHIE CONTEMPORAINE

Volumes in-8.

Brochés à 5 fr., 7 fr. 50 et 10 fr. — Cart. anglais, 1 fr. en plus par volume.
Demi-reliure...................... 2 francs.

* AGASSIZ. **De l'Espèce et des Classifications.** 1 vol. 5 fr.
* BAIN (Alex.). **La Logique inductive et déductive.** Traduit de l'anglais par M. G. Compayré, 2 vol. 2e édit. 20 fr.
— * **Les Sens et l'Intelligence.** 1 vol. Traduit par M. Cazelles. 2e édit. 10 fr.
— * **L'Esprit et le Corps.** 1 vol. 4e édit. 6 fr.
— **La Science de l'Éducation.** 1 vol. 6e édit. 6 fr.
— **Les Émotions et la Volonté.** Trad. par M. Le Monnier. 1 vol. 10 fr.
* BARDOUX, sénateur. **Les Légistes, leur influence sur la société française.** 1 vol. 5 fr.
* BARNI (Jules). **La Morale dans la démocratie.** 1 vol. 2e édit. précédée d'une préface de M. D. Nolen, recteur de l'académie de Douai. (V. P.) 5 fr.
BEAUSSIRE (Émile), de l'Institut. **Les Principes de la morale.** 1 vol. 5 fr.
— **Les Principes du droit.** 1 vol. in-8. 1888. 7 fr. 50
BERTRAND (A.), professeur à la Faculté des lettres de Lyon. **L'Aperception du corps humain par la conscience.** 1 vol. Cart. 6 fr.
BÜCHNER. **Nature et Science.** 1 vol. 2e édit. Traduit par M. Lauth. 7 fr. 50
CARRAU (Ludovic), professeur à la Faculté des lettres de Paris. **La Philosophie religieuse en Angleterre**, depuis Locke jusqu'à nos jours. 1 vol. 1888. 5 fr.
CLAY (R.). **L'Alternative, contribution à la psychologie.** 1 vol. Traduit de l'anglais par M. A. Burdeau, député, ancien prof. au lycée Louis-le-Grand. 10 fr.
EGGER (V.), professeur à la Faculté des lettres de Nancy. **La Parole intérieure.** 1 vol. 5 fr.
ESPINAS (Alf.), doyen de la Faculté des lettres de Bordeaux. **Des Sociétés animales.** 1 vol. 2e édit. 7 fr. 50
FERRI (Louis), correspondant de l'Institut. **La Psychologie de l'association**, depuis Hobbes jusqu'à nos jours. 1 vol. 7 fr. 50

Suite de la *Bibliothèque de philosophie contemporaine*, format in-8.

* FLINT, professeur à l'Université d'Edimbourg. **La Philosophie de l'histoire en France**. Traduit de l'anglais par M. Ludovic Carrau, professeur à la Faculté des lettres de Paris. 1 vol. 7 fr. 50

— * **La Philosophie de l'histoire en Allemagne**. Trad. de l'angl. par M. Ludovic Carrau. 1 vol. 7 fr. 50

FONSEGRIVES. **Essai sur le libre arbitre**. Sa théorie, son histoire. 1 vol. 1887. 10 fr.

* FOUILLÉE (Alf.), ancien maître de conférences à l'École normale supérieure. **La Liberté et le Déterminisme**. 1 vol. 2e édit. 7 fr. 50

— **Critique des systèmes de morale contemporains**. 1 vol. 2e édit. 7 fr. 50

L'Avenir de la Morale, de l'Art et de la Religion, d'après M. Guyau. 1 vol. (*Sous presse.*)

FRANCK (A.), de l'Institut. **Philosophie du droit civil**. 1 vol. 5 fr.

GAROFALO, agrégé de l'Université de Naples. **La Criminologie**. 1 vol. 7 fr. 50

* GUYAU. **La Morale anglaise contemporaine**. 1 vol. 2e édit. 7 fr. 50

— **Les Problèmes de l'esthétique contemporaine**. 1 vol. 5 fr.

— **Esquisse d'une morale sans obligation ni sanction**. 1 vol. 5 fr.

— **L'Irréligion de l'avenir**, étude de sociologie. 1 vol. 2e édit. 7 fr. 50

— **L'Art au point de vue sociologique**. (*Sous presse.*)

— **Hérédité et éducation**, étude sociologique. (*Sous presse.*)

HERBERT SPENCER *. **Les Premiers Principes**. Traduit par M. Cazelles. 1 fort volume. 10 fr.

— **Principes de biologie**. Traduit par M. Cazelles. 2 vol. 20 fr.

— * **Principes de psychologie**. Trad. par MM. Ribot et Espinas. 2 vol. 20 fr.

— * **Principes de sociologie** :

Tome I. Traduit par M. Cazelles. 1 vol. 10 fr.

Tome II. Traduit par MM. Cazelles et Gerschel. 1 vol. 7 fr. 50

Tome III. Traduit par M. Cazelles. 1 vol. 15 fr.

Tome IV. Traduit par M. Cazelles. 1 vol. 3 fr. 75

— * **Essais sur le progrès**. Traduit par M. A. Burdeau. 1 vol. 2e édit. 7 fr. 50

— **Essais de politique**. Traduit par M. A. Burdeau. 1 vol. 2e édit. 7 fr. 50

— **Essais scientifiques**. Traduit par M. A. Burdeau. 1 vol. 2e édit. 7 fr. 50

* **De l'Education physique, intellectuelle et morale**. 1 vol. 5e édit. 5 fr.

— * **Introduction à la science sociale**. 1 vol. 9e édit. 6 fr.

— **Les Bases de la morale évolutionniste**. 1 vol. 4e édit. 6 fr.

— * **Classification des sciences**. 1 vol. in-18. 4e édit. 2 fr. 50

— **L'Individu contre l'État**. Traduit par M. Gerschel. 1 vol. in-18. 2e édit. 2 fr. 50

— **Descriptive Sociology**, or Groups of sociological facts. French compiled by James COLLIER. 1 vol. in-folio. 50 fr.

* HUXLEY, de la Société royale de Londres. **Hume, sa vie, sa philosophie**. Traduit de l'anglais et précédé d'une Introduction par G. COMPAYRÉ. 1 vol. 5 fr.

* JANET (Paul), de l'Institut. **Les Causes finales**. 1 vol. 2e édit. 10 fr.

— * **Histoire de la science politique dans ses rapports avec la morale**. 2 forts vol. in-8. 3e édit., revue, remaniée et considérablement augmentée. 20 fr.

* LAUGEL (Auguste). **Les Problèmes** (Problèmes de la nature, problèmes de la vie, problèmes de l'âme). 1 vol. 7 fr. 50

* LAVELEYE (de), correspondant de l'Institut. **De la Propriété et de ses formes primitives**. 1 vol. 4e édit. (*Sous presse.*)

— **Le Gouvernement de la démocratie**. 1 vol. (*Sous presse.*)

* LIARD, directeur de l'enseignement supérieur. **La Science positive et la Métaphysique**. 1 vol. 2e édit. 7 fr. 50

— **Descartes**. 1 vol. 5 fr.

LYON (Georges), professeur au lycée Henri IV. **L'Idéalisme en Angleterre au XVIIIe siècle**. 1 vol. in-8. 1888. 7 fr. 50

LOMBROSO. **L'Homme criminel** (criminel-né, fou-moral, épileptique). Étude anthropologique et médico-légale, précédée d'une préface de M. le docteur LETOURNEAU. 1 vol. in-8. 10 fr.

— **Atlas** de 40 planches, contenant de nombreux portraits, fac-similé d'écritures et de dessins, tableaux et courbes statistiques pour accompagner ledit ouvrage. 2e édition. 12 fr.

Suite de la *Bibliothèque de philosophie contemporaine*, format in-8.

MARION (H.), professeur à la Faculté des lettres de Paris. **De la Solidarité morale**. Essai de psychologie appliquée. 1 vol. 2e édit. (V. P.) 5 fr.

MATTHEW ARNOLD. **La Crise religieuse**. 1 vol. 7 fr. 50

MAUDSLEY. **La Pathologie de l'esprit**. 1 vol. Trad. par M. Germont. 10 fr.

* NAVILLE (E.), correspond. de l'Institut. **La Logique de l'hypothèse**. 1 vol. 5 fr.

PÉREZ (Bernard). **Les trois premières années de l'enfant**. 1 vol. 3e édit. 5 fr.

— **L'Enfant de trois à sept ans**. 1 vol. 5 fr.

— **L'Éducation morale dès le berceau**. 1 vol. 2e édit. 1888. 5 fr.

— **L'Art et la Poésie chez l'enfant**. 1 vol. 1888. 5 fr.

PIDERIT. **La Mimique et la Physiognomonie**. Trad. de l'allemand par M. Girot. 1 vol. avec 95 figures dans le texte. 1888. 5 fr.

PREYER, professeur à la Faculté d'Iéna. **Éléments de physiologie**. Traduit de l'allemand par M. J. Soury. 1 vol. 5 fr.

— **L'Âme de l'enfant**. Observations sur le développement psychique des premières années. 1 vol., traduit de l'allemand par M. H. C. de Varigny. 1887. 10 fr.

* QUATREFAGES (De), de l'Institut. **Ch. Darwin et ses précurseurs français**. 1 vol. 5 fr.

RIBOT (Th.), directeur de la *Revue philosophique*. **L'Hérédité psychologique**. 1 vol. 3e édit. 7 fr. 50

— * **La Psychologie anglaise contemporaine**. 1 vol. 3e édit. 7 fr. 50

— * **La Psychologie allemande contemporaine**. 1 vol. 2e édit. 7 fr. 50

RICHET (Ch.), professeur à la Faculté de médecine de Paris. **L'Homme et l'Intelligence**. Fragments de psychologie et de physiologie. 1 vol. 2e édit. 10 fr.

ROBERTY (E. de). **L'Ancienne et la Nouvelle philosophie**. 1 vol. 7 fr. 50

SAIGEY (Emile). **Les Sciences au XVIIIe siècle**. La physique de Voltaire. 1 vol. 5 fr.

SCHOPENHAUER. **Aphorismes sur la sagesse dans la vie**. 3e édit. Traduit par M. Cantacuzène. 1 vol. 5 fr.

— **De la quadruple racine du principe de la raison suffisante**, suivi d'une *Histoire de la doctrine de l'idéal et du réel*. Trad. par M. Cantacuzène. 1 vol. 5 fr.

— **Le monde comme volonté et représentation**. Traduit de l'allemand par M. A. Burdeau. 3 vol. Tome I, 1 vol. 7 fr. 50

Tome II, 1 vol. 7 fr. 50

Le tome III paraîtra au commencement de l'année 1889.

SÉAILLES, maître de conférences à la Faculté des lettres de Paris. **Essai sur le génie dans l'art**. 1 vol. 5 fr.

SERGI, professeur à l'Université de Rome. **La Psychologie physiologique**, traduite de l'italien par M. Mouton. 1 vol. avec figures. 1888. 7 fr. 50

* STUART MILL. **La Philosophie de Hamilton**. 1 vol. 10 fr.

— * **Mes Mémoires**. Histoire de ma vie et de mes idées. Traduit de l'anglais par M. E. Cazelles. 1 vol. 5 fr.

— * **Système de logique déductive et inductive**. Trad. de l'anglais par M. Louis Peisse. 3e édit. 2 vol. 20 fr.

— * **Essais sur la religion**. 2e édit. 1 vol. 5 fr.

SULLY (James). **Le Pessimisme**. Trad. par MM. Bertrand et Gérard. 1 vol. 7 fr. 50

VACHEROT (Et.), de l'Institut. **Essais de philosophie critique**. 1 vol. 7 fr. 50

— **La Religion**. 1 vol. 7 fr. 50

WUNDT. **Éléments de psychologie physiologique**. 2 vol. avec figures, trad. de l'allem. par le Dr Élie Rouvier, et précédés d'une préface de M. D. Nolen. 20 fr.

ÉDITIONS ÉTRANGÈRES

Éditions anglaises.

AUGUSTE LAUGEL. The United States during the war. In-8. 7 sh. 6 p.

ALBERT RÉVILLE. History of the doctrine of the deity of Jesus-Christ. 3 sh. 6 p.

H. TAINE. Italy (Naples et Rome). 7 sh. 6 p.

H. TAINE. The philosophy of Art. 3 sh.

PAUL JANET. The Materialism of present day 1 vol. in-18, rel. 3 sh.

Éditions allemandes.

JULES BARNI. Napoléon Ier. In-18. 3 m.

PAUL JANET. Der Materialismus unsere Zeit. 1 vol. in-18. 3 m.

H. TAINE. Philosophie der Kun 1 volume in-18. 3 m.

COLLECTION HISTORIQUE DES GRANDS PHILOSOPHES

PHILOSOPHIE ANCIENNE

ARISTOTE (Œuvres d'), traduction de M. BARTHÉLEMY SAINT-HILAIRE.

— **Psychologie** (Opuscules), avec notes. 1 vol. in-8 .... 10 fr.

— **Rhétorique**, avec notes. 1870. 2 vol. in-8 .... 16 fr.

— **Politique**, 1868, 1 v. in-8. 10 fr.

— **Traité du ciel**, 1866. 1 fort vol. grand in-8........... 10 fr.

— **La Métaphysique d'Aristote**. 3 vol. in-8, 1879......... 30 fr.

— **Traité de la production et de la destruction des choses**, avec notes. 1866. 1 v. gr. in-8.... 10 fr.

— **De la Logique d'Aristote**, par M. BARTHÉLEMY SAINT-HILAIRE. 2 vol. in-8............... 10 fr.

* SOCRATE. **La Philosophie de Socrate**, par M. Alf. FOUILLÉE. 2 vol. in-8 .... 16 fr.

* PLATON. **La Philosophie de Platon**, par M. Alfred FOUILLÉE. 2 vol. in-8 .... 16 fr.

— **Études sur la Dialectique dans Platon et dans Hegel**, par M. Paul JANET. 1 vol. in-8. 6 fr.

— **Platon et Aristote**, par VAN DER REST. 1 vol. in-8....... 10 fr.

* ÉPICURE. **La Morale d'Épicure** et ses rapports avec les doctrines contemporaines, par M. GUYAU. 1 vol. in-8. 3e édit.... 7 fr. 50

* ÉCOLE D'ALEXANDRIE. **Histoire de l'École d'Alexandrie**, par M. BARTHÉLEMY SAINT-HILAIRE. 1 v. in-8.................. 6 fr.

MARC-AURÈLE. **Pensées de Marc-Aurèle**, traduites et annotées par M. BARTHÉLEMY SAINT-HILAIRE. 1 vol. in-18................ 4 fr. 50

BÉNARD. **La Philosophie ancienne**, histoire de ses systèmes. Première partie : *La Philosophie et la Sagesse orientales.* — *La Philosophie grecque avant Socrate.* — *Socrate et les socratiques.* — *Etudes sur les sophistes grecs.* 1 vol. in-8. 1885......... 9 fr.

BROCHARD (V.). **Les Sceptiques grecs** (couronné par l'Académie des sciences morales et politiques). 1 vol. in-8. 1887........ 8 fr.

* FABRE (Joseph). **Histoire de la philosophie, antiquité et moyen âge.** 1 vol. in-18. .... 3 fr. 50

OGEREAU. **Essai sur le système philosophique des stoïciens.** 1 vol. in-8. 1885......... 5 fr.

FAVRE (Mme Jules), née VELTEN. **La Morale des stoïciens.** 1 volume in-18. 1887.......... 3 fr. 50

— **La Morale de Socrate**. 1 vol. in-18. 1888.......... 3 fr. 50

TANNERY (Paul). **Pour l'histoire de la science hellène** (de Thalès à Empédocle). 1 v. in-8. 1887. 7 fr. 50

PHILOSOPHIE MODERNE

* LEIBNIZ. **Œuvres philosophiques**, avec introduction et notes par M. Paul JANET. 2 vol. in-8. 16 fr.

— **Leibniz et Pierre le Grand**, par FOUCHER DE CAREIL. 1 v. in-8. 2 fr.

— **Leibniz et les deux Sophie**, par FOUCHER DE CAREIL. In-8. 2 fr.

DESCARTES, par Louis LIARD. 1 vol. in-8.................. 5 fr.

— **Essai sur l'Esthétique de Descartes**, par KRANTZ. 1 v. in-8. 6 fr.

* SPINOZA. **Dieu, l'homme et la béatitude**, trad. et précédé d'une Introd. de P. JANET. In-18. 2 fr. 50

— **Benedicti de Spinoza opera** quotquot reperta sunt, recognoverunt J. Van Vloten et J.-P.-N. Land. 2 forts vol. in-8 sur papier de Hollande.............. 45 fr.

* LOCKE. **Sa vie et ses œuvres**, par M. MARION. 1 vol. in-18. 2 fr. 50

* MALEBRANCHE. **La Philosophie de Malebranche**, par M. OLLÉ-LAPRUNE. 2 vol. in-8...... 16 fr.

PASCAL. **Études sur le scepticisme de Pascal**, par M. DROZ, 1 vol. in-8.............. 6 fr.

* VOLTAIRE. **Les Sciences au XVIIIe siècle.** Voltaire physicien, par M. Em. SAIGEY. 1 vol. in-8. 5 fr.

FRANCK (Ad.). **La Philosophie mystique en France au XVIIIe siècle.** 1 vol. in-18... 2 fr. 50

* DAMIRON. **Mémoires pour servir à l'histoire de la philosophie au XVIIIe siècle.** 3 vol. in-8. 15 fr.

PHILOSOPHIE ECOSSAISE

* DUGALD STEWART. **Éléments de la philosophie de l'esprit humain**, traduits de l'anglais par L. PEISSE. 3 vol. in-12... 9 fr.

* HAMILTON. **La Philosophie de Hamilton**, par J. STUART MILL, 1 vol. in-8............. 10 fr.

* HUME. **Sa vie et sa philosophie.** par Th. HUXLEY, trad. de l'angl. par M. G. COMPAYRÉ. 1 vol. in-8. 5 fr.

PHILOSOPHIE ALLEMANDE

KANT. **La Critique de la raison pratique**, traduction nouvelle avec introduction et notes, par M. PICAVET. 1 vol. in-8. 1888... 6 fr.

— **Critique de la raison pure**, trad. par M. TISSOT. 2 v. in-8. 16 fr.

— Même ouvrage, traduction par M. Jules BARNI. 2 vol. in-8. . 16 fr.

* — **Éclaircissements sur la Critique de la raison pure**, trad. par M. J. TISSOT. 1 vol. in-8... 6 fr.

— **Principes métaphysiques de la morale**, augmentés des *Fondements de la métaphysique des mœurs*, traduct. par M. TISSOT. 1 v. in-8. 8 fr.

— Même ouvrage, traduction par M. Jules BARNI. 1 vol. in-8... 8 fr.

* — **La Logique**, traduction par M. TISSOT. 1 vol. in-8..... 4 fr.

* — **Mélanges de logique**, traduction par M. TISSOT. 1 v. in-8. 6 fr.

* — **Prolégomènes à toute métaphysique future** qui se présentera comme science, traduction de M. TISSOT. 1 vol. in-8... 6 fr.

* — **Anthropologie**, suivie de divers fragments relatifs aux rapports du physique et du moral de l'homme, et du commerce des esprits d'un monde à l'autre, traduction par M. TISSOT. 1 vol. in-8..... 6 fr.

— **Traité de pédagogie**, trad. J. BARNI; préface et notes par M. Raymond THAMIN. 1 vol. in-12. 2 fr.

* FICHTE. **Méthode pour arriver à la vie bienheureuse**, trad. par M. Fr. BOUILLIER. 1 vol. in-8. 8 fr.

— **Destination du savant et de l'homme de lettres**, traduit par M. NICOLAS. 1 vol. in-8. 3 fr.

* — **Doctrines de la science.** 1 vol. in-8.............. 9 fr.

SCHELLING. **Bruno**, ou du principe divin. 1 vol. in-8....... 3 fr. 50

SCHELLING. **Écrits philosophiques** et morceaux propres à donner une idée de son système, traduit par M. Ch. BÉNARD. 1 vol. in-8. 9 fr.

HEGEL. * **Logique.** 2e édit. 2 vol. in-8.................. 14 fr.

* — **Philosophie de la nature.** 3 vol. in-8............. 25 fr.

* — **Philosophie de l'esprit.** 2 vol. in-8............. 18 fr.

* — **Philosophie de la religion.** 2 vol. in-8............ 20 fr.

— **Essais de philosophie hegelienne**, par A. VÉRA. 1 vol. 2 fr. 50

— **La Poétique**, trad. par M. Ch. BÉNARD. Extraits de Schiller, Gœthe, Jean, Paul, etc., et sur divers sujets relatifs à la poésie. 2 v. in-8. 12 fr.

— **Esthétique.** 2 vol. in-8, traduit par M. BÉNARD....... 16 fr.

— **Antécédents de l'hegelianisme dans la philosophie française**, par M. BEAUSSIRE. 1 vol. in-18... ...... 2 fr. 50

* — **La Dialectique dans Hegel et dans Platon**, par M. Paul JANET. 1 vol. in-8. .... 6 fr.

— **Introduction à la philosophie de Hegel**, par VÉRA. 1 vol. in-8. 2e édit............... 6 fr. 50

HUMBOLDT (G. de). **Essai sur les limites de l'action de l'État.** 1 vol. in-18.......... 3 fr. 50

—* **La Philosophie individualiste**, étude sur G. de HUMBOLDT, par M. CHALLEMEL-LACOUR. 1 v. in-18. 2 fr. 50

* STAHL. **Le Vitalisme et l'Animisme de Stahl**, par M. Albert LEMOINE. 1 vol. in-18.... 2 fr. 50

LESSING. **Le Christianisme moderne.** Étude sur Lessing, par M. FONTANÈS. 1 vol. in-18. 2 fr. 50

PHILOSOPHIE ALLEMANDE CONTEMPORAINE

BUCHNER (L.). **Nature et Science.** 1 vol. in-8. 2e édit....... 7 fr. 50

— * **Le Matérialisme contemporain**, par M. P. JANET. 4e édit. 1 vol. in-18......... 2 fr. 50

CHRISTIAN BAUR **et l'École de Tubingue**, par M. Ed. ZELLER. 1 vol. in-18........... 2 fr. 50

HARTMANN (E. de). **La Religion de l'avenir.** 1 vol. in-18.. 2 fr. 50

— **Le Darwinisme**, ce qu'il y a de vrai et de faux dans cette doctrine. 1 vol. in-18. 3e édition.. 2 fr. 50

HAECKEL. **Les Preuves du transformisme.** 1 vol. in-18. 2 fr. 50

O. SCHMIDT. **Les Sciences naturelles et la Philosophie de l'inconscient.** 1 v. in-18. 2 fr. 50

PIDERIT. **La Mimique et la Physiognomonie.** 1 v. in-8. 5 fr.

PREYER. **Éléments de physiologie** 1 vol. in-8........ 5 fr.

— **L'Ame de l'enfant.** Observations sur le développement psychique des premières années. 1 vol. in-8. 10 fr.

SCHŒBEL. **Philosophie de la raison pure.** 1 vol. in-18. 2 fr. 50

SCHOPENHAUER. **Essai sur le libre arbitre.** 1 vol. in-18. 3e éd. 2 fr. 50

— **Le Fondement de la morale.** 1 vol. in-18........... 2 fr. 50

— **Essais et fragments**, traduit et précédé d'une Vie de Schopenhauer, par M. BOURDEAU. 1 vol. in-18. 6e édit......... 2 fr. 50

— **Aphorismes sur la sagesse dans la vie.** 1 vol. in-8. 3e éd. 5 fr.

— **De la quadruple racine du principe de la raison suffisante.** 1 vol. in-8....... 5 fr.

— **Le Monde comme volonté et représentation.** Tome premier. 1 vol. in-8........... 7 fr. 50

— **Schopenhauer et les origines de sa métaphysique**, par M. L. DUCROS. 1 vol. in-8. .... 3 fr. 50

— **La Philosophie de Schopenhauer**, par M. Th. RIBOT. 1 vol. in-18. 3e édit.......... 2 fr. 50

RIBOT (Th.). **La Psychologie allemande contemporaine.** 1 vol. in-8. 2e édit......... 7 fr. 50

STRICKER. **Le Langage et la Musique.** 1 vol. in-18........ 2 fr. 50

WUNDT. **Psychologie physiologique.** 2 vol. in-8 avec fig. 20 fr.

PHILOSOPHIE ANGLAISE CONTEMPORAINE

STUART MILL *. **La Philosophie de Hamilton.** 1 fort vol. in-8. 10 fr.

— * **Mes Mémoires.** Histoire de ma vie et de mes idées. 1 v. in-8. 5 fr.

— * **Système de logique** déductive et inductive. 2 v. in-8. 20 fr.

— * **Auguste Comte** et la philosophie positive. 1 vol. in-18. 2 fr. 50

— **L'Utilitarisme.** 1 v. in-18. 2 fr. 50

— **Essais sur la Religion.** 1 vol. in-8. 2e édit............ 5 fr.

— **La République de 1848 et ses détracteurs**, trad. et préface de M. SADI CARNOT. 1 v in-18. 1 fr.

— **La Philosophie de Stuart Mill**, par H. LAURET. 1 v. in-8. 6 fr.

HERBERT SPENCER *. **Les Premiers Principes.** 1 fort volume in-8.................. 10 fr.

HERBERT SPENCER *. **Principes de biologie.** 2 forts vol. in-8. 20 fr.

— * **Principes de psychologie.** 2 vol. in-8............. 20 fr.

— * **Introduction à la science sociale.** 1 v. in-8 cart. 6e édit. 6 fr.

— * **Principes de sociologie.** 4 vol. in-8 .... 36 fr. 25

— * **Classification des sciences.** 1 vol. in-18, 2e édition. 2 fr. 50

— * **De l'éducation intellectuelle, morale et physique.** 1 vol. in-8, 5e édit............. 5 fr.

— * **Essais sur le progrès.** 1 vol. in-8. 2e édit.......... 7 fr. 50

— **Essais de politique.** 1 vol. in-8. 2e édit......... 7 fr. 50

— **Essais scientifiques.** 1 vol. in-8................ 7 fr. 50

HERBERT SPENCER *. **Les Bases de la morale évolutionniste.** 1 vol. in-8. 3e édit......... 6 fr.

— **L'individu contre l'État.** 1 vol. in-18. 2e édit......... 2 fr. 50

BAIN *. **Des sens et de l'intelligence.** 1 vol. in-8.... 10 fr.

— **Les Émotions et la Volonté.** 1 vol. in-8............ 10 fr.

— * **La Logique inductive et déductive.** 2 vol. in-8. 2e édit. 20 fr.

— * **L'Esprit et le Corps.** 1 vol. in-8, cartonné, 4e édit .... 6 fr.

— * **La Science de l'éducation.** 1 vol. in-8, cartonné. 6e édit. 6 fr.

DARWIN *. **Ch. Darwin et ses précurseurs français**, par M. de QUATREFAGES. 1 vol. in-8.. 5 fr.

— * **Descendance et Darwinisme**, par Oscar SCHMIDT. 1 vol. in-8 cart. 5e édit......... 6 fr.

— **Le Darwinisme**, par E. DE HARTMANN. 1 vol. in-18.. 2 fr. 50

FERRIER. **Les Fonctions du Cerveau.** 1 vol. in-8....... 10 fr.

CHARLTON BASTIAN. **Le cerveau**, organe de la pensée chez l'homme et les animaux. 2 vol. in-8. 12 fr.

CARLYLE. **L'Idéalisme anglais**, étude sur Carlyle, par H. TAINE. 1 vol. in-18........... 2 fr. 50

BAGEHOT *. **Lois scientifiques du développement des nations.** 1 vol. in-8, cart. 4e édit.... 6 fr.

DRAPER. **Les Conflits de la science et de la religion.** 1 volume in-8. 7e édit................ 6 fr.

RUSKIN (JOHN) *. **L'Esthétique anglaise**, étude sur J. Ruskin, par MILSAND. 1 vol. in-18 ... 2 fr. 50

MATTHEW ARNOLD. **La Crise religieuse.** 1 vol. in-8.... 7 fr. 50

MAUDSLEY *. **Le Crime et la Folie.** 1 vol. in-8. cart. 5e édit... 6 fr.

— **La Pathologie de l'esprit.** 1 vol in-8............. 10 fr.

FLINT *. **La Philosophie de l'histoire en France et en Allemagne.** 2 vol in-8. Chacun, séparément .... 7 fr. 50

RIBOT (Th.). **La Psychologie anglaise contemporaine.** 3e édit. 1 vol. in-8........... 7 fr. 50

LIARD *. **Les Logiciens anglais contemporains.** 1 vol. in-18. 2e édit.............. 2 fr. 50

GUYAU *. **La Morale anglaise contemporaine.** 1 v. in-8. 2e éd. 7 fr. 50

HUXLEY *. **Hume, sa vie, sa philosophie.** 1 vol. in-8...... 5 fr.

JAMES SULLY. **Le Pessimisme.** 1 vol. in-8........... 7 fr. 50

— **Les Illusions des sens et de l'esprit.** 1 vol. in-8, cart.. 6 fr.

CARRAU (L.). **La Philosophie religieuse en Angleterre**, depuis Locke jusqu'à nos jours. 1 volume in-8................. 5 fr.

LYON (Georges). **L'Idéalisme en Angleterre au XVIIIe siècle.** 1 vol. in-8........... 7 fr. 50

PHILOSOPHIE ITALIENNE CONTEMPORAINE

SICILIANI. **La Psychogénie moderne.** 1 vol. in-18..... 2 fr. 50

ESPINAS *. **La Philosophie expérimentale en Italie**, origines, état actuel. 1 vol. in-18. 2 fr. 50

MARIANO. **La Philosophie contemporaine en Italie**, essais de philos. hegelienne. 1 v. in-18. 2 fr. 50

FERRI (Louis). **Essai sur l'histoire de la philosophie en Italie au XIXe siècle.** 2 vol. in-8. 12 fr.

— **La Philosophie de l'association depuis Hobbes jusqu'à nos jours.** In-8......... 7 fr. 50

MINGHETTI. **L'État et l'Église.** 1 vol. in-8................. 5 fr.

LEOPARDI. **Opuscules et pensées.** 1 vol. in-18.......... 2 fr. 50

MOSSO. **La Peur.** 1 vol. in-18. 2 fr. 50

LOMBROSO. **L'Homme criminel.** 1 vol. in-8............ 10 fr.

— **Atlas** accompagnant l'ouvrage ci-dessus. .... 12 fr.

MANTEGAZZA. **La Physionomie et l'Expression des sentiments.** 1 vol. in-8 cart......... 6 fr.

SERGI. **La Psychologie physiologique.** 1 vol. in-8... 7 fr. 50

GAROFALO. **La Criminologie.** 1 volume in-8.......... 7 fr. 50

OUVRAGES DE PHILOSOPHIE

Prescrits pour l'enseignement des Lycées et des Collèges

COURS ÉLÉMENTAIRE

DE

PHILOSOPHIE

SUIVI

DE NOTIONS D'HISTOIRE DE LA PHILOSOPHIE

ET DE SUJETS DE DISSERTATIONS DONNÉS A LA FACULTÉ DES LETTRES DE PARIS DE 1866 A 1888

Par Émile BOIRAC

Professeur de philosophie au lycée Condorcet

1 volume in-8° de 582 pages...................... 6 fr. 50

AUTEURS DEVANT ÊTRE EXPLIQUÉS DANS LA CLASSE DE PHILOSOPHIE

AUTEURS FRANÇAIS

CONDILLAC. — **Traité des Sensations**, livre I, avec notes, par Georges LYON, ancien élève de l'Ecole normale supérieure, professeur au lycée Henri IV, docteur ès lettres. 1 vol. in-12............................ 1 fr. 40

DESCARTES. — **Discours sur la Méthode** et première méditation, avec notes, introduction et commentaires, par V. BROCHARD, maître de conférences à l'Ecole normale supérieure. 1 vol. in-12, 2e édition............................ 2 fr.

DESCARTES. — **Les Principes de la philosophie**, livre I, avec notes, par LE MÊME. 1 vol. in-12, broché............................ 1 fr. 25

LEIBNIZ. — **La Monadologie**, avec notes, introduction et commentaires, par D. NOLEN, ancien élève de l'Ecole normale supérieure, recteur de l'Académie de Besançon. 1 vol. in-12. 2e édit............................ 2 fr.

LEIBNIZ. — **Nouveaux essais sur l'entendement humain**. Avant-propos et livre I, avec notes, par Paul JANET, professeur à la Faculté des lettres de Paris. 1 vol. in-12....... 1 fr.

MALEBRANCHE. — **De la recherche de la vérité**, livre II (*de l'Imagination*), avec notes, par Pierre JANET, ancien élève de l'Ecole normale supérieure, professeur agrégé au lycée du Havre. 1 vol. in 12, broché............................ 1 fr. 80

PASCAL. — **De l'autorité en matière de philosophie. — De l'esprit géométrique. — Entretien avec M. de Sacy**, avec notes, par ROBERT, doyen de la Faculté des lettres de Rennes. 1 vol. in-12............................ 1 fr.

AUTEURS LATINS

CICÉRON. — **De natura Deorum**, livre II, avec notes, par PICAVET, agrégé de l'Université, bibliothécaire des conférences de philosophie à la Faculté des lettres de Paris. 1 vol. in-12. 2 fr.

CICÉRON. — **De Officiis**, livre I, avec notes, par E. BOIRAC, professeur agrégé au lycée Condorcet. 1 vol. in-12............................ 1 fr. 40

LUCRÈCE. — **De natura rerum**, livre V, avec notes, par G. LYON, ancien élève de l'Ecole normale supérieure, professeur agrégé au lycée Henri IV. 1 vol. in-12.............. 1 fr. 50

SÉNÈQUE. — **Lettres à Lucilius** (les 16 premières), avec notes, par DAURIAC, ancien élève de l'Ecole normale supérieure, professeur à la Faculté des lettres de Montpellier. 1 vol. in-12. 1 fr. 25

AUTEURS GRECS

ARISTOTE. — **Morale à Nicomaque**, livre X, avec notes, par L. CARRAU, professeur à la Faculté des lettres de Paris. 1 vol. in-12............................ 1 fr. 25

EPICTÈTE. — **Manuel**, avec notes, par MONTARGIS, ancien élève de l'Ecole normale supérieure, agrégé de l'Université. 1 vol. in-12............................ 1 fr.

PLATON. — **La République**, livre VI, avec notes, par ESPINAS, ancien élève de l'École normale supérieure, doyen de la Faculté des lettres de Bordeaux. 1 vol. in-12............. 2 fr.

XÉNOPHON. — **Mémorables**, livre I, avec notes, par PENJON, ancien élève de l'École normale supérieure, professeur à la Faculté des lettres de Lille. 1 vol. in-12.............. 1 fr. 25

CLASSE DE MATHÉMATIQUES ÉLÉMENTAIRES. — **Résumé de philosophie et analyse des auteurs** (*logique, morale, auteurs latins, auteurs français, langues vivantes*), à l'usage des candidats au baccalauréat ès sciences, par THOMAS, professeur agrégé de philosophie au lycée de Brest, et REYNIER, professeur agrégé au lycée de Toulouse. 1 vol. in-12. 2e éd. 2 fr.

BIBLIOTHÈQUE
D'HISTOIRE CONTEMPORAINE

Volumes in-18 brochés à 3 fr. 50. — Volumes in-8 brochés à 5 et 7 francs.

Cartonnage anglais, 50 cent. par vol. in-18; 1 fr. par vol. in-8.

Demi-reliure, 1 fr. 50 par vol. in-18; 2 fr. par vol. in-8.

EUROPE

* SYBEL (H. de). **Histoire de l'Europe pendant la Révolution française**, traduit de l'allemand par Mlle DOSQUET. Ouvrage complet en 6 vol. in-8. 42 fr.
Chaque volume séparément. 7 fr.

FRANCE

BLANC (Louis). **Histoire de Dix ans.** 5 vol. in-8. 25 fr.
Chaque volume séparément. 5 fr.
— 25 pl. en taille-douce. Illustrations pour l'*Histoire de Dix ans.* 6 fr.
* BOERT. **La Guerre de 1870-1871**, d'après le colonel fédéral suisse Rustow. 1 vol. in-18. (V. P.) 3 fr. 50
CARLYLE. **Histoire de la Révolution française.** Traduit de l'anglais. 3 vol. in-18. Chaque volume. 3 fr. 50
* CARNOT (H.), sénateur. **La Révolution française**, résumé historique. 1 volume in-18. Nouvelle édit. (V. P.) 3 fr. 50
ÉLIAS REGNAULT. **Histoire de Huit ans** (1840-1848). 3 vol. in-8. 15 fr.
Chaque volume séparément. 5 fr.
— 14 planches en taille-douce, illustrations pour l'*Histoire de Huit ans.* 4 fr.
* GAFFAREL (P.), professeur à la Faculté des lettres de Dijon. **Les Colonies françaises.** 1 vol. in-8. 4e édit. (V. P.) 5 fr.
* LAUGEL (A.). **La France politique et sociale.** 1 vol. in-8. 5 fr.
ROCHAU (de). **Histoire de la Restauration.** 1 vol. in-18. 3 fr. 50
* TAXILE DELORD. **Histoire du second Empire** (1848-1870). 6 vol. in-8. 42 fr.
Chaque volume séparément. 7 fr.
WAHL, professeur au lycée Lakanal. **L'Algérie.** 1 vol. in-8. 2e édit. (V. P.) 5 fr.
LANESSAN (de), député. **L'Expansion coloniale de la France.** Étude économique, politique et géographique sur les établissements français d'outre-mer. 1 fort vol. in-8, avec cartes. 1886. 12 fr.
— **La Tunisie.** 1 vol. in-8 avec une carte en couleurs. 1887. 5 fr.
— **L'Indo-Chine française.** 1 vol. in-8 avec cartes. (*Sous presse.*)

ANGLETERRE

* BAGEHOT (W.). **Lombard-street.** Le Marché financier en Angleterre. 1 vol. in-18. 3 fr. 50
GLADSTONE (E. W.). **Questions constitutionnelles** (1873-1878). — Le prince-époux. — Le droit électoral. Traduit de l'anglais, et précédé d'une Introduction par Albert GIGOT. 1 vol. in-8. 5 fr.
* LAUGEL (Aug.). **Lord Palmerston et lord Russel.** 1 vol. in-18. 3 fr. 50
* SIR CORNEWAL LEWIS. **Histoire gouvernementale de l'Angleterre depuis 1770 jusqu'à 1830.** Traduit de l'anglais. 1 vol. in-8. 7 fr.
* REYNALD (H.), doyen de la Faculté des lettres d'Aix. **Histoire de l'Angleterre** depuis la reine Anne jusqu'à nos jours. 1 vol. in-18. 2e édit. (V. P.) 3 fr. 50
* THACKERAY. **Les Quatre George.** Traduit de l'anglais par LEFOYER. 1 vol. in-18. (V. P.) 3 fr. 50

ALLEMAGNE

* VÉRON (Eug.). **Histoire de la Prusse**, depuis la mort de Frédéric II jusqu'à la bataille de Sadowa. 1 vol. in-18. 4e édit. (V. P.) 3 fr. 50
— * **Histoire de l'Allemagne**, depuis la bataille de Sadowa jusqu'à nos jours. 1 vol. in-18. 2e édit. (V. P.) 3 fr. 50
* BOURLOTON (Ed.). **L'Allemagne contemporaine.** 1 vol. in-18. 3 fr. 50

AUTRICHE-HONGRIE

* ASSELINE (L.). **Histoire de l'Autriche**, depuis la mort de Marie-Thérèse jusqu'à nos jours. 1 vol. in-18. 3e édit. (V. P.) 3 fr. 50
SAYOUS (Ed.), professeur à la Faculté des lettres de Toulouse. **Histoire des Hongrois** et de leur littérature politique, de 1790 à 1815. 1 vol. in-18. 3 fr. 50

ITALIE

SORIN (Élie). **Histoire de l'Italie,** depuis 1815 jusqu'à la mort de Victor-Emmanuel. 1 vol. in-18. 1888. 3 fr. 50

ESPAGNE

* REYNALD (H.). **Histoire de l'Espagne** depuis la mort de Charles III jusqu'à nos jours. 1 vol. in-18. (V. P.) 3 fr. 50

RUSSIE

HERBERT BARRY. **La Russie contemporaine.** Traduit de l'anglais. 1 vol. in-18. (V. P.) 3 fr. 50

CRÉHANGE (M.). **Histoire contemporaine de la Russie.** 1 vol. in-18. (V. P.) 3 fr. 50

SUISSE

* DAENDLIKER. **Histoire du peuple suisse.** Trad. de l'allem. par Mme Jules FAVRE et précédé d'une Introduction de M. Jules FAVRE. 1 vol. in-8. (V. P.) 5 fr.

DIXON (H.). **La Suisse contemporaine.** 1 vol. in-18, trad. de l'angl. (V. P.) 3 fr. 50

AMÉRIQUE

DEBERLE (Alf.). **Histoire de l'Amérique du Sud,** depuis sa conquête jusqu'à nos jours. 1 vol. in-18. 2e édit. (V. P.) 3 fr. 50

* LAUGEL (Aug.). **Les États-Unis pendant la guerre. 1861-1864.** Souvenirs personnels. 1 vol. in-18. 3 fr. 50

---

* BARNI (Jules). **Histoire des idées morales et politiques en France au dix-huitième siècle.** 2 vol. in-18. (V. P.) Chaque volume. 3 fr. 50

— * **Les Moralistes français au dix-huitième siècle.** 1 vol. in-18 faisant suite aux deux précédents. (V. P.) 3 fr. 50

BEAUSSIRE (Émile), de l'Institut. **La Guerre étrangère et la Guerre civile.** 1 vol. in-18. 3 fr. 50

* DESPOIS (Eug.). **Le Vandalisme révolutionnaire.** Fondations littéraires, scientifiques et artistiques de la Convention. 2e édition, précédée d'une notice sur l'auteur par M. Charles BIGOT. 1 vol. in-18. (V. P.) 3 fr. 50

* CLAMAGERAN (J.), sénateur **La France républicaine.** 1 vol. in-18. (V. P.) 3 fr. 50

LAVELEYE (E. de), correspondant de l'Institut. **Le Socialisme contemporain.** 1 vol. in-18. 4e édit. augmentée. 3 fr. 50

MARCELLIN PELLET, ancien député. **Variétés révolutionnaires.** 2 vol. in-18, précédés d'une Préface de A. RANC. Chaque volume séparément. 3 fr. 50

SPULLER (E.), député, ancien ministre de l'Instruction publique. **Figures disparues,** portraits contemporains, littéraires et politiques. 1 vol. in-18. 2e édit. 3 fr. 50

BIBLIOTHÈQUE INTERNATIONALE
D'HISTOIRE MILITAIRE

25 VOLUMES PETIT IN-8° DE 250 A 400 PAGES

AVEC CROQUIS DANS LE TEXTE

Chaque volume cartonné à l'anglaise............. 5 francs.

VOLUMES PUBLIÉS :

1. — **Précis des campagnes de Gustave-Adolphe en Allemagne (1630-1632),** précédé d'une Bibliographie générale de l'histoire militaire des temps modernes.
2. — **Précis des campagnes de Turenne (1644-1675).**
3. — **Précis de la campagne de 1805 en Allemagne et en Italie.**
4. — **Précis de la campagne de 1815 dans les Pays-Bas.**
5. — **Précis de la campagne de 1859 en Italie.**
6. — **Précis de la guerre de 1866 en Allemagne et en Italie.**

BIBLIOTHÈQUE HISTORIQUE ET POLITIQUE

* ALBANY DE FONBLANQUE. **L'Angleterre, son gouvernement, ses institutions.** Traduit de l'anglais sur la 14e édition par M. F. C. DREYFUS, avec introduction par M. H. BRISSON. 1 vol. in-8. 5 fr.

BENLOEW. **Les Lois de l'Histoire.** 1 vol. in-8. 5 fr.

* DESCHANEL (E.). **Le Peuple et la Bourgeoisie.** 1 vol. in-8. 2e éd. 5 fr.

DU CASSE. **Les Rois frères de Napoléon Ier.** 1 vol. in-8. 10 fr.

MINGHETTI. **L'État et l'Église.** 1 vol. in-8. 5 fr.

LOUIS BLANC. **Discours politiques** (1848-1881). 1 vol. in-8. 7 fr. 50

PHILIPPSON. **La Contre-révolution religieuse au XVIe siècle.** 1 vol. in-8. 10 fr.

HENRARD (P.). **Henri IV et la princesse de Condé.** 1 vol. in-8. 6 fr.

NOVICOW. **La Politique internationale,** précédé d'une Préface de M. Eugène VÉRON. 1 fort vol. in-8. 7 fr.

DREYFUS (F. C.). **La France, son gouvernement, ses institutions.** 1 vol. (*Sous presse.*)

PUBLICATIONS HISTORIQUES ILLUSTRÉES

HISTOIRE ILLUSTRÉE DU SECOND EMPIRE, par Taxile DELORD. 6 vol. in-8 colombier avec 500 gravures de FERAT, Fr. REGAMEY, etc.
Chaque vol. broché, 8 fr. — Cart. doré, tr. dorées. 11 fr. 50

HISTOIRE POPULAIRE DE LA FRANCE, depuis les origines jusqu'en 1815. — Nouvelle édition. — 4 vol. in-8 colombier avec 1323 gravures sur bois dans le texte. Chaque vol. broché, 7 fr. 50 — Cart. toile, tranches dorées. 11 fr.

RECUEIL DES INSTRUCTIONS

DONNÉES

AUX AMBASSADEURS ET MINISTRES DE FRANCE

DEPUIS LES TRAITÉS DE WESTPHALIE JUSQU'A LA RÉVOLUTION FRANÇAISE

Publié sous les auspices de la Commission des archives diplomatiques au Ministère des affaires étrangères.

Beaux volumes in-8 cavalier, imprimés sur papier de Hollande :

I. — **AUTRICHE,** avec Introduction et notes, par M. Albert SOREL. 20 fr.

II. — **SUÈDE,** avec Introduction et notes, par M. A. GEFFROY, membre de l'Institut.. 20 fr.

III. — **PORTUGAL,** avec Introduction et notes, par le vicomte DE CAIX DE SAINT-AYMOUR.. 20 fr.

IV et V. — **POLOGNE,** avec Introduction et notes, par M. LOUIS FARGES, 2 vol.. 30 fr.

VI. — **ROME,** avec Introduction et notes, par M. G. HANOTAUX, 1 vol. in-8.. 20 fr.

La publication se continuera par les volumes suivants :

ANGLETERRE, par M. Jusserand.
PRUSSE, par M. E. Lavisse.
RUSSIE, par M. A. Rambaud.
TURQUIE, par M. Girard de Rialle.
HOLLANDE, par M. H. Maze.
ESPAGNE, par M. Morel Fatio.
DANEMARK, par M. Geffroy.
SAVOIE ET MANTOUE, par M. Armingaud.
BAVIÈRE ET PALATINAT, par M. Lebon.
NAPLES ET PARME, par M. Joseph Reinach.
DIÈTE GERMANIQUE, par M. Chuquet.
VENISE, par M. Jean Kaulek.

INVENTAIRE ANALYTIQUE

DES

ARCHIVES DU MINISTÈRE DES AFFAIRES ÉTRANGÈRES

Publié sous les auspices de la Commission des archives diplomatiques

I. — **Correspondance politique de MM. de CASTILLON et de MARILLAC, ambassadeurs de France en Angleterre (1538-1540)**, par M. JEAN KAULEK, avec la collaboration de MM. Louis Farges et Germain Lefèvre-Pontalis. 1 beau volume in-8 raisin sur papier fort.. 15 francs.

II. — **Papiers de BARTHÉLEMY, ambassadeur de France en Suisse**, de 1792 à 1797 (Année 1792), par M. Jean KAULEK. 1 beau vol. in-8 raisin sur papier fort............................ 15 fr.

III. — **Papiers de BARTHÉLEMY** (janvier-août 1793), par M. Jean KAULEK. 1 beau vol. in-8 raisin sur papier fort................ 15 fr.

IV. — **Correspondance politique de ODET DE SELVE, ambassadeur de France en Angleterre** (1546-1549), par M. G. LEFÈVRE-PONTALIS. 1 beau vol. in-8 raisin sur papier fort.............. 15 fr.

V. — **Papiers de BARTHÉLEMY** (Septembre 1793 à mars 1794,) par M. Jean KAULEK. 1 beau vol. in-8 raisin sur papier fort........ 18 fr.

ANTHROPOLOGIE ET ETHNOLOGIE

EVANS (John). **Les Ages de la pierre.** 1 vol. grand in-8, avec 467 figures dans le texte. 15 fr. — En demi-reliure. 18 fr.

EVANS (John). **L'Age du bronze.** 1 vol. grand in-8, avec 540 gravures dans le texte, broché, 15 fr. — En demi-reliure. 18 fr.

GIRARD DE RIALLE. **Les Peuples de l'Afrique et de l'Amérique.** 1 vol. petit in-18. 60 c.

GIRARD DE RIALLE. **Les Peuples de l'Asie et de l'Europe.** 1 vol. petit in-18. 60 c.

HARTMANN (R.). **Les Peuples de l'Afrique.** 1 vol. in-8, avec fig. 6 fr.

HARTMANN (R.). **Les Singes anthropoïdes.** 1 vol. in-8 avec fig. 6 fr.

JOLY (N.). **L'Homme avant les métaux.** 1 vol. in-8 avec 150 gravures dans le texte et un frontispice. 4e édit. 6 fr.

LUBBOCK (Sir John). **Les Origines de la civilisation.** État primitif de l'homme et mœurs des sauvages modernes. 1877. 1 vol. gr. in-8, avec gravures et planches hors texte. Trad. de l'anglais par M. Ed. BARBIER. 2e édit. 15 fr. — Relié en demi-maroquin, avec tranch. dorées. 18 fr.

LUBBOCK (Sir John). **L'Homme préhistorique.** 3e édit., avec gravures dans le texte. 2 vol. in-8. 12 fr.

PIÉTREMENT. **Les Chevaux dans les temps préhistoriques et historiques.** 1 fort vol. gr. in-8. 15 fr.

DE QUATREFAGES. **L'Espèce humaine.** 1 vol. in-8. 6e édit. 6 fr.

WHITNEY. **La Vie du langage.** 1 vol. in-8. 3e édit. 6 fr.

CARETTE (le colonel). **Études sur les temps antéhistoriques.**
Première étude : *Le Langage.* 1 vol. in-8. 1878. 8 fr.
Deuxième étude : *Les Migrations.* 1 vol. in-8. 1888. 7 fr.

REVUE PHILOSOPHIQUE

DE LA FRANCE ET DE L'ÉTRANGER

Dirigée par TH. RIBOT

Professeur au Collège de France.

(14e *année*, 1889.)

La REVUE PHILOSOPHIQUE paraît tous les mois, par livraisons de 6 ou 7 feuilles grand in-8, et forme ainsi à la fin de chaque année deux forts volumes d'environ 680 pages chacun.

CHAQUE NUMÉRO DE LA *REVUE* CONTIENT :

1° Plusieurs articles de fond; 2° des analyses et comptes rendus des nouveaux ouvrages philosophiques français et étrangers; 3° un compte rendu aussi complet que possible des *publications périodiques* de l'étranger pour tout ce qui concerne la philosophie; 4° des notes, documents, observations, pouvant servir de matériaux ou donner lieu à des vues nouvelles.

Prix d'abonnement :

Un an, pour Paris, 30 fr. — Pour les départements et l'étranger, 33 fr.
La livraison........................ 3 fr.

Les années écoulées se vendent séparément 30 francs, et par livraisons de 3 francs.

Table générale des matières contenues dans les 12 premières années (1876-1887), par M. BÉLUGOUX. 1 vol. in-8.................. 3 fr.

REVUE HISTORIQUE

Dirigée par G. MONOD

Maître de conférences à l'École normale, directeur à l'École des hautes études.

(14e *année*, 1889.)

La REVUE HISTORIQUE paraît tous les deux mois, par livraisons grand in-8 de 15 ou 16 feuilles, de manière à former à la fin de l'année trois beaux volumes de 500 pages chacun.

CHAQUE LIVRAISON CONTIENT :

I. Plusieurs *articles de fond*, comprenant chacun, s'il est possible, un travail complet. — II. Des *Mélanges et Variétés*, composés de documents inédits d'une étendue restreinte et de courtes notices sur des points d'histoire curieux ou mal connus. — III. Un *Bulletin historique* de la France et de l'étranger, fournissant des renseignements aussi complets que possible sur tout ce qui touche aux études historiques. — IV. Une *analyse des publications périodiques* de la France et de l'étranger, au point de vue des études historiques. — V. Des *Comptes rendus critiques* des livres d'histoire nouveaux.

Prix d'abonnement :

Un an, pour Paris, 30 fr. — Pour les départements et l'étranger, 33 fr.
La livraison.................. 6 fr.

Les années écoulées se vendent séparément 30 francs, et par fascicules de 6 francs. Les fascicules de la 1re année se vendent 9 francs.

Tables générales des matières contenues dans les cinq premières années de la Revue historique.

I. — Années 1876 à 1880, par M. CHARLES BÉMONT.
II. — Années 1881 à 1885, par M. RENÉ COUDERC.

Chaque Table formant un vol. in-8, 3 francs; 1 fr. 50 pour les abonnés.

BIBLIOTHÈQUE SCIENTIFIQUE INTERNATIONALE

Publiée sous la direction de M. Émile ALGLAVE

La *Bibliothèque scientifique internationale* est une œuvre dirigée par les auteurs mêmes, en vue des intérêts de la science, pour la populariser sous toutes ses formes, et faire connaître immédiatement dans le monde entier les idées originales, les directions nouvelles, les découvertes importantes qui se font chaque jour dans tous les pays. Chaque savant expose les idées qu'il a introduites dans la science et condense pour ainsi dire ses doctrines les plus originales.

On peut ainsi, sans quitter la France, assister et participer au mouvement des esprits en Angleterre, en Allemagne, en Amérique, en Italie, tout aussi bien que les savants mêmes de chacun de ces pays.

La *Bibliothèque scientifique internationale* ne comprend pas seulement des ouvrages consacrés aux sciences physiques et naturelles, elle aborde aussi les sciences morales, comme la philosophie, l'histoire, la politique et l'économie sociale, la haute législation, etc.; mais les livres traitant des sujets de ce genre se rattachent encore aux sciences naturelles, en leur empruntant les méthodes d'observation et d'expérience qui les ont rendues si fécondes depuis deux siècles.

Cette collection paraît à la fois en français, en anglais, en allemand et en italien : à Paris, chez Félix Alcan ; à Londres, chez C. Kegan, Paul et Cie; à New-York, chez Appleton ; à Leipzig, chez Brockhaus ; et à Milan, chez Dumolard frères.

LISTE DES OUVRAGES PAR ORDRE D'APPARITION

VOLUMES IN-8, CARTONNÉS A L'ANGLAISE, A 6 FRANCS.

Les mêmes en demi-reliure veau, avec coins, tranche supérieure dorée, non rognés........................ 10 francs.

* 1. J. TYNDALL. **Les Glaciers et les Transformations de l'eau**, avec figures. 1 vol. in-8. 5e édition. 6 fr

* 2. BAGEHOT. **Lois scientifiques du développement des nations** dans leurs rapports avec les principes de la sélection naturelle et de l'hérédité. 1 vol. in-8. 5e édition. 6 fr.

* 3. MAREY. **La Machine animale**, locomotion terrestre et aérienne, avec de nombreuses fig. 1 vol. in-8. 4e édit. augmentée. 6 fr.

4. BAIN. **L'Esprit et le Corps**. 1 vol. in-8. 4e édition. 6 fr.

* 5. PETTIGREW. **La Locomotion chez les animaux**, marche, natation. 1 vol. in-8, avec figures. 2e édit. 6 fr.

* 6. HERBERT SPENCER. **La Science sociale**. 1 v. in-8. 9e édit. 6 fr.

* 7. SCHMIDT (O.). **La Descendance de l'homme et le Darwinisme.** 1 vol. in-8, avec fig. 5e édition. 6 fr.

8. MAUDSLEY. **Le Crime et la Folie.** 1 vol. in-8. 4e édit. 6 fr.

* 9. VAN BENEDEN. **Les Commensaux et les Parasites dans le règne animal.** 1 vol. in-8, avec figures. 3e édit. 6 fr.

* 10. BALFOUR STEWART. **La Conservation de l'énergie,** suivi d'une Étude sur la *nature de la force*, par M. P. DE SAINT-ROBERT, avec figures. 1 vol. in-8. 4e édition. 6 fr.

11. DRAPER. **Les Conflits de la science et de la religion.** 1 vol. in-8. 8e édition. 6 fr.

12. L. DUMONT. **Théorie scientifique de la sensibilité.** 1 vol. in-8. 3e édition. 6 fr.

* 13. SCHUTZENBERGER. **Les Fermentations.** 1 vol. in-8, avec fig. 5e édition. 6 fr.

* 14. WHITNEY. **La Vie du langage.** 1 vol. in-8. 3e édit. 6 fr.

15. COOKE et BERKELEY. **Les Champignons.** 1 vol. in-8, avec figures. 4e édition. 6 fr.

16. BERNSTEIN. **Les Sens.** 1 vol. in-8, avec 91 fig. 4e édit. 6 fr.

* 17. BERTHELOT. **La Synthèse chimique.** 1 vol. in-8, 6e édit. 6 fr.

* 18. VOGEL. **La Photographie et la Chimie de la lumière,** avec 95 figures. 1 vol. in-8. 4e édition. 6 fr.

* 19. LUYS. **Le Cerveau et ses fonctions,** avec figures. 1 vol. in-8. 6e édition. 6 fr.

* 20. STANLEY JEVONS. **La Monnaie et le Mécanisme de l'échange.** 1 vol. in-8. 4e édition. 6 fr.

21. FUCHS. **Les Volcans et les Tremblements de terre.** 1 vol. in-8, avec figures et une carte en couleur. 4e édition. 6 fr.

* 22. GÉNÉRAL BRIALMONT. **Les Camps retranchés et leur rôle dans la défense des États,** avec fig. dans le texte et 2 planches hors texte. 3e édit. 6 fr.

23. DE QUATREFAGES. **L'Espèce humaine.** 1 vol. in-8. 9e édit. 6 fr.

* 24. BLASERNA et HELMHOLTZ. **Le Son et la Musique.** 1 vol. in-8, avec figures. 4e édition. 6 fr.

* 25. ROSENTHAL. **Les Nerfs et les Muscles.** 1 vol. in-8, avec 75 figures. 3e édition. 6 fr.

* 26. BRUCKE et HELMHOLTZ. **Principes scientifiques des beaux-arts.** 1 vol. in-8, avec 39 figures. 2e édition. 6 fr.

* 27. WURTZ. **La Théorie atomique.** 1 vol. in-8. 5e édition. 6 fr.

* 28-29. SECCHI (le père). **Les Étoiles.** 2 vol. in-8, avec 63 figures dans le texte et 17 planches en noir et en couleur hors texte. 2e édit. 12 fr.

30. JOLY. **L'Homme avant les métaux.** 1 vol. in-8, avec figures. 4e édition. 6 fr.

* 31. A. BAIN. **La Science de l'éducation.** 1 vol. in-8. 6e édition. 6 fr.

* 32-33. THURSTON (R.). **Histoire de la machine à vapeur,** précédée d'une Introduction par M. HIRSCH. 2 vol. in-8, avec 140 figures dans le texte et 16 planches hors texte. 3e édition. 12 fr.

34. HARTMANN (R.). **Les Peuples de l'Afrique.** 1 vol. in-8, avec figures. 2e édition. 6 fr.

* 35. HERBERT SPENCER. **Les Bases de la morale évolutionniste.** 1 vol. in-8. 4e édition. 6 fr.

36. HUXLEY. **L'Écrevisse,** introduction à l'étude de la zoologie. 1 vol. in-8, avec figures. 6 fr.

37. DE ROBERTY. **De la Sociologie.** 1 vol. in-8. 2e édition. 6 fr.

* 38. ROOD. **Théorie scientifique des couleurs.** 1 vol. in-8, avec figures et une planche en couleur hors texte. 6 fr.

39. DE SAPORTA et MARION. **L'Évolution du règne végétal** (les Cryptogames). 1 vol. in-8 avec figures. 6 fr.

40-41. CHARLTON BASTIAN. **Le Cerveau, organe de la pensée chez l'homme et chez les animaux.** 2 vol. in-8, avec figures. 2ᵉ éd. 12 fr.

42. JAMES SULLY. **Les Illusions des sens et de l'esprit.** 1 vol. in-8, avec figures. 2ᵉ édit. 6 fr.

43. YOUNG. **Le Soleil.** 1 vol. in-8, avec figures. 6 fr.

44. De CANDOLLE. **L'Origine des plantes cultivées.** 3ᵉ édition. 1 vol. in-8. 6 fr.

45-46. SIR JOHN LUBBOCK. **Fourmis, abeilles et guêpes.** Études expérimentales sur l'organisation et les mœurs des sociétés d'insectes hyménoptères. 2 vol. in-8, avec 65 figures dans le texte et 13 planches hors texte, dont 5 coloriées. 12 fr.

47. PERRIER (Edm.). **La Philosophie zoologique avant Darwin.** 1 vol. in-8. 2ᵉ édition. 6 fr.

48. STALLO. **La Matière et la Physique moderne.** 1 vol. in-8, précédé d'une Introduction par FRIEDEL. 6 fr.

49. MANTEGAZZA. **La Physionomie et l'Expression des sentiments.** 1 vol. in-8 avec huit planches hors texte. 6 fr.

50. DE MEYER. **Les Organes de la parole et leur emploi pour la formation des sons du langage.** 1 vol. in-8 avec 51 figures, traduit de l'allemand et précédé d'une Introduction par M. O. CLAVEAU. 6 fr.

51. DE LANESSAN. **Introduction à l'Étude de la botanique** (le Sapin). 1 vol. in-8, avec 143 figures dans le texte. 6 fr.

52-53. DE SAPORTA et MARION. **L'évolution du règne végétal** (les Phanérogames). 2 vol. in-8, avec 136 figures. 12 fr.

54. TROUESSART. **Les Microbes, les Ferments et les Moisissures.** 1 vol in-8, avec 107 figures dans le texte. 6 fr.

55. HARTMANN (R.). **Les Singes anthropoïdes, et leur organisation comparée à celle de l'homme.** 1 vol. in-8, avec 63 figures dans le texte. 6 fr.

56. SCHMIDT (O.). **Les Mammifères dans leurs rapports avec leurs ancêtres géologiques.** 1 vol. in-8 avec 51 figures. 6 fr.

57. BINET et FÉRÉ. **Le Magnétisme animal.** 1 vol. in-8 avec figures. 2ᵉ édit. 6 fr.

58-59. ROMANES. **L'Intelligence des animaux.** 2 vol. in-8. 12 fr.

60. F. LAGRANGE. **Physiologie des exercices du corps.** 1 vol. in-8. 6 fr.

61. DREYFUS (Camille). **La Théorie de l'évolution.** 1 vol. in-8. 6 fr.

62. DAUBRÉE **Les régions invisibles du globe et des espaces célestes.** 1 vol. in-8 avec 78 gravures dans le texte. 6 fr.

63-64. SIR JOHN LUBBOCK. **L'homme préhistorique.** 2 vol. in-8, avec figures dans le texte. 3ᵉ édit. 12 fr.

65. RICHET (CH.). **La chaleur animale.** 1 vol. avec figures. 6 fr.

OUVRAGES SUR LE POINT DE PARAITRE :

FALSAN. **Les périodes glaciaires en France.** 1 vol. avec cartes et figures.

BERTHELOT. **La Philosophie chimique.** 1 vol.

BEAUNIS. **Les Sensations internes.** 1 vol. avec figures.

MORTILLET (de). **L'Origine de l'homme.** 1 vol. avec figures.

PERRIER (E.). **L'Embryogénie générale.** 1 vol. avec figures.

LACASSAGNE. **Les Criminels.** 1 vol. avec figures.

DURAND-CLAYE (A.). **L'hygiène des villes.** 1 vol. avec figures.

CARTAILHAC. **La France préhistorique.** 1 vol. avec figures.

POUCHET (G.). **La forme et la vie.** 1 vol. avec figures.

LISTE DES OUVRAGES

DE LA

BIBLIOTHÈQUE SCIENTIFIQUE INTERNATIONALE

PAR ORDRE DE MATIÈRES.

Chaque volume in-8, cartonné à l'anglaise......... **6** francs.
En demi-rel. veau avec coins, tranche supérieure dorée, non rognés. **10** fr.

SCIENCES SOCIALES

* **Introduction à la science sociale,** par HERBERT SPENCER. 1 vol. in-8, 9e édit. 6 fr.

* **Les Bases de la morale évolutionniste,** par HERBERT SPENCER. 1 vol. in-8, 4e édit. 6 fr.

Les Conflits de la science et de la religion, par DRAPER, professeur à l'Université de New-York. 1 vol. in-8, 8e édit. 6 fr.

Le Crime et la Folie, par H. MAUDSLEY, professeur de médecine légale à l'Université de Londres. 1 vol. in-8, 5e édit. 6 fr.

* **La Défense des États et les Camps retranchés,** par le général A. BRIALMONT, inspecteur général des fortifications et du corps du génie de Belgique. 1 vol. in-8 avec nombreuses figures dans le texte et 2 pl. hors texte, 3e édit. 6 fr.

* **La Monnaie et le Mécanisme de l'échange,** par W. STANLEY JEVONS, professeur d'économie politique à l'Université de Londres. 1 vol. in-8, 4e édit. (V. P.) 6 fr.

La Sociologie, par DE ROBERTY. 1 vol. in-8, 2e édit. (V. P.) 6 fr.

* **La Science de l'éducation,** par Alex. BAIN, professeur à l'Université d'Aberdeen (Écosse). 1 vol. in-8, 6e édit. (V. P.) 6 fr.

* **Lois scientifiques du développement des nations** dans leurs rapports avec les principes de l'hérédité et de la sélection naturelle, par W. BAGEHOT. 1 vol. in-8, 5e édit. 6 fr.

* **La Vie du langage,** par D. WHITNEY, professeur de philologie comparée à Yale-College de Boston (États-Unis). 1 vol. in-8, 3e édit. (V. P.) 6 fr.

PHYSIOLOGIE

Les Illusions des sens et de l'esprit, par James SULLY. 1 vol. in-8. 2e édit. (V. P.) 6 fr.

* **La Locomotion chez les animaux** (marche, natation et vol), suivie d'une étude sur l'*Histoire de la navigation aérienne*, par J.-B. PETTIGREW, professeur au Collège royal de chirurgie d'Édimbourg (Écosse). 1 vol. in-8 avec 140 figures dans le texte. 2e édit. 6 fr.

* **Les Nerfs et les Muscles,** par J. ROSENTHAL, professeur de physiologie à l'Université d'Erlangen (Bavière). 1 vol. in-8 avec 75 figures dans le texte, 3e édit. (V. P.) 6 fr.

* **La Machine animale,** par E.-J. MAREY, membre de l'Institut, professeur au Collège de France. 1 vol. in-8 avec 117 figures dans le texte, 4e édit. (V. P.) 6 fr.

* **Les Sens,** par BERNSTEIN, professeur de physiologie à l'Université de Halle (Prusse). 1 vol. in-8 avec 91 figures dans le texte, 4e édit. (V. P.) 6 fr.

Les Organes de la parole, par H. DE MEYER, professeur à l'Université de Zurich, traduit de l'allemand et précédé d'une introduction sur l'*Enseignement de la parole aux sourds-muets*, par O. CLAVEAU, inspecteur général des établissements de bienfaisance. 1 vol. in-8 avec 51 figures dans le texte. 6 fr.

La Physionomie et l'Expression des sentiments, par P. MANTEGAZZA, professeur au Muséum d'histoire naturelle de Florence. 1 vol. in-8 avec figures et 8 planches hors texte, d'après les dessins originaux d'Edouard Ximenès. 6 fr.

Physiologie des exercices du corps, par le docteur F. LAGRANGE. 1 vol. in-8. 6 fr.

La Chaleur animale, par CH. RICHET, professeur de physiologie à la Faculté de médecine de Paris. 1 vol. in-8 avec gravures dans le texte. 6 fr

PHILOSOPHIE SCIENTIFIQUE

* **Le Cerveau et ses fonctions**, par J. LUYS, membre de l'Académie de médecine, médecin de la Salpêtrière. 1 vol. in-8 avec fig. 6e édit. (V. P.) 6 fr.

Le Cerveau et la Pensée chez l'homme et les animaux, par CHARLTON BASTIAN, professeur à l'Université de Londres. 2 vol. in-8 avec 184 fig. dans le texte. 2e édit. 12 fr.

Le Crime et la Folie, par H. MAUDSLEY, professeur à l'Université de Londres. 1 vol. in-8, 5e édit. 6 fr.

L'Esprit et le Corps, considérés au point de vue de leurs relations, suivi d'études sur les *Erreurs généralement répandues au sujet de l'esprit*, par Alex. BAIN, professeur à l'Université d'Aberdeen (Écosse). 1 vol. in-8, 4e édit. (V. P.) 6 fr.

* **Théorie scientifique de la sensibilité** : *le Plaisir et la Peine*, par Léon DUMONT. 1 vol. in-8, 3e édit. 6 fr.

La Matière et la Physique moderne, par STALLO, précédé d'une préface par M. Ch. FRIEDEL, de l'Institut. 1 vol. in-8. 6 fr.

Le Magnétisme animal, par A. BINET et Ch. FÉRÉ. 1 vol. in-8, avec figures dans le texte. 2e édit. 6 fr.

L'Intelligence des animaux, par ROMANES. 2 vol. in-8, précédés d'une préface de M. E. PERRIER, professeur au Muséum d'histoire naturelle. 12 fr.

L'Évolution des mondes et des sociétés, par C. DREYFUS, député de la Seine. 1 vol. in-8. 6 fr.

ANTHROPOLOGIE

* **L'Espèce humaine**, par A. DE QUATREFAGES, membre de l'Institut, professeur d'anthropologie au Muséum d'histoire naturelle de Paris. 1 vol. in-8, 9e édit. (V. P.) 6 fr.

* **L'Homme avant les métaux**, par N. JOLY, correspondant de l'Institut, professeur à la Faculté des sciences de Toulouse. 1 vol. in-8 avec 150 figures dans le texte et un frontispice, 4e édit. (V. P.) 6 fr.

* **Les Peuples de l'Afrique**, par R. HARTMANN, professeur à l'Université de Berlin. 1 vol. in-8 avec 93 figures dans le texte, 2e édit. (V. P.) 6 fr.

Les Singes anthropoïdes, et leur organisation comparée à celle de l'homme, par R. HARTMANN, professeur à l'Université de Berlin. 1 vol. in-8 avec 63 figures gravées sur bois. 6 fr.

L'Homme préhistorique, par SIR JOHN LUBBOCK, membre de la Société royale de Londres. 2 vol. in-8, avec 228 gravures dans le texte. 3e édit. 12 fr.

ZOOLOGIE

* **Descendance et Darwinisme**, par O. SCHMIDT, professeur à l'Université de Strasbourg. 1 vol. in-8 avec figures, 5e édit. 6 fr.

Les Mammifères dans leurs rapports avec leurs ancêtres géologiques, par O. SCHMIDT. 1 vol. in-8 avec 51 figures dans le texte. 6 fr.

Fourmis, Abeilles et Guêpes, par sir JOHN LUBBOCK, membre de la Société royale de Londres. 2 vol. in-8 avec figures dans le texte et 13 planches hors texte, dont 5 coloriées. (V. P.) 12 fr.

L'Écrevisse, introduction à l'étude de la zoologie, par Th.-H. HUXLEY, membre de la Société royale de Londres et de l'Institut de France, professeur d'histoire naturelle à l'École royale des mines de Londres. 1 vol. in-8 avec 82 figures. 6 fr.

* **Les Commensaux et les Parasites** dans le règne animal, par P.-J. VAN BENEDEN, professeur à l'Université de Louvain (Belgique). 1 vol. in-8 avec 82 figures dans le texte. 3e édit. (V. P.) 6 fr.

La Philosophie zoologique avant Darwin, par EDMOND PERRIER, professeur au Muséum d'histoire naturelle de Paris. 1 vol. in-8, 2e édit. (V. P.) 6 fr.

BOTANIQUE — GÉOLOGIE

Les Champignons, par COOKE et BERKELEY. 1 vol. in-8 avec 110 figures. 4e édition. 6 fr.

L'Évolution du règne végétal, par G. DE SAPORTA, correspondant de l'Institut, et MARION, correspondant de l'Institut, professeur à la Faculté des sciences de Marseille.

I. *Les Cryptogames.* 1 vol. in-8 avec 85 figures dans le texte. 6 fr.
II. *Les Phanérogames.* 2 v. in-8 avec 136 fig. dans le texte. 12 fr.

* **Les Volcans et les Tremblements de terre**, par FUCHS, professeur à l'Université de Heidelberg. 1 vol. in-8 avec 36 figures et une carte en couleur, 4e édition. 6 fr.

Les Régions invisibles du globe et des espaces célestes, par A. DAUBRÉE, de l'Institut, professeur au Muséum d'histoire naturelle. 1 vol. in-8, avec 78 gravures dans le texte. 6 fr.

L'Origine des plantes cultivées, par A. DE CANDOLLE, correspondant de l'Institut. 1 vol. in-8, 3e édit. 6 fr.

Introduction à l'étude de la botanique (le Sapin), par J. DE LANESSAN, professeur agrégé à la Faculté de médecine de Paris. 1 vol. in-8 avec figures dans le texte. (V. P.) 6 fr.

Microbes, Ferments et Moisissures, par le docteur L. TROUESSART. 1 vol. in-8 avec 108 figures dans le texte. (V. P.) 6 fr.

CHIMIE

Les Fermentations, par P. SCHUTZENBERGER, membre de l'Académie de médecine, professeur de chimie au Collège de France. 1 vol. in-8 avec figures, 5e édit. 6 fr

* **La Synthèse chimique**, par M. BERTHELOT, membre de l'Institut, professeur de chimie organique au Collège de France. 1 vol. in-8, 6e édit. 6 fr.

* **La Théorie atomique**, par Ad. WURTZ, membre de l'Institut, professeur à la Faculté des sciences et à la Faculté de médecine de Paris. 1 vol. in-8, 5e édit., précédée d'une introduction sur la *Vie et les travaux* de l'auteur, par M. CH. FRIEDEL, de l'Institut. 6 fr.

ASTRONOMIE — MÉCANIQUE

* **Histoire de la Machine à vapeur, de la Locomotive et des Bateaux à vapeur**, par R. THURSTON, professeur de mécanique à l'Institut technique de Hoboken, près de New-York, revue, annotée et augmentée d'une Introduction par M. HIRSCH, professeur de machines à vapeur à l'École des ponts et chaussées de Paris. 2 vol. in-8 avec 160 figures dans le texte et 16 planches tirées à part. 3e édit. (V. P.) 12 fr.

* **Les Étoiles**, notions d'astronomie sidérale, par le P. A. SECCHI, directeur de l'Observatoire du Collège Romain. 2 vol. in-8 avec 68 figures dans le texte et 16 planches en noir et en couleurs, 2e édit. (V. P.) 12 fr.

Le Soleil, par C.-A. YOUNG, professeur d'astronomie au Collège de New-Jersey. 1 vol. in-8 avec 87 figures. (V. P.) 6 fr.

PHYSIQUE

La Conservation de l'énergie, par BALFOUR STEWART, professeur de physique au collège Owens de Manchester (Angleterre), suivi d'une étude sur la *Nature de la force*, par P. DE SAINT-ROBERT (de Turin). 1 vol. in-8 avec figures, 4e édit. 6 fr.

* **Les Glaciers et les Transformations de l'eau**, par J. TYNDALL, professeur de chimie à l'Institution royale de Londres, suivi d'une étude sur le même sujet, par HELMHOLTZ, professeur à l'Université de Berlin. 1 vol. in-8 avec nombreuses figures dans le texte et 8 planches tirées à part sur papier teinté, 5e édit. (V. P.) 6 fr.

* **La Photographie et la Chimie de la lumière**, par VOGEL, professeur à l'Académie polytechnique de Berlin. 1 vol. in-8 avec 95 figures dans le texte et une planche en photoglyptie, 4e édit. (V. P.) 6 fr.

La Matière et la Physique moderne, par STALLO. 1 vol. in-8. 6 fr.

THÉORIE DES BEAUX-ARTS

* **Le Son et la Musique**, par P. BLASERNA, professeur à l'Université de Rome, suivi des *Causes physiologiques de l'harmonie musicale*, par H. HELMHOLTZ, professeur à l'Université de Berlin. 1 vol. in-8 avec 41 figures, 4e édit. (V. P.) 6 fr.

Principes scientifiques des Beaux-Arts, par E. BRUCKE, professeur à l'Université de Vienne, suivi de *l'Optique et les Arts*, par HELMHOLTZ, professeur à l'Université de Berlin. 1 vol. in-8 avec figures, 4e édit. (V. P.) 6 fr.

* **Théorie scientifique des couleurs et leurs applications aux arts et à l'industrie**, par O. N. ROOD, professeur de physique à Colombia-College de New-York (Etats-Unis). 1 vol. in-8 avec 130 figures dans le texte et une planche en couleurs. (V. P.) 6 fr.

PUBLICATIONS

HISTORIQUES, PHILOSOPHIQUES ET SCIENTIFIQUES
qui ne se trouvent pas dans les collections précédentes.

ALAUX. **La Religion progressive.** 1 vol. in-18. 3 fr. 50
ALAUX. **Esquisse d'une philosophie de l'être.** In-8. 1888. 1 fr.
ALAUX. Voy. p. 2.
ALGLAVE. **Des Juridictions civiles chez les Romains.** 1 vol. in-8. 2 fr. 50
ALTMEYER (J. J.). **Les Précurseurs de la réforme aux Pays-Bas.** 2 forts volumes in-8°. 12 fr.
ARRÉAT. **Une Éducation intellectuelle.** 1 vol. in-18. 2 fr. 50
ARRÉAT. **La Morale dans le drame, l'épopée et le roman.** 1 vol. in-18. 1883. 2 fr. 50
ARRÉAT. **Journal d'un philosophe.** 1 vol. in-18. 1887. 3 fr. 50
AUBRY. **La Contagion du meurtre.** 1 vol. in-8. 1887. 3 fr. 50
AZAM. **Le Caractère dans la santé et dans la maladie.** 1 vol. in-8, précédé d'une préface de Th. RIBOT. 1887. 4 fr.
BALFOUR STEWART et TAIT. **L'Univers invisible.** 1 vol. in-8, traduit de l'anglais. 7 fr.
BARNI. **Les Martyrs de la libre pensée.** 1 vol. in-18. 2e édit. 3 fr. 50
BARNI. **Napoléon Ier.** 1 vol. in-18, édition populaire. 1 fr.
BARNI. Voy. p. 4 ; KANT, p. 8 ; p. 13 et 31.
BARTHÉLEMY SAINT-HILAIRE. Voy. pages 2 et 7, ARISTOTE.
BAUTAIN. **La Philosophie morale.** 2 vol. in-8. 12 fr.
BEAUNIS (H.). **Impressions de campagne** (1870-1871). In-18. 3 fr. 50
BÉNARD (Ch.). **De la philosophie dans l'éducation classique.** 1862. 1 fort vol. in-8. 6 fr.
BÉNARD. Voy. p. 8, SCHELLING et HEGEL.
BERTAULD (P.-A.). **Introduction à la recherche des causes premières. — De la méthode.** 3 vol. in-18 Chaque volume, 3 fr. 50
BLACKWELL (Dr Elisabeth). **Conseils aux parents** sur l'éducation de leurs enfants au point de vue sexuel. In-18. 2 fr.
BLANQUI. **L'Éternité par les astres.** In-8. 2 fr.
BLANQUI. **Critique sociale**, capital et travail. Fragments et notes. 2 vol. in-18. 1885. 7 fr.
BOUCHARDAT. **Le Travail**, son influence sur la santé (conférences faites aux ouvriers). 1 vol. in-18. 2 fr. 50
BOUILLET (Ad.). **Les Bourgeois gentilshommes. — L'Armée de Henri V.** 1 vol. in-18. 3 fr. 50
BOUILLET (Ad.). **Types nouveaux.** 1 vol. in-18. 1 fr. 50
BOUILLET (Ad.). **L'Arrière-ban de l'ordre moral.** 1 vol. in-18. 3 fr. 50
BOURBON DEL MONTE. **L'Homme et les Animaux.** 1 vol. in-8. 5 fr.
BOURDEAU (Louis). **Théorie des sciences**, plan de science intégrale. 2 vol. in-8. 20 fr.
BOURDEAU (Louis). **Les Forces de l'industrie**, progrès de la puissance humaine. 1 vol. in-8. 5 fr.
BOURDEAU (Louis). **La Conquête du monde animal.** In-8. 5 fr.
BOURDEAU (Louis). **L'Histoire et les Historiens.** 1 vol. in-8. 1888. 7 fr. 50
BOURDET (Eug.). **Principes d'éducation positive**, précédés d'une préface de M. Ch. ROBIN. 1 vol. in-18. 3 fr. 50
BOURDET. **Vocabulaire des principaux termes de la philosophie positive.** 1 vol. in-18. 3 fr. 50
BOURLOTON. Voy. p. 12.
BOURLOTON (Edg.) et ROBERT (Edmond). **La Commune et ses idées à travers l'histoire.** 1 vol. in-18. 3 fr. 50

BUCHNER. **Essai biographique sur Léon Dumont.** 1 vol. in-18 (1884). 2 fr.

Bulletins de la Société de psychologie physiologique. 1re année, 1885. 1 broch. in-8, 1 fr. 50. — 2e année, 1886, 1 broch. in-8, 1 fr. 50. — 3e année, 1887. 1 fr. 50

BUSQUET. **Représailles**, poésies. 1 vol. in-18. 3 fr.

CADET. **Hygiène, inhumation, crémation.** In-18. 2 fr.

CARRAU (Lud.). **Études historiques et critiques sur les preuves du Phédon de Platon en faveur de l'immortalité de l'âme humaine.** In-8. 2 fr.

CARRAU (Lud.). Voy. p. 4 et FLINT p. 5.

CLAMAGERAN. **L'Algérie.** 3e édit. 1 vol. in-18. 1884. 3 fr. 50

CLAMAGERAN. Voy. p. 13.

CLAVEL (Dr). **La Morale positive.** 1 vol. in-8. 3 fr.

CLAVEL (Dr). **Critique et conséquences des principes de 1789.** 1 vol. in-18. 3 fr.

CLAVEL (Dr). **Les Principes au XIXe siècle.** In-18. 1 fr.

CONTA. **Théorie du fatalisme.** 1 vol. in-18. 4 fr.

CONTA. **Introduction à la métaphysique.** 1 vol. in-18. 3 fr.

COQUEREL fils (Athanase). **Libres Études** (religion, critique, histoire, beaux-arts). 1 vol. in-8. 5 fr.

CORTAMBERT (Louis). **La Religion du progrès.** In-18. 3 fr. 50

COSTE (Adolphe). **Hygiène sociale contre le paupérisme** (prix de 5000 fr. au concours Pereire). 1 vol. in-8. 6 fr.

COSTE (Adolphe). **Les Questions sociales contemporaines**, comptes rendus du concours Pereire, et études nouvelles sur le *paupérisme*, *la prévoyance*, *l'impôt*, *le crédit*, *les monopoles*, *l'enseignement*, avec la collaboration de MM. A. BURDEAU et ARRÉAT pour la partie relative à l'enseignement. 1 fort. vol. in-8. 10 fr.

COSTE (Ad.). Voy. p. 2.

CRÉPIEUX-JANIN. **L'Écriture et le caractère.** 1 vol. in-8 avec fac-similé. *(Sous presse.)*

DANICOURT (Léon). **La Patrie et la République.** In-18. 2 fr. 50

DAURIAC. **Psychologie et pédagogie.** 1 br. in-8. 1884. 1 fr.

DAURIAC. **Sens commun et raison pratique.** 1 br. in-8. 1 fr. 50

DAVY. **Les Conventionnels de l'Eure.** 2 forts vol. in-8. 18 fr.

DELBŒUF. **Psychophysique**, mesure des sensations de lumière et de fatigue, théorie générale de la sensibilité. 1 vol. in-18. 3 fr. 50

DELBŒUF. **Examen critique de la loi psychophysique**, sa base et sa signification. 1 vol. in-18. 1883. 3 fr. 50

DELBŒUF. **Le Sommeil et les Rêves**, considérés principalement dans leurs rapports avec les théories de la certitude et de la mémoire. 1 vol. in-18. 3 fr. 50

DELBŒUF. **De l'origine des effets curatifs de l'hypnotisme.** Étude de psychologie expérimentale. 1887. In-8. 1 fr. 50

DELBŒUF. Voy. p. 2.

DESTREM (J.). **Les Déportations du Consulat.** 1 br. in-8. 1 fr. 50

DOLLFUS (Ch.). **Lettres philosophiques.** In-18. 3 fr.

DOLLFUS (Ch.). **Considérations sur l'histoire.** Le monde antique. 1 vol. in-8. 7 fr. 50

DOLLFUS (Ch.). **L'Âme dans les phénomènes de conscience** 1 vol. in-18. 3 fr. 50

DUBOST (Antonin). **Des conditions de gouvernement en France.** 1 vol. in-8. 7 fr. 50

DUFAY. **Etudes sur la destinée.** 1 vol. in-18. 1876. 3 fr.

DUMONT (Léon). **Le Sentiment du gracieux.** 1 vol. in-8. 3 fr.

DUMONT (Léon). Voy. p. 19 et 22.

DUNAN. **Sur les formes à priori de la sensibilité.** 1 vol. in-8. 5 fr.

DUNAN. **Les Arguments de Zénon d'Élée contre le mouvement.** 1 br. in-8. 1884. 1 fr. 50

DURAND-DÉSORMEAUX. **Réflexions et Pensées**, précédées d'une Notice sur l'auteur par Ch. Yriarte. 1 vol. in-8. 1884. 2 fr. 50

DURAND-DÉSORMEAUX. **Études philosophiques**, théorie de l'action, théorie de la connaissance. 2 vol. in-8. 1884. 15 fr.

DUTASTA. **Le Capitaine Vallé**, ou l'Armée sous la Restauration. 1 vol. in-18. 1883. 3 fr. 50

DUVAL-JOUVE. **Traité de logique.** 1 vol. in-8. 6 fr.

DUVERGIER DE HAURANNE (Mme E.). **Histoire populaire de la Révolution française.** 1 vol. in-18. 3e édit. 3 fr. 50

Éléments de science sociale. Religion physique, sexuelle et naturelle. 1 vol. in-18. 4e édit. 1885. 3 fr. 50

ESCANDE. **Hoche en Irlande** (1795-1798), d'après des documents inédits. 1 vol. in-18 en caractères elzéviriens. 1888. 3 fr. 50

ESPINAS. **Idée générale de la pédagogie.** 1 br. in-8. 1884. 1 fr.

ESPINAS. **Du Sommeil provoqué chez les hystériques**, br. in-8. 1 fr.

ESPINAS. Voy. p. 2 et 4.

ÉVELLIN. **Infini et quantité.** Étude sur le concept de l'infini dans la philosophie et dans les sciences. 1 vol. in-8. 2e édit. (*Sous presse.*)

FABRE (Joseph). **Histoire de la philosophie.** Première partie : Antiquité et moyen âge. 1 vol. in-12. 3 fr. 50

FAU. **Anatomie des formes du corps humain**, à l'usage des peintres et des sculpteurs. 1 atlas de 25 planches avec texte. 2e édition. Prix, figures noires, 15 fr. ; fig. coloriées. 30 fr.

FAUCONNIER. **Protection et libre échange.** In-8. 2 fr.

FAUCONNIER. **La morale et la religion dans l'enseignement.** 75 c.

FAUCONNIER. **L'Or et l'Argent.** In-8. 2 fr. 50

FEDERICI. **Les Lois du progrès.** 1 vol. in-8, 1888. 6 fr.

FERBUS (N.). **La Science positive du bonheur.** 1 vol. in-18. 3 fr.

FERRIÈRE (Em.). **Les Apôtres**, essai d'histoire religieuse, 1 vol. in-12. 4 fr. 50

FERRIÈRE (Em.). **L'Ame est la fonction du cerveau.** 2 volumes in-18. 1883. 7 fr.

FERRIÈRE (Em.). **Le Paganisme des Hébreux jusqu'à la captivité de Babylone.** 1 vol. in-18. 1884. 3 fr. 50

FERRIÈRE (Em.). **La Matière et l'Énergie.** 1 vol. in-18. 1887. 4 fr. 50

FERRIÈRE (Em.). **L'Ame et la Vie.** 1 vol. in-18. 1888. 4 fr. 50

FERRIÈRE (Em.). Voy. p. 32.

FERRON (de). **Institutions municipales et provinciales** dans les différents États de l'Europe. Comparaison. Réformes. 1 vol. in-8. 1883. 8 fr.

FERRON (de). **Théorie du progrès.** 2 vol. in-18. 7 fr.

FERRON (de). **De la division du pouvoir législatif en deux chambres**, histoire et théorie du Sénat. 1 vol. in-8. 8 fr.

FONCIN. **Essai sur le ministère Turgot.** In-8. 2e édit. (*Sous presse.*)

FOX (W.-J.). **Des idées religieuses.** In-8. 3 fr.

GASTINEAU. **Voltaire en exil.** 1 vol. in-18. 3 fr.

GAYTE (Claude). **Essai sur la croyance.** 1 vol. in-8. 3 fr.

GILLIOT (Alph.). **Études sur les religions et institutions comparées.** 2 vol. in-12, tome Ier, 3 fr. — Tome II. 5 fr.

GOBLET D'ALVIELLA. **L'Évolution religieuse** chez les Anglais, les Américains, les Hindous, etc. 1 vol. in-8. 1883. 7 fr. 50

GOURD. **Le Phénomène.** Esquisse de philosophie générale. 1 vol. in-8. 1888. 7 fr. 50

GRESLAND. **Le Génie de l'homme**, libre philosophie. Gr. in-8. 7 fr.

GRIMAUX (Ed.). **Lavoisier** (1743-1794), d'après sa correspondance et des documents inédits. 1 vol. gr. in-8 avec gravures en taille-douce, imprimé avec luxe. 1888. 15 fr.

GUILLAUME (de Moissey). **Traité des sensations.** 2 vol. in-8. 12 fr.

GUILLY. **La Nature et la Morale.** 1 vol. in-18. 2e édit. 2 fr. 50

GUYAU. **Vers d'un philosophe.** 1 vol. in-18. 3 fr. 50

GUYAU. Voy. p. 5, 7 et 10.

HAYEM (Armand). **L'Être social.** 1 vol. in-18. 2e édit. 3 fr. 50

HERZEN. **Récits et Nouvelles.** 1 vol. in-18. 3 fr. 50

HERZEN. **De l'autre rive.** 1 vol. in-18. 3 fr. 50

HERZEN. **Lettres de France et d'Italie.** In-18. 3 fr. 50

HUXLEY. **La Physiographie**, introduction à l'étude de la nature, traduit et adapté par M. G. Lamy. 1 vol. in-8 avec figures dans le texte et 2 planches en couleurs, broché, 8 fr. — En demi-reliure, tranches dorées. 11 fr.

HUXLEY. Voy. p. 5 et 32.

ISSAURAT. **Moments perdus de Pierre-Jean.** 1 vol. in-18. 3 fr.

ISSAURAT. **Les Alarmes d'un père de famille.** In-8. 1 fr.

JANET (Paul). **Le Médiateur plastique de Cudworth.** 1 vol. in-8. 1 fr.

JANET (Paul). Voy. p. 3, 5, 7, 8 et 9.

JEANMAIRE. **L'Idée de la personnalité dans la psychologie moderne.** 1 vol. in-8. 1883. 5 fr.

JOIRE. **La Population, richesse nationale; le travail, richesse du peuple.** 1 vol. in-8. 1886. 5 fr.

JOYAU. **De l'Invention dans les arts et dans les sciences.** 1 vol. in-8. 5 fr.

JOYAU. **Essai sur la liberté morale.** 1 vol. in-18. 1888. 2 fr. 50

JOZON (Paul). **De l'écriture phonétique.** In-18. 3 fr. 50

LABORDE. **Les Hommes et les Actes de l'insurrection de Paris** devant la psychologie morbide. 1 vol. in-18. 2 fr. 50

LACOMBE. **Mes droits.** 1 vol. in-12. 2 fr. 50

LAGGROND. **L'Univers, la force et la vie.** 1 vol. in-8. 1884. 2 fr. 50

LA LANDELLE (de). **Alphabet phonétique.** In-18. 2 fr. 50

LANGLOIS. **L'Homme et la Révolution.** 2 vol. in-18. 7 fr.

LAURET (Henri). **Critique d'une morale sans obligation ni sanction.** In-8. 1 fr. 50

LAURET (Henri). Voy. p. 9.

LAUSSEDAT. **La Suisse.** Études méd. et sociales. In-18 3 fr. 50

LAVELEYE (Em. de). **De l'avenir des peuples catholiques.** In-8. 21e édit. 25 c.

LAVELEYE (Em. de). **Lettres sur l'Italie** (1878-1879). In-18. 3 fr. 50

LAVELEYE (Em. de). **Nouvelles lettres d'Italie.** 1 vol. in-8. 1884. 3 fr.

LAVELEYE (Em. de). **L'Afrique centrale.** 1 vol. in-12. 3 fr.

LAVELEYE (Em. de). **La Péninsule des Balkans** (Vienne, Croatie, Bosnie, Serbie, Bulgarie, Roumélie, Turquie, Roumanie). 2e édit. 2 vol. in-12. 1888. 10 fr.

LAVELEYE (Em. de). **La Propriété collective du sol en différents pays.** In-8. 2 fr.

LAVELEYE (Em. de). Voy. p. 5 et 13.

LAVERGNE (Bernard). **L'Ultramontanisme et l'État.** In-8. 1 fr. 50

LEDRU-ROLLIN. **Discours politiques et écrits divers.** 2 vol. in-8 cavalier. 12 fr.

LEGOYT. **Le Suicide.** 1 vol. in-8. 8 fr.

LELORRAIN. **De l'aliéné au point de vue de la responsabilité pénale.** In-8. 2 fr.

LEMER (Julien). **Dossier des Jésuites et des libertés de l'Église gallicane.** 1 vol. in-18. 3 fr. 50

LOURDEAU. **Le Sénat et la Magistrature dans la démocratie française.** 1 vol. in-18. 3 fr. 50

MAGY. **De la Science et de la Nature.** 1 vol. in-8. 6 fr.

MAINDRON (Ernest). **L'Académie des sciences** (Histoire de l'Académie, fondation de l'Institut national; Bonaparte, membre de l'Institut). 1 beau vol. in-8 cavalier, avec 53 gravures dans le texte, portraits, plans, etc., 8 planches hors texte et 2 autographes, d'après des documents originaux. 12 fr.

MARAIS. **Garibaldi et l'Armée des Vosges.** In-18. (V. P.) 1 fr. 50

MASSERON (I.). **Danger et Nécessité du socialisme.** In-18. 3 fr. 50

MAURICE (Fernand). **La Politique extérieure de la République française.** 1 vol. in-12. 3 fr. 50

MENIÈRE. **Cicéron médecin.** 1 vol. in-18. 4 fr. 50

MENIÈRE. **Les Consultations de Mme de Sévigné**, étude médico-littéraire. 1884. 1 vol. in-8. 3 fr.

MICHAUT (N.). **De l'imagination.** 1 vol. in-8. 5 fr.

MILSAND. **Les Études classiques** et l'enseignement public. 1 vol. in-18. 3 fr. 50

MILSAND. **Le Code et la Liberté.** In-8. 2 fr.

MILSAND. Voy. p. 3.

MORIN (Miron). **De la séparation du temporel et du spirituel.** In-8. 3 fr. 50

MORIN (Miron). **Essais de critique religieuse.** 1 fort vol. in-8. 1885. 5 fr.

MORIN. **Magnétisme et Sciences occultes.** 1 vol. in-8. 6 fr.

MORIN (Frédéric). **Politique et Philosophie.** 1 vol. in-18. 3 fr. 50

NIVELET. **Loisirs de la vieillesse ou l'Heure de philosopher.** 1 vol. in-12. 3 fr.

NOEL (E.). **Mémoires d'un imbécile**, précédé d'une préface de *M. Littré.* 1 vol. in-18. 3e édition. 3 fr. 50

NOTOVITCH. **La Liberté de la volonté.** In-18. 1888. 3 fr. 50

OGER. **Les Bonaparte** et les frontières de la France. In-18. 50 c.

OGER. **La République.** In-8. 50 c.

OLECHNOWICZ. **Histoire de la civilisation de l'humanité**, d'après la méthode brahmanique. 1 vol. in-12. 3 fr. 50

PARIS (comte de). **Les Associations ouvrières en Angleterre** (Trades-unions). 1 vol. in-18. 7e édit. 1 fr. — Édition sur papier fort, 2 fr. 50. — Sur papier de Chine, broché, 12 fr. — Rel. de luxe. 20 fr.

PELLETAN (Eugène). **La Naissance d'une ville** (Royan). In-18. 1 fr. 40

PELLETAN (Eug.). **Jarousseau, le pasteur du désert.** 1 vol. in-18 (couronné par l'Académie française), toile, tr. jaspées. 2 fr. 50

PELLETAN (Eug.). **Un Roi philosophe, Frédéric le Grand.** In-18. 3 fr. 50

PELLETAN (Eug.). **Le monde marche** (la loi du progrès). In-18. 3 fr. 50

PELLETAN (Eug.). **Droits de l'homme.** 1 vol. in-12. 3 fr. 50

PELLETAN (Eug.). **Profession de foi du XIXe siècle.** in-12. 3 fr. 50

PELLETAN (Eug.). **La Mère.** 1 vol. in-8, toile, tr. dorées. 4 fr. 25

PELLETAN (Eug.). **Les Rois philosophes.** 1 vol. in-8, toile, tranches dorées. 4 fr. 25

PELLETAN (Eug.). **La Nouvelle Babylone.** 1 vol. in-12. 3 fr. 50

PELLETAN (Eug.). Voy. p. 31.

PELLIS (F.) **La Philosophie de la Mécanique.** 1 vol. in-8. 1888. 2 fr. 50

PÉNY (le major). **La France par rapport à l'Allemagne.** Étude de géographie militaire. 1 vol. in-8. 2e édit. 6 fr.

PEREZ (Bernard). **Thiery Tiedmann.** — **Mes deux chats.** In-12. 2 fr.

PEREZ (Bernard). **Jacotot et sa méthode d'émancipation intellectuelle.** 1 vol. in-18. 3 fr.

PEREZ (Bernard). Voy. p. 6.

PETROZ (P.). **L'Art et la Critique en France** depuis 1822. 1 volume in-18. 3 fr. 50

PETROZ. **Un Critique d'art au XIXe siècle.** In-18. 1 fr. 50

PHILBERT (Louis). **Le Rire**, essai littéraire, moral et psychologique. 1 vol. in-8. (Couronné par l'Académie française, prix Montyon.) 7 fr. 50

POEY. **Le Positivisme.** 1 fort vol. in-12. 4 fr. 50

POEY. **M. Littré et Auguste Comte.** 1 vol. in-18. 3 fr. 50

POULLET. **La Campagne de l'Est** (1870-1871). 1 vol. in-8 avec 2 cartes, et pièces justificatives. 7 fr.

QUINET (Edgar). **Œuvres complètes.** 30 volumes in-18. Chaque volume.. 3 fr. 50

Chaque ouvrage se vend séparément :

1. Génie des religions. 6e édition.
2. Les Jésuites. — L'Ultramontanisme. 11e édition.
3. Le Christianisme et la Révolution française. 6e édition.
4-5. Les Révolutions d'Italie. 5e édition. 2 vol.
6. Marnix de Sainte-Aldegonde. — Philosophie de l'Histoire de France. 4e édition.
7. Les Roumains. — Allemagne et Italie. 3e édition.
8. Premiers travaux : Introduction à la Philosophie de l'histoire. — Essai sur Herder. — Examen de la Vie de Jésus. — Origine des dieux. — L'Église de Brou. 3e édition.
9. La Grèce moderne. — Histoire de la poésie. 3e édition.
10. Mes Vacances en Espagne. 5e édition.
11. Ahasverus. — Tablettes du Juif errant. 5e édition.
12. Prométhée. — Les Esclaves. 4e édition.
13. Napoléon (poème). (*Épuisé.*)
14. L'Enseignement du peuple. — Œuvres politiques avant l'exil. 8e édition.
15. Histoire de mes idées (Autobiographie). 4e édition.
16-17. Merlin l'Enchanteur. 2e édition. 2 vol.
18-19-20. La Révolution. 10e édition. 3 vol.
21. Campagne de 1815. 7e édition.
22-23. La Création. 3e édition. 2 vol.
24. Le Livre de l'exilé. — La Révolution religieuse au XIXe siècle. — Œuvres politiques pendant l'exil. 2e édition.
25. Le Siège de Paris. — Œuvres politiques après l'exil. 2e édition.
26. La République. Conditions de régénération de la France. 2e édit.
27. L'Esprit nouveau. 5e édition.
28. Le Génie grec. 1re édition.
29-30. Correspondance. Lettres à sa mère. 1re édition. 2 vol.

RÉGAMEY (Guillaume). **Anatomie des formes du cheval**, à l'usage des peintres et des sculpteurs. 6 planches en chromolithographie, publiées sous la direction de FÉLIX RÉGAMEY, avec texte par le Dr KUHFF. 8 fr.

RIBERT (Léonce). **Esprit de la Constitution** du 25 février 1875. 1 vol. in-18. 3 fr. 50

RIBOT (Paul). **Spiritualisme et Matérialisme.** Étude sur les limites de nos connaissances. 2e édit. 1887. 1 vol. in-8. 6 fr.

ROBERT (Edmond). **Les Domestiques.** 1 vol. in-18. 3 fr. 50

ROSNY (Ch. de). **La Méthode consciencielle.** Essai de philosophie exactiviste. 1 vol. in-8. 1887. 4 fr.

SANDERVAL (O. de). **De l'Absolu.** La loi de vie. 1887. 1 vol. in-8. 5 fr.

SECRÉTAN. **Philosophie de la liberté**. 2 vol. in-8. 10 fr.

SECRÉTAN. **La Civilisation et la Croyance**. 1 vol. in-8. 1887. 7 fr. 50

SIEGFRIED (Jules). **La Misère, son histoire, ses causes, ses remèdes**. 1 vol. grand in-18. 3e édition. 1879. 2 fr. 50

SIÈREBOIS. **Psychologie réaliste**. Étude sur les éléments réels de l'âme et de la pensée. 1876. 1 vol. in-18. 2 fr. 50

SOREL (Albert). **Le Traité de Paris du 20 novembre 1815**. 1 vol. in-8. 4 fr. 50

SPIR (A.). **Esquisses de philosophie critique**, précédées d'une préface de M. A. Penjon. 1 vol. in-18. 1887. 2 fr. 50

STUART MILL (J.). **La République de 1848 et ses détracteurs**, traduit de l'anglais, avec préface par M. Sadi Carnot. 1 vol. in-18. 2e édition. 1 fr.

STUART MILL. Voy. p. 4, 6 et 9.

TÉNOT (Eugène). **Paris et ses fortifications** (1870-1880). 1 vol. in-8. 5 fr.

TÉNOT (Eugène). **La Frontière** (1870-1881). 1 fort vol. grand in-8. 8 fr.

THIERS (Édouard). **La Puissance de l'armée par la réduction du service**. In-8. 1 fr. 50

THULIÉ. **La Folie et la Loi**. 2e édit. 1 vol. in-8. 3 fr. 50

THULIÉ. **La Manie raisonnante du docteur Campagne**. In-8. 2 fr.

TIBERGHIEN. **Les Commandements de l'humanité**. 1 vol. in-18. 3 fr.

TIBERGHIEN. **Enseignement et philosophie**. 1 vol. in-18. 4 fr.

TIBERGHIEN. **Introduction à la philosophie**. 1 vol. in-18. 6 fr.

TIBERGHIEN. **La Science de l'âme**. 1 vol. in-12. 3e édit. 6 fr.

TIBERGHIEN. **Éléments de morale universelle**. In-12. 2 fr.

TISSANDIER. **Études de théodicée**. 1 vol. in-8. 4 fr.

TISSOT. **Principes de morale**. 1 vol. in-8. 6 fr.

TISSOT. Voy. Kant, p. 7.

VACHEROT. **La Science et la Métaphysique**. 3 vol. in-18. 10 fr. 50

VACHEROT. Voy. p. 4 et 6.

VALLIER. **De l'intention morale**. 1 vol. in-8. 3 fr. 50

VAN ENDE (U.). **Histoire naturelle de la croyance**, *première partie :* l'Animal. 1887. 1 vol. in-8. 5 fr.

VERNIAL. **Origine de l'homme**, d'après les lois de l'évolution naturelle. 1 vol. in-8. 3 fr.

VILLIAUMÉ. **La Politique moderne**. 1 vol. in-8. 6 fr.

VOITURON (P.). **Le Libéralisme et les Idées religieuses**. 1 volume in-12. 4 fr.

WEILL (Alexandre). **Le Pentateuque selon Moïse et le Pentateuque selon Esra**, avec *vie, doctrine et gouvernement authentique de Moïse*. 1 fort vol. in-8. 7 fr. 50

WEILL (Alexandre). **Vie, doctrine et gouvernement authentique de Moïse**, d'après des textes hébraïques de la Bible jusqu'à ce jour incompris. 1 vol. in-8. 3 fr.

YUNG (Eugène). **Henri IV écrivain**. 1 vol. in-8. 5 fr.

ZIESING (Th.). **Érasme ou Salignac**. Étude sur la lettre de François Rabelais, avec un fac-similé de l'original de la Bibliothèque de Zurich. 1 brochure gr. in-8. 1887. 4 fr.

BIBLIOTHÈQUE UTILE

100 VOLUMES PARUS.

Le volume de 190 pages, broché, 60 centimes.

Cartonné à l'anglaise ou en cartonnage toile dorée, 1 fr.

Le titre de cette collection est justifié par les services qu'elle rend et la part pour laquelle elle contribue à l'instruction populaire.

Elle embrasse l'*histoire*, la *philosophie*, le *droit*, les *sciences*, l'*économie politique* et les *arts*, c'est-à-dire qu'elle traite toutes les questions qu'il est aujourd'hui indispensable de connaître. Son esprit est essentiellement démocratique. La plupart de ses volumes sont adoptés pour les Bibliothèques par le *Ministère de l'instruction publique*, le *Ministère de la guerre*, la *Ville de Paris*, la *Ligue de l'enseignement*, etc.

HISTOIRE DE FRANCE

* **Les Mérovingiens**, par BUCHEZ, anc. présid. de l'Assemblée constituante.

* **Les Carlovingiens**, par BUCHEZ.

Les Luttes religieuses des premiers siècles, par J. BASTIDE, 4e édit.

Les Guerres de la Réforme, par J. BASTIDE. 4e édit.

La France au moyen âge, par F. MORIN.

* **Jeanne d'Arc**, par Fréd. LOCK.

Décadence de la monarchie française, par Eug. PELLETAN. 4e édit.

* **La Révolution française**, par CARNOT, sénateur (2 volumes).

* **La Défense nationale en 1792**, par P. GAFFAREL.

* **Napoléon Ier**, par Jules BARNI.

* **Histoire de la Restauration**, par Fréd. LOCK. 3e édit.

* **Histoire de la marine française**, par Alfr. DONEAUD. 2e édit.

* **Histoire de Louis-Philippe**, par Edgar ZEVORT. 2e édit.

Mœurs et Institutions de la France, par P. BONDOIS. 2 volumes.

Léon Gambetta, par J. REINACH.

PAYS ÉTRANGERS

* **L'Espagne et le Portugal**, par E. RAYMOND. 2e édition.

Histoire de l'empire ottoman, par L. COLLAS. 2e édit.

* **Les Révolutions d'Angleterre**, par Eug. DESPOIS. 3e édit.

Histoire de la maison d'Autriche, par Ch. ROLLAND. 2 édit.

L'Europe contemporaine (1789-1879), par P. BONDOIS.

Histoire contemporaine de la Prusse, par Alfr. DONEAUD.

Histoire contemporaine de l'Italie, par Félix HENNEGUY.

Histoire contemporaine de l'Angleterre, par A. REGNARD.

HISTOIRE ANCIENNE

La Grèce ancienne, par L. COMBES, conseiller municipal de Paris. 2e éd.

L'Asie occidentale et l'Égypte, par A. OTT. 2e édit.

L'Inde et la Chine, par A. OTT.

Histoire romaine, par CREIGHTON.

L'Antiquité romaine, par WILKINS (avec gravures).

L'Antiquité grecque, par MAHAFFY (avec gravures).

GÉOGRAPHIE

* **Torrents, fleuves et canaux de la France**, par H. BLERZY.

* **Les Colonies anglaises**, par le même.

Les Iles du Pacifique, par le capitaine de vaisseau JOUAN (avec 1 carte).

* **Les Peuples de l'Afrique et de l'Amérique**, par GIRARD DE RIALLE.

* **Les Peuples de l'Asie et de l'Europe**, par le même.

L'Indo-Chine française, par FAQUE.

* **Géographie physique**, par GEIKIE, prof. à l'Univ. d'Edimbourg (avec fig.).

* **Continents et Océans**, par GROVE (avec figures).

Les Frontières de la France, par P. GAFFAREL.

COSMOGRAPHIE

* **Les Entretiens de Fontenelle sur la pluralité des mondes**, mis au courant de la science par BOILLOT.

* **Le Soleil et les Étoiles**, par le P. SECCHI, BRIOT, WOLF et DELAUNAY. 2e édit. (avec figures).

* **Les Phénomènes célestes**, par ZURCHER et MARGOLLÉ.

A travers le ciel, par AMIGUES.

Origines et Fin des mondes, par Ch. RICHARD. 3e édit.

* **Notions d'astronomie**, par L. CATALAN, professeur à l'Université de Liège. 4e édit.

SCIENCES APPLIQUÉES

* **Le Génie de la science et de l'industrie**, par B. GASTINEAU.

* **Causeries sur la mécanique**, par BROTHIER. 2e édit.

Médecine populaire, par le docteur TURCK. 4e édit.

La Médecine des accidents, par le docteur BROQUÈRE.

Les Maladies épidémiques (Hygiène et Protection), par le docteur L. MONIN.

* **Hygiène générale**, par le docteur L. CRUVEILHIER. 6e édit.

Petit Dictionnaire des falsifications, avec moyens faciles pour les reconnaître, par DUFOUR.

Les Mines de la France et de ses colonies, par P. MAIGNE.

Les Matières premières et leur emploi dans les divers usages de la vie, par H. GENEVOIX.

La Machine à vapeur, par H. GOSSIN, avec figures.

La Photographie, par le même, avec figures.

La Navigation aérienne, par G. DALLET (avec figures).

L'Agriculture française, par A. LARBALÉTRIER, avec figures.

SCIENCES PHYSIQUES ET NATURELLES

Télescope et Microscope, par ZURCHER et MARGOLLÉ.

* **Les Phénomènes de l'atmosphère**, par ZURCHER. 4e édit.

* **Histoire de l'air**, par Albert LÉVY.

* **Histoire de la terre**, par le même.

* **Principaux faits de la chimie**, par SAMSON, prof. à l'Éc. d'Alfort. 5e édit.

Les Phénomènes de la mer, par E. MARGOLLÉ. 5e édit.

* **L'Homme préhistorique**, par L. ZABOROWSKI. 2e édit.

* **Les Grands Singes**, par le même.

Histoire de l'eau, par BOUANT.

* **Introduction à l'étude des sciences physiques**, par MORAND. 5e édit.

* **Le Darwinisme**, par E. FERRIÈRE.

* **Géologie**, par GEIKIE (avec fig.).

* **Les Migrations des animaux et le Pigeon voyageur**, par ZABOROWSKI.

* **Premières Notions sur les sciences**, par Th. HUXLEY.

La Chasse et la Pêche des animaux marins, par le capitaine de vaisseau JOUAN.

Les Mondes disparus, par L. ZABOROWSKI (avec figures).

Zoologie générale, par H. BEAUREGARD, aide-naturaliste au Muséum (avec figures).

PHILOSOPHIE

La Vie éternelle, par ENFANTIN. 2e éd.

Voltaire et Rousseau, par Eug. NOEL. 3e édit.

* **Histoire populaire de la philosophie**, par L. BROTHIER. 3e édit.

* **La Philosophie zoologique**, par Victor MEUNIER. 2e édit.

* **L'Origine du langage**, par L. ZABOROWSKI.

Physiologie de l'esprit, par PAULHAN (avec figures).

L'Homme est-il libre? par RENARD. 2e édition.

La Philosophie positive, par le docteur ROBINET. 2e édit.

ENSEIGNEMENT. — ÉCONOMIE DOMESTIQUE

* **De l'Éducation**, par Herbert Spencer.

La Statistique humaine de la France, par Jacques BERTILLON.

Le Journal, par HATIN.

De l'Enseignement professionnel, par CORBON, sénateur. 3e édit.

* **Les Délassements du travail**, par Maurice CRISTAL. 2e édit.

Le Budget du foyer, par H. LENEVEUX

* **Paris municipal**, par le même.

* **Histoire du travail manuel en France**, par le même.

L'Art et les Artistes en France, par Laurent PICHAT, sénateur. 4e édit.

Premiers principes des beaux-arts, par J. COLLIER.

Économie politique, par STANLEY JEVONS. 3e édit.

* **Le Patriotisme à l'école**, par JOURDY, capitaine d'artillerie.

Histoire du libre échange en Angleterre, par MONGREDIEN.

Économie rurale et agricole, par PETIT.

Les Industries d'art, par Achille MERCIER.

DROIT

La Loi civile en France, par MORIN. 3e édit.

La Justice criminelle en France, par G. JOURDAN. 3e édit.

Imprimeries réunies, A, rue Mignon, 2, Paris. — 16043.

www.ingramcontent.com/pod-product-compliance
Ingram Content Group UK Ltd.
Pitfield, Milton Keynes, MK11 3LW, UK
UKHW020306230726
13925UKWH00001B/242

9 782016 187524